GOLDMANN
ARKANA

Buch

Wer sich auf den spirituellen Weg begibt, wird früher oder später mit dem grundlegenden Hindernis vor dem Erwachen konfrontiert: dem Ego. Das Ego als scheinbar unüberwindliche Illusion stellt sich unserem persönlichen Wachstum in den Weg, verursacht alles Leiden und treibt uns als Menschengemeinschaft in Zerstörung und Untergang. Die Fallstricke des Egos zu erkennen ist der entscheidende Schritt, den wir bei der Entwicklung unseres Bewusstseins vollziehen müssen.

Mit einem praktischen Sechs-Stufen-Programm zeigt dieses Buch einen Weg, die Illusion des Egos loszulassen. Jede Stufe vertieft das Vertrauen und löst Blockaden auf, die unserer Erfahrung unendlicher Liebe noch im Weg stehen.

Autoren

Nouk Sanchez ist in Australien geboren. Nach ihrer steilen Karriere in der Kosmetikbranche zog sich Nouk Sanchez nach New Mexico zurück und widmete sich der persönlichen Entwicklung und Lehre der Ego-Befreiung. 1990 lernte sie den »Kurs in Wundern«® kennen und machte sich gemeinsam mit ihrer kleinen spirituellen Familie an den Lernprozess mit den sechs Phasen zur Entwicklung des Vertrauens. Sie geht diesen Weg seit nunmehr siebzehn Jahren. In dieser Zeit hat sie die Mechanismen des Egos erlebt und entschlüsselt und herausgefunden, wie, warum, wann und wo wir uns selbst sabotieren. In den »Sechs Stufen zur Wahrheit« hat sie ihre Erfahrungen auf den Punkt gebracht.

Tomas Vieira wurde als Kind portugiesischer Vorfahren in Hongkong geboren und lebte in Kanada und den Vereinigten Staaten, bevor es ihn nach Australien zog. Sein beruflicher Werdegang führte ihn mal in die freie Wirtschaft, mal in den gemeinnützigen Sektor. Tomas Vieira hat sich zeitlebens für Fragen der persönlichen Weiterentwicklung interessiert und leitet seit zwanzig Jahren Kurse in Lebenshilfe und Persönlichkeitsentfaltung.

Nouk Sanchez, Tomas Vieira

Sechs Stufen zur Wahrheit

Wie wir aufhören, uns mit
dem Ego zu identifizieren

Aus dem Englischen von
Ulla Rahn-Huber

Die englische Originalausgabe erschien 2007 unter dem Titel
»Take Me to Truth« bei O Books/John Hunt Publishing Ltd., The Bothy,
Deershot Lodge, Park Lane, Ropley, Hants, SO24OBE, U.K.

In der deutschen Übersetzung wurden Zitate und sinngemäße Wiedergaben
entnommen aus dem Werk »Ein Kurs in Wundern«®, Greuthof Verlag,
Gutach i. Br., © 1994, 2008.
Nähere Informationen: www.greuthof.de
Ein Kurs in Wundern®, *A Course in Miracles*® und *EKIW*® sind als
Marken eingetragen.
Die in diesem Buch vorgestellten Gedanken stellen die persönliche Meinung
und Interpretation sowie das persönliche Verständnis der Autoren dar und
nicht die der Rechteinhaber von *Ein Kurs in Wundern*®.

FSC
Mix
Produktgruppe aus vorbildlich
bewirtschafteten Wäldern und
anderen kontrollierten Herkünften
Zert.-Nr. SGS-COC-001940
www.fsc.org
© 1996 Forest Stewardship Council

Verlagsgruppe Random House FSC-DEU-0100
Das für dieses Buch verwendete FSC-zertifizierte Papier
München Super liefert Arctic Paper Mochenwangen GmbH.

1. Auflage

Deutsche Erstausgabe Juni 2010
© 2010 der deutschsprachigen Ausgabe
Arkana, München
in der Verlagsgruppe Random House GmbH
© 2007 Nouk Sanchez, Tomas Vieira
Umschlaggestaltung: UNO Werbeagentur, München
Umschlagmotiv: getty images/Eric Meola
Redaktion: Horst Christoph
SB · Herstellung: cb
Satz: Fotosatz Reinhard Amann, Aichstetten
Druck: GGP Media GmbH, Pößneck
Printed in Germany
ISBN: 978-3-442-21912-4

www.arkana-verlag.de

INHALT

Vorwort	11
Einleitung	14
Glossar	20
Abbildungen	26

Kapitel 1 Eine unendliche Initiative 27
Warum jetzt? 32
Wie alles begann 35

Kapitel 2 Das Ego-Selbst: durch Projektion entstanden 40
Was ist das Ego-Selbst? 42
Gedanke und Projektion 44
Freier Wille 52
Die Angst und das Jetzt 58
Urteile 61
Verlust der Identität an das »Ich« 65
Die Armband-Theorie 68
Mögliche falsche Identitäts-Perlen (Ego) 69

Kapitel 3 Das Eine Selbst: durch Ausdehnung entstanden ... 71

Intellekt versus Intuition 73
Die Illusion des Angriffs 76
Unbewusstes Geben 81
Die Macht der Demut 83
Ich weiß nicht, was zu meinem Besten ist 86
Gewissheit 86
Das unendliche Sein: Himmel 92
Die »winzig kleine Wahnidee« dehnt sich aus 93
Die Wahrheit ist wahr, und nichts sonst ist wahr ... 96
Die Ego-Realität akzeptieren: Lieben, was ist...... 99
Der große Ausweg: Bekenntnis zur Freiheit 100
Der »Schuldmesser« 103
Das Enneagramm als Instrument zur
Selbsterkenntnis 104

Kapitel 4 Liebesbeziehungen 113

Pseudo-Wertschätzung 116
Bewusste Liebe 121
Das ungesehene Kind 123
Suche nach Liebe 126
Was ist eine »besondere Beziehung«? 127
Besondere Geschäfte 130
Verliebt sein 132
Wahre Liebe erlischt nie...................... 136
Ein gemeinsames Ziel – die Einheitsbeziehung 141
Das Fenster zur Liebe 143
Der Entschluss zur Veränderung unserer Beziehung.. 146

INHALT

Nähe 148
Konflikte lösen 150
Sich von vornherein für die Wahrheit entscheiden ... 153
Den Körper mit der Wahrheit verwechseln 154
Quantenvergebung 155
Eine hilfreiche Visualisierung 160
Die Einheitsbeziehung 161
Das Ego im Alleingang aufheben 164
Das allergrößte Geschenk 164

**Kapitel 5 Vertrauen entwickeln:
die Überwindung des Egos** 169

Ein stufenweiser Prozess 171
Die PIQ-Formel 173
Die sechs Stufen im Überblick 175
Das Ego aufheben 183
Mögliche Symptome 186
Gesellschaftliche Isolation – Ursache und Wirkung .. 193
Beruf, Karriere und persönliche Interessen 195
Der Körper 196
Wer sind unsere besten Lehrer? 197
Die Ego-Illusion von der Selbstachtung 203
Den Zweifel am Ego-Selbst schüren 204

Kapitel 6 Die sechs Stufen zur Wahrheit ... 207

1. Stufe: Aufhebung des Egos 207
Der erste Schritt 209
Das Gift der Projektion 221
Die Abwesenheit von Schuld 224

Geben ist Empfangen – das Konzept des
»Bekommens« auflösen 229
Die Umgestaltung unserer Beziehungen 235
Ego-Auflösung – Bedürfnisse und Wünsche 240

2. Stufe: Aussortieren 244
Mögen die Bedingungen weichen, die meine Angst
auslösen 248
Zeit, Gedanken und Gefühle 251
   Zeit 252
   Gedanken 253
   Gefühle 255
Eine unpersönliche Betrachtungsweise 257
Die Versuchung zu leugnen und zu vermeiden 258
Die 2. Stufe überwinden: »Du wirst es sehen, wenn
du daran glaubst.« 261
Kontemplation und Meditation 262

3. Stufe: Aufgeben 264
Der Baum der Urteile 265
Das Urteilen aufgeben 270
Quantenvergebung und Verantwortung 271
Das Eine Selbst 272
Auf dem Weg voranschreiten 273
Was wir wirklich wollen 275
Die Entscheidung 278

4. Stufe: Zur Ruhe kommen 282
Mächtige Gefährten 284
Spirituelle Suche und die Wahrheit 285

5. Stufe: Ins Wanken bringen 288
Totales Vertrauen entwickeln. 295
Wachsamkeit 299
Mögliche Veränderungen 300

6. Stufe: Vollendung 303

Kapitel 7 Führung auf dem Weg 311
Jeder von uns hat eine besondere Aufgabe 311
Der Eine Wille 313
Was macht uns Angst vor der Ego-Befreiung? 317
Das Gebet 321
Wenn Gebete scheinbar nicht erhört werden 323
Der Jetzt-Moment 324
Freiheit heißt, die Gedanken anhalten zu lernen..... 327
Liebe, Freude, Friede 330
Die wichtigsten Schlüssel zur Freiheit. 335
Probleme und das Jetzt 338
Unser Einer Wille 340
Die Nutzlosigkeit von Plänen 343

Kapitel 8 Die Wahrheit 348
Ein Wegweiser zur Entscheidungsfindung 352
Der Anfang................................. 354

Anhang I: The Work, Arbeitsblatt, Byron Katie 356
Anhang II: Literaturempfehlungen und Webadressen. 361
Danksagungen 366
Bibliographie................................ 368
Anmerkungen 376
Kontakt..................................... 382

VORWORT

Gary Renard

Gary Renard ist Bestsellerautor der Bücher *Die Illusion des Universums: Gespräche mit Meistern über Religion, Reinkarnation und das Wunder der Vergebung.* München: Arkana, 2006, und *Unsterblich: Wie wir den Kreislauf von Geburt und Tod durchbrechen.* München: Arkana, 2007.

Sechs Stufen zur Wahrheit ist nicht bloß ein Buch – es ist eine Offenbarung. Als ich gebeten wurde, das Vorwort dazu zu schreiben, erschien mir die Aufgabe interessant, weil ich Nouk Sanchez in unserer Korrespondenz als eine begnadete Weisheitslehrerin kennen gelernt hatte, die weiß, wovon sie spricht und wie sie ihr Wissen weitergeben kann. Gute spirituelle Lehrer sind immer anregend für mich. Doch als ich das Buch dann gelesen hatte, war ich begeistert. Was Nouk Sanchez und Tomas Vieira schreiben, ist kompromisslos, aufregend und verblüffend logisch.

Wenn Sie glauben, Logik sei nicht wichtig, brauchen Sie sich nur die Frage zu stellen: Wie logisch ist diese Welt? Die Antwort lautet natürlich: Nicht besonders logisch. Dies gilt auch für die meisten spirituellen Traditionen, die uns auf Erden überliefert sind. Schaut man sich die uns heute zugänglichen Weisheitslehren genauer an, stößt man immer wieder auf Ungereimtheiten. Das liegt daran, dass ihnen ein wirklich klarer Kanal zu einem Gedankensystem fehlt, das nur aus einer höheren *Quelle* kommen kann.

Wie man das feststellen kann? Nur durch Beobachtung und, was noch wichtiger ist, durch spirituelle Erfahrung. Die Lehren des Heiligen Geistes, wie sie sich in dem spirituellen Meisterwerk *Ein Kurs in Wundern*®[1] offenbaren, der in diesem Buch auf brillante Weise erörtert wird, führen über kurz oder lang zu der Erkenntnis, dass es angesichts tausender Wahlmöglichkeiten, die uns in dieser Welt zur Verfügung stehen, *in Wirklichkeit* nur zwei Dinge gibt und nur *eines* von beiden real ist. Das mag einfach klingen, und das ist es auch. Doch sich wirklich für dieses Eine zu entscheiden, ist nicht so einfach wie es scheint. Es ist in der Tat sehr schwer, und nur durch Übung und Disziplin können wir dahin kommen, uns konsequent für dieses Eine zu entscheiden. Je intensiver wir uns mit den Anleitungen großer Lehrer wie Nouk und Tomas befassen und je mehr wir davon begreifen, desto leichter wird es uns, diesen Weg auch tatsächlich zu gehen.

In diesem Buch werden Themen angesprochen, die auf den ersten Blick in Widerspruch zu meinen neueren Texten zu stehen scheinen, doch ich glaube nicht, dass dies der Fall ist. Der Heilige Geist lässt jedem von uns die Führung angedeihen, die er annehmen und verstehen kann. Und so stoßen wir auf unserem Weg auf manch faszinierende Dinge, die zwar nicht unbedingt der absoluten Wahrheit entsprechen, uns aber vor Augen führen, dass es mehr im Leben gibt, als wir mit den physischen Sinnen wahrzunehmen vermögen.

VORWORT

Ein gutes Beispiel hierfür bietet das Enneagramm[2], jene spannende Methode zur Selbsterkenntnis, die Nouk und Tomas hier so anschaulich beschreiben. Es gibt Momente, in denen manche Menschen sehr von den damit gewonnenen Einsichten profitieren können. Wie Shakespeare so schön sagte: »Es gibt mehr Ding' im Himmel und auf Erden, als Eure Schulweisheit sich träumt.«[3] Mag sein, dass faszinierende Themen wie diese eher ein Stoff für Träume sind als die absolute Wahrheit; dennoch können sie uns auf unserem Weg dorthin durchaus hilfreich sein.

Wenn es Ihnen wie mir ergeht, werden Sie in diesem wunderbaren Buch viele hilfreiche Anregungen finden. Und wenn man es genau betrachtet: Was könnte man mehr von einem Buch erwarten? Aber da ist noch etwas anderes: Ich finde, dass hier große spirituelle Weisheit auf so leidenschaftliche Weise vermittelt wird, wie sie nur der höchsten Erkenntnis zweier Menschen entspringen kann, die sich dem Weg der Wahrheit verschrieben haben.

Ich bin überzeugt, durch die Lektüre dieses Buchs etwas für mein weiteres Leben gewonnen zu haben. Und ich bete, dass alle Menschen diese Erfahrung machen werden.

In Liebe und Verbundenheit
Gary Renard

EINLEITUNG

Um Erleuchtung zu erlangen, muss das Ego nicht komplett ausgelöscht werden. Solange wir noch in unserem Körper weilen, brauchen wir ein gewisses Maß an Rest-Ego, um in dieser Realität, die wir Leben nennen, funktionieren zu können. Eines ändert sich jedoch völlig: Was vom Ego bleibt, wird vollständig der Führung durch die *universale Inspiration** unterstellt.

Bei dem Teil des Egos, den es zu überwinden gilt, handelt es sich im Grunde um ein wirres Knäuel alter emotionaler Verstrickungen. Genau genommen entspringen Leid und Verluste stets irgendeiner emotionalen Anhaftung, sei es in Form von Beziehungen, beruflichen Positionen, Werten, Meinungen oder materiellen Objekten. Sind solche Dinge bedroht, kann uns dies in emotionalen Schmerz stürzen, wobei die Bandbreite der Reaktionen von einer leichten Verstimmung bis hin zur völligen Zerstörung reicht. Auch unsere Wünsche entstehen auf diesem untauglichen Fundament. Was wir zu brauchen meinen, erwächst aus einer Illusion. Das Ego ist in Wirklichkeit ein emotionaler Kern, den wir mit dem »Ich« verwechseln, das wir für »uns selbst«

---

* Häufig vorkommende Begriffe, die im Glossar erläutert werden, sind hier im Buch anfangs kursiv gesetzt.

halten. Können wir uns fragen, wer oder was übrig bliebe, wenn wir all unsere emotionalen Verstrickungen abgeben würden? Stellen wir uns vor, wir würden uns freiwillig aus all unseren Überzeugungen lösen und uns in einem vertrauensvollen Sprung ins Leere auf den Prozess der *Aufhebung* einlassen. Was käme wohl dabei heraus?

Vieler emotionaler Bindungen sind wir uns nicht einmal bewusst. Ein Beispiel hierfür ist unser Festhalten an der Überzeugung, schon selbst zu wissen, was zu unserem Besten sei. Von einer höheren Warte betrachtet, ist dies ein völlig absurder Gedanke. Wenn das »Ich«, das wir für unsere Identität halten, ausschließlich aus emotionalen Anhaftungen besteht, muss alles, was es sich wünscht oder meidet, zwangsläufig der absoluten Dominanz dieser Bindungen unterliegen. Es gibt darin keinen Raum, in dem die *universale Inspiration* ihre Wunder wirkt, kein Vertrauen, in dem die bewusste Liebe Einzug halten und ganz gewiss keine Gnade, die uns ihre Gaben zuteil werden lassen könnte. Das Konglomerat der emotionalen Verstrickungen, das wir »Ich« nennen, tut stets das, was es am besten kann, um zwanghaft und um jeden Preis seinen Status zu verteidigen, selbst wenn dies den physischen Tod bedeutet. Dieses »Ich« wird ungeachtet seiner scheinbaren Liebesbedürftigkeit insgeheim von einem wesentlichen Funken am Leben gehalten: der Getrenntheit.

Das Ego muss sich seine Getrenntheit bewahren, um am Leben zu bleiben. Wenn wir entdecken, wer wir *nicht* sind, tauchen wir in jenen wundervollen Zustand ein, der im Kern unseres Wesens ruht.

Wie funktioniert unsere verfehlte Identität? Das Knäuel aus emotionalen Verstrickungen, das wir »Ich« nennen, glaubt, auf sich allein gestellt zu sein; darum ist es so *bedürftig* und hat vor so Vielem *Angst*. In seinem tiefsten Inneren weiß es, dass es *anders* als Gott ist und dass sein Überleben davon abhängt, wie gut es unterhalb des göttlichen Radars zu bleiben vermag, während es uns gleichzeitig vorgaukelt, auf dem richtigen Kurs zu sein.

Fragen wir das Ego: »Wie konnte Gott in all seiner Liebe nur so eine lieblose Welt erschaffen?«, folgt seine Antwort stets ein und demselben Schema: »Ja, das ist nicht fair. Aber weil Gott die Welt nun mal so erschaffen hat, müssen wir eben unser Bestes tun, um uns und unsere Lieben zu schützen und unser Leben so gut es geht im Griff zu haben. Und während wir nach Glück streben, müssen wir halt gucken, dass wir dem Leid möglichst aus dem Weg gehen.«

Wenn wir anfangen, uns im Zuge der Ego-Aufhebung von altem Ballast zu befreien, fällt uns ein gewaltiger Widerspruch auf. Wenn sich hinter dem Ego, das wir »Ich« nennen, ein Gewirr emotionaler Verstrickungen verbirgt, wie kann es sich dann erfolgreich in dem vermeintlich zufälligen Chaos dieser Welt orientieren? Wenn wir ein Leben lang um Sicherheit, Kontrolle und Glück kämpfen und versuchen, dem Leid zu entgehen, was bleibt dann für Gott noch zu tun übrig? Was ist der Sinn und Zweck eines Gottes, wenn wir diese Rolle ständig selbst spielen?

Haben Sie je darüber nachgedacht, welches unsere individuelle und kollektive Aufgabe hier auf Erden ist? Wir sind doch nicht hier, um in jedem Leben aufs Neue das Drama unserer verfehlten Identitäten auszuagieren. Und was geschieht, wenn der Körper stirbt? Lässt man uns dann vom Haken, damit wir vorübergehend den Zustand der Glückseligkeit genießen können, um anschließend erneut in ein Leben voller chaotischer Zufälligkeiten zurückzukehren?

Solange wir unter dem Bann des Egos stehen und unhinterfragt an unseren Überzeugungen festhalten, bleibt uns der Sinn dessen, was wir das Leben nennen, verborgen. Es gibt keinen Gott außerhalb von uns, ganz gleich, wie wir diese universale Gegenwärtigkeit auch nennen mögen. Er ist ein Teil von uns, und Er verlässt uns nie. Natürlich haben wir bisweilen den Eindruck, dass Er nicht da ist, aber das liegt nur daran, dass »wir« nicht da sind. Als Ego mit einem Bündel von unerforschten Ängsten und Verstrickungen im Gepäck sind wir viel zu sehr damit beschäftigt, im Alltag alle Fäden in der Hand zu halten, als dass wir den Sinn unseres Daseins, geschweige denn unsere eigene Identität hinterfragen könnten.

Wenn Gottes Liebe angeblich so allumfassend ist, wie können wir es dann fertig bringen, so lieblos zu sein? Die Antwort lautet: Es war nicht Gott, der diese Realität erschaffen hat, wir selbst waren es. Wir sind aus dem ursprünglichen Zustand der allumfassenden Liebe gekommen, in dem es weder Leid noch Verluste, weder Ängste noch Getrenntheit gibt. Wir waren *Eins* – und jenseits des trügerischen Lebens, zu dem wir uns entschieden haben, sind wir es immer noch. Wir brauchten weder Zeit noch Raum noch Materie, weil dies Manifestationen der Getrenntheit sind. Wir waren glücklich und zufrieden als *Eins*, jedenfalls, bis wir uns entschlossen, eine andere Erfahrung – die der Dualität, also der Zweiheit oder Fremdheit – zu suchen. In dieser Realität existiert unser *Konzept* von Gut und Böse, von Oben und Unten. Das »Ich« nimmt sich als von allem und jedem getrennt wahr. Im Ego-Zustand sind wir zutiefst überzeugt, unerfüllbare Bedürfnisse zu haben und dem Risiko des Verlusts ausgesetzt zu sein.

Diese Überzeugungen sind Ausgangspunkt für so manche absurde Vorstellung, darunter der weit verbreitete Irrglaube, dass sich Liebe in Hass verwandeln könne. Wenn wir diese Erfahrung tatsächlich irgendwann im Leben gemacht haben, müssen wir uns fragen, »wer« das so erlebt hat. Wer hat wahrgenommen, dass die Liebe in Hass umschlug? Nur das Ego glaubt, dass Liebe schwinden oder sich in Hass verwandeln könnte. Die Liebe, die wir in Wirklichkeit sind, ist für das Ego nicht zu erkennen. Liebe ist weder Gefühl noch Erfahrung und kann auch nicht erstrebt werden. Sie erfahren zu wollen, solange wir so zu sein glauben, wie wir *denken*, ist, als würden wir vom Dach eines sechzigstöckigen Hochhauses springen, weil wir meinen, fliegen zu können. Solange wir nicht bereit sind, uns an die *Aufhebung* der Ego-Wahrnehmung zu wagen, werden wir nie erfahren, *wer* wir wirklich sind oder welches unsere wahre Aufgabe in diesem Leben ist.

Die sechs Stufen zur Wahrheit ist weder ein religiöses Buch, noch preist es irgendeine Religion als Mittel zur Befreiung an. Seine Lehren stehen in keinerlei Bezug zu einer bestimmten Glaubensrichtung. Wir bitten Sie, sich Ihr eigenes Bild von der Wahrheit zu machen, so wie sie auf den folgenden Seiten dargestellt wird. Die Wahrheit wird mit Ihnen in Resonanz gehen. Sie begegnet uns nicht immer als Friede; manchmal zeigt sie sich als Widerstand und oft als etwas, das zwar eine Herausforderung zu sein scheint, sich aber tief im Inneren doch richtig anfühlt. Jeder von uns kennt *die*

Wahrheit. In unserem Innersten erkennen wir sie, weil unser Wesenskern Wahrheit, Liebe, Friede und Freude *ist*.

Die Wahrheit transzendiert alle Sprachen und Glaubensbekenntnisse. Sie existiert in der Ewigkeit jenseits der Begrenzungen von Zeit, Raum und Materie. Sie hat eine Strahlkraft, die den Intellekt umgeht und sanft die alten Blockaden löst, die uns so lange daran gehindert haben, Liebe zu erkennen und in ihrer Anwesenheit zu leben.

Die sechs Stufen zur Wahrheit ist ein einfaches Buch, das sich an *den* wendet, der wir hinter unserem begrenzten Selbst-Bild sind. Es will uns aus unseren Ängsten und unserer Begrenztheit befreien und uns an unser rechtmäßiges Erbe als *Mit-Schöpfer* erinnern. Es regt dazu an, über das Interpretieren auf der intellektuellen Ebene hinauszugehen, denn das wäre zu einfach und würde keine echte Veränderung in der Wahrnehmung erfordern. Stattdessen geht es darum, experimentell an die dargelegten Prinzipien heranzugehen und sie bewusst im Alltag anzuwenden.

Die sechs Stufen zur Wahrheit wurden im Geist des Mitgefühls und der Liebe für all jene geschrieben, die die Suche aufgegeben haben und jetzt bereit sind, Liebe, Friede und Freude zu *finden*.

Sie werden feststellen, dass viele der in diesem Buch angesprochenen Prinzipien aus *Ein Kurs in Wundern*®[4] entlehnt sind. Die entsprechenden Quellenangaben finden Sie jeweils in den »Anmerkungen« am Ende dieses Buches. Bei den hier vorgestellten Ideen handelt es sich jedoch um persönliche Auslegungen und Einsichten der Autoren, die nicht unbedingt von den Rechteinhabern von *Ein Kurs in Wundern*® gebilligt werden.

GLOSSAR

Hier verwendete Begriffe – Allgemeine Bedeutung

Aufhebung/Aufhebung des Egos Prozess des Verlernens der Überzeugungen und Werte des *Ego-Selbst*; Loslassen, Übergeben oder Auflösung des Ego-Selbst; Auslöschung des Egos, Ego-Tod, Ego-Befreiung; unendliche Initiative

Ausdehnung (Prinzip der Ausdehnung) die fundamentale Wahrheit, nach der wir alles, was wir geben, verströmen und teilen selbst empfangen; wir behalten, was wir geben; die anderen sind eine Spiegelung von uns selbst

besondere Beziehung eine vom Dualismus Liebe/Hass geprägte, an Bedingungen geknüpfte Beziehung (aus *Ein Kurs in Wundern*®)

Denksystem des Ego-Selbst auf der Kollektivschuld der Trennung von der *Quelle* fußendes Denksystem, das der Vorstellung von Sünde, Schuld und Angst verhaftet ist (Gegensatz: das Denksystem der *universalen Inspiration*)

Ego-Irrtum der ursprüngliche Wunsch nach Trennung; die »winzig kleine Wahnidee« *(Ein Kurs in Wundern®)*

Ego-Realität illusionärer Zustand der Getrenntheit von der *Quelle*; Zustand der Falschgesinntheit, Dualität, Sünde, Schuld, Angst, Chaos, Trennung und Leid

Ego-Selbst falsches Selbst, der Träumer des Traums (im Gegensatz zum *Einen Selbst*)

Ego-Wille Wille des falschen Selbst, subjektive Absicht, getrieben von Schuld und Projektion

das Eine Selbst ganz und heil gewordenes Selbst; unendliches Selbst, authentisches Selbst, heiliges Selbst, Mit-Schöpfer; Bollwerk der *Wahrheit* und höheren Weisheit, dessen einzige Funktion im Verströmen von Liebe besteht (im Gegensatz zum falschen Selbst)

der Eine Wille objektive Absicht des Einen Selbst, die sich im ewigen Verströmen seiner Selbst in der Liebe verwirklicht; dessen ewige Essenz und einziger Zweck als *Mit-Schöpfer*; authentischer Wille, grenzenloser Wille, wahrer Wille; Liebe, Frieden, Freude, Freigiebigkeit und kreative Inspiration

Einheitsbeziehung unsere in der Vollkommenheit wiedererstandene Beziehung zur *Quelle*, das Einswerden mit der *Quelle*; Prototyp der Beziehung, die all unsere *besonderen Beziehungen* auf Erden auf natürliche Weise gesunden lässt.

Vgl. *EKIW®*: »heilige Beziehung« (im Gegensatz zur besonderen Beziehung)

EKIW® *Ein Kurs in Wundern®*

Frieden (Prinzip des Friedens) die fundamentale Wahrheit, nach der Frieden hat, wer Frieden gibt; wir bekommen das, was wir anderen geben; Vergebung bringt Frieden; Abwesenheit von Urteil, Angriff oder Verteidigung bringt Frieden

ganzheitliche Identität, wirkliche Identität Identität der vollkommenen, grenzenlosen Wesen, die in ihr irdisches Leben die Gewissheit integriert haben, dass sie (dieses Leben) in Wahrheit träumen, ohne dabei ihren Körper zu verleugnen; Menschen, die »in dieser Welt sind, aber nicht von dieser Welt«

Jetzt-Moment eine Aufhebung der Zeit, in der wir uns statt durch unser Ego durch die *universale Inspiration* führen lassen; Heiliger Augenblick *(EKIW®)*

Konzept Idee oder Gedanke; abstrakter Begriff

Konzept der Projektion Was wir denken, wird zu unserer Wahrnehmung, und was wir wahrnehmen, wird zu unserer Überzeugung. Projektion *schafft* Wahrnehmung

GLOSSAR

Konzept der Trennung/Dualität Wahnsinn und Schlaf, Leugnung der Einheit, Leugnung der Quelle, Angst vor der Quelle, Dualität

Konzept von Zeit, Gedanke und Emotion Die Idee, dass das Ego durch Zeit, Gedanke und Emotion Kontrolle gewinnt

Mit-Schöpfer Sind wir ganz geworden, erkennen wir unsere Fähigkeit und Aufgabe, gemeinsam mit der *Quelle* an der Schöpfung zu arbeiten; schöpfen heißt, die Liebe auszudehnen, die wir ewig sind

PIQ-Formel eine nützliche Methode zur *Aufhebung des Egos*: P = Präsenz, I = Inneres Erforschen, Q = *Quantenvergebung*

Quantenvergebung Angriffe in jedweder Form als Schrei nach Hilfe, nicht als Sünde betrachten; gelebte Liebe

Quelle Gott, der Schöpfer

Realität (einzige Realität, wahre Realität) geistiger Zustand des *Einen Selbst*, in dem wir in der Gewissheit ruhen, dass wir auf der spirituellen Ebene grenzenlose Liebe, Frieden, Freude und Fülle sind und haben; reine Nicht-Dualität, Zustand der Ganzheit und Einheit; Ganzheitlichkeit, Gegenwärtigkeit im *Jetzt-Moment*; Rechtgesinntheit; Himmel; *Wahrheit*

The Work Byron Katies »Vier Fragen und die Umkehrung« aus ihren Büchern *Lieben was ist* und *Ich brauche deine Liebe – stimmt das?* (siehe Anhang I: The Work, Arbeitsblatt)

Die Trennung illusionärer Zustand der Getrenntheit von der *Quelle*; Zustand von Verunsicherung und Chaos, basierend auf Schuld, gekennzeichnet durch Angst, Ärger, Depression, innere Unruhe, Urteile über andere (Verurteilung von anderen); Leugnung der Einheit und der Quelle (im Gegensatz zu Himmel, Einheit, Ganzheit)

unendliche Weisheit Wahrheit jenseits des vom *Ego-Selbst* in seiner Getrenntheit Versteh- und Begreifbaren; Eigenschaft der *Quelle* und ihrer *Mit-Schöpfer*

unendliches Licht Energie der *Quelle*, *unendliche Weisheit*

Unendlichkeit; Kraft der Unendlichkeit Himmel, Nirwana, Ganzheit, Einheit, *unendliches Licht*, höchstes Bewusstsein; unsere einzig wahre, ewige Heimat

universale Inspiration Heiliger Geist; Energie/Licht des *Einen Selbst*, das zu uns spricht, sobald wir unsere Ego-Stimme zum Schweigen gebracht haben; die uns allen gemeinsame Verbindung und Kommunikationsbrücke zur Quelle und unserem Einen Selbst; universale Gegenwärtigkeit

GLOSSAR

universale Intelligenz, universale Ordnung   Weisheit des *Einen Selbst*; Zustand der himmlischen Harmonie; Einheit, *Wahrheit* (im Gegensatz zum Chaos der Welt)

Vergebung (Prinzip der Vergebung)   die fundamentale Wahrheit, nach der wir uns selbst vergeben, wenn wir anderen vergeben

Verteidigung und Urteil   Formen des Angriffs

Vertrauen   absolute Gewissheit im Vertrauen auf a) die *universale Ordnung* und b) die unerschütterliche innere Präsenz und Führung der *universalen Inspiration*; kennzeichnend hierfür sind bedingungslose, bereitwillige Aufgabe des *Denksystems des Ego-Selbst* und Übergabe an die universale Inspiration im Prozess des Erwachens auf dem Weg hin zur Einheit

Wahrheit   Befreiung von der Falschgesinntheit; Liebe, Frieden und Freude; Einssein mit Allem

Welt   das gesamte Universum, unsere Traumerfahrung der Wirklichkeit

ABBILDUNGEN

1.1 Die Trennungsstadien
2.1 Alternative Wahrnehmung
2.2 Wie wir uns unsere Realität erschaffen: Projektion
2.3 Verfehlte Identität
4.1 Das ungesehene Kind
4.2 Sich verlieben
4.3 Aufhebung des Egos
5.1 Sechs Stufen zur Wahrheit
6.1 Bedürfnisse und Wünsche
6.2 Der Ego-Zyklus
6.3 Die Versuchung im Kreise zu gehen und Abkürzungen zu nehmen

KAPITEL 1

EINE UNENDLICHE INITIATIVE

Was ist dieses flüchtige *Etwas*, nach dem wir immer suchen, es aber doch nie finden können? Ist es Glück? Nein, nicht wirklich. Genau genommen: Vieles von dem, was uns einst glücklich machte, hat uns später Leid gebracht, weil wir es wieder verloren haben oder es sich veränderte. Und was immer uns glücklich macht, ist stets der Gefahr des Verlusts oder der Veränderung ausgesetzt. Was also glauben Sie, könnte Sie glücklich machen? Für immer und ewig?

Was könnte uns dauerhaftes Glück bescheren, ohne das Risiko des Verlusts, der Zerstörung oder Veränderung in sich zu tragen – ein Glück also, das nicht irgendwann in Schmerz oder Leid umschlägt? Geld? Beziehungen und Romanzen? Kinder? Familie? Freunde? Ein Zuhause? Die berufliche Karriere? Der Status? Eine Mission? Unsere Werte? Unsere Überzeugungen? Unsere Meinungen? Anerkennung? Zustimmung?

All diese Dinge können Schmerz und Leid verursachen; und doch jagen wir ihnen auf unserer Suche nach dauerhaftem Glück blind hinterher. Die Wahrheit ist: Was immer uns Glück beschert, wird uns früher oder später Leid bringen. An dieser Tatsache führt kein Weg vorbei.

Wenn wir erkennen, dass Glück auch die Ursache von Leid und unbeständiger, zerbrechlicher Natur ist, warum existieren wir dann überhaupt? Was ist dieses flüchtige *Etwas*, nach dem wir so verzweifelt suchen, ohne es je zu finden? Was ist das für eine Leere, die wir auch dann noch spüren, wenn wir gerade eines unserer Ziele erreicht haben? Was will uns dieses bohrende Gefühl der Unvollkommenheit sagen?

Dieses *Etwas* ist in jedem von uns ständig präsent – doch wir lenken uns so ab und sind so sehr mit dem Leben beschäftigt, dass wir kaum wagen, uns darauf einzulassen und genau oder aufmerksam hinzuhören, was es uns sagen will. In der Regel holt es uns in bestimmten Lebensphasen ein und fordert uns auf, uns, unsere Werte und unser Dasein infrage zu stellen. Leider entscheiden wir uns meist erst dann, uns damit zu konfrontieren, wenn wir extremes Leid erfahren. Nur Krisen lassen uns hinlänglich innehalten, um das Leben und seinen Sinn zu hinterfragen.

Die Frage lautet: »Wonach sehnen wir uns zutiefst?« Die Antwort zeigt sich uns nicht in der Form, wie wir es wohl erwarten. »Wir sehnen uns nach unendlichem, absolutem Einssein mit der Liebe schlechthin.« Das ersehnte Glück, das letztlich all unseren physischen, emotionalen, mentalen und spirituellen Hunger stillt, liegt jetzt und für alle Zeit darin, dass wir uns selbst als vollkommene, in einem großen Ganzen eingebundene unendliche Wesen erkennen. Wir können keine echte Geborgenheit, Liebe oder Freude, keinen echten *Frieden* finden, solange wir diese Reise hin zur Ganzheit nicht für notwendig erachten und bereitwillig antreten.

Wir wünschen uns, von Chaos, Angst, Unsicherheit und Orientierungslosigkeit erlöst zu werden. Wir wollen befreit sein von Mangel, Begrenztheit und Mittelmäßigkeit. Doch die Tatsache bleibt, dass wir dem Chaos nicht entrinnen und uns mit der reinen Liebe verbinden können, solange wir nicht die einzige und alleinige Ursache für all unser Leid und unsere *Trennung* herausfinden.

Die Wurzeln allen Chaos liegen in unserem falschen und gespaltenen Selbst, und dies ist die individuelle und kollektive Ursache für alles Leid, das uns begegnet in der Welt, die wir wahrnehmen. Es gibt keine Ausnahmen. In unserem natürlichen, unendlichen Sein sind wir ganz und eins mit dem Schöpfer, mit Gott beziehungsweise der *Quelle*, wie wir in diesem Buch sagen. Dies ist das Wesen unseres vereinten Selbst, das – wenngleich es für uns oft nicht sichtbar ist – in immerwährender Kommunikation mit der *Quelle* steht.

In der Evolution sind wir an einem Punkt angelangt, an dem wir aufgerufen werden, uns für die Wahrheit in unserem Inneren zu öffnen. Wir sollten uns also mutig der Frage stellen, wer wir wirklich zu sein glauben. Hierzu ist es notwendig, rückhaltlos unser *Ego-Selbst* mit all seinen Konditionierungen, Überzeugungen und Werten zu erforschen.

»Untersuchungen haben gezeigt, dass in den USA heute etwa fünfzig Millionen Menschen eine neue Subkultur bilden, die sich für experimentelles persönliches Wachstum, Transformation und kreative Problemlösungen zur Schaffung einer besseren Welt interessiert. Es handelt sich hier nicht um ›Esoteriker‹ oder Aussteiger aus der Gesellschaft. Es sind Wissenschaftler, Architekten, Universitätsprofessoren, Schriftsteller, Künstler, Hausfrauen und -männer, Ärzte und andere Meinungsführer ... [Forscher] vermuten, dass diese ›kulturell Kreativen‹ auch unsere Gesellschaft insgesamt verändern werden. Ich glaube, Sie gehören zu den Menschen, die die alten, zersplitterten Daseinsformen hinter sich lassen und zu ihrem wahren Selbst finden werden.

Wir haben sämtliche Möglichkeiten unserer individualistischen, egozentrierten Lebensformen ausgereizt. Es ist offensichtlich, dass wir unbewusst nicht nur unseren Planeten, sondern auch unsere Lebensqualität zerstören. Das höhere Selbst, unsere wahre Natur, rüttelt uns wach und drängt uns, unserer Verantwortung gerecht zu werden, gesund und ganz zu werden. Wir sind dabei, uns in unsere nächste, umfassendere Identität hinein zu entwickeln.«[6]

Wir müssen die Identität und das Wesen des einzigen Unterdrückers im Universum erfassen: unser *Ego-Selbst*. Indem wir es erkennen und aufheben, entwickeln wir ein Bewusstsein vom *Einen Selbst*, das uns die uneingeschränkte Erfahrung überfließender Liebe, grenzenlosen *Friedens* und unermesslicher Freude bringt, nach der wir uns so sehr sehnen.

Diese *Aufhebung* ist eine »unendliche Initiative«, die zu ergreifen es jetzt an der Zeit ist. Wir haben einen Punkt in unserer Entwicklung erreicht, an dem wir es uns nicht leisten können, weiter im Zustand der Ignoranz dahinzudämmern. Weder für uns selbst, noch für unseren Planeten und auch nicht für künftige Generationen wäre dies tragbar.

Bei der *Aufhebung des Egos* geht es im Grund darum, die bestehenden Blockaden zu beseitigen, die uns den Zugang zur Liebe versperren. Aufheben heißt nichts anderes als *verlernen* – all die Konditionierungen, Überzeugungen und Werte zu verlernen, die uns die allgegenwärtige Liebe bislang verzerrt wahrnehmen ließen. Dies ist der größte und nobelste aller Wege, der uns auf einer tieferen Ebene durch die Stufen der Entwicklung von *Vertrauen* führt.

Unser Ziel ist jetzt, das irdische Leben mit unserer *vereinten Identität* in Einklang zu bringen. Es gibt nichts zu überwinden, sondern sich nur allem hinzugeben. Wenn wir den *Einen Willen* erkennen und freiwillig unseren Widerstand dagegen aufgeben, werden wir sehen, dass er für uns nur das möchte, wonach wir immer gesucht haben, was wir aber bislang nicht finden konnten.

Wir leben in einer außergewöhnlich günstigen Zeit. Vor kurzem ist es zu einer Verschiebung gekommen, durch die sich eine höhere Bewusstheitsebene eröffnet hat. Viele sprechen in diesem Zusammenhang vom Christusbewusstsein und davon, dass es zum zweiten Mal auf die Erde niedersteigt. Unendliche Weisheit ist diesmal nicht auf die eine Wesenheit beschränkt, sondern wird all jenen zugänglich, die Seinen Ruf hören.

Dieses neue Bewusstsein führt uns zur *Wahrheit*. Diese Wahrheit offenbart, dass wir alle unendliche Fragmente ein und desselben kosmischen Spiegels sind, der vor langer Zeit zersprang. In diesem einen Moment vergaßen wir, wer wir sind und warum es uns überhaupt gibt. Unsere Aufgabe ist es jetzt, die individuelle und kollektive Erinnerung an unsere ursprünglich reine Essenz als unendliches Teilchen des einen heiligen Spiegels wiederzuerwecken.

Im Rahmen der *Aufhebung* sind wir alle gefordert, unsere falschen Vorstellungen gänzlich abzulegen, die uns in einer Welt des Chaos, der Begrenztheit und Mittelmäßigkeit gefangen gehalten haben. Das Entwickeln von *Ver-*

trauen ist die Essenz, die uns aus dem Würgegriff des *Ego-Selbst* befreit. Wir erfahren die unermessliche Sicherheit, die uns durch die Akzeptanz des Unbekannten zuteil wird. Wie viel Freiheit und Freude wir erleben, hängt von unserer Bereitschaft ab, auf den geheimnisvollen, umwälzenden Prozess der Ego-Aufhebung zu vertrauen.

Warum jetzt?

Unsere heutige Vorstellung von Erleuchtung weicht deutlich von der ab, wie sie zu Zeiten der Inkarnation von Jesus Christus und Buddha existierte. Unser Bewusstsein hat sich in den letzten 2500 Jahren in einem immer schnelleren Tempo entwickelt.

Früher betrachtete man Erleuchtung als etwas, das ausschließlich den Meistern der damaligen Zeit vorbehalten war. Im Allgemeinen konnten nur Mystiker wirklich begreifen, dass Erleuchtung das Transzendieren der Welt der Materie bedeutete. Im östlichen Kulturkreis lautete das Ziel, den Zyklus der Wiedergeburt zu beenden und damit der Notwendigkeit zu entrinnen, als Mensch ein Leben auf Erden führen zu müssen. Das Ziel der Christenheit war, sich in einer Lebensspanne einen dauerhaften Zugang zum Himmel zu verdienen. Beide Vorstellungen schienen sich gegenseitig auszuschließen, zumal das menschliche Dasein in der Welt von Zeit und Materie lediglich als Mittel zum Zweck betrachtet wurde. Als Ziel sah man stets irgendeine Art von überirdischem Nirwana oder Himmelreich vor Augen. In unserer heutigen Zeit haben wir durch die Beschleunigung unseres Bewusstseins und der damit einhergehenden Wahrnehmungsverschiebung einen wesentlich umfassenderen Erleuchtungsbegriff als unsere Vorväter.

Ein neues Erwachen findet gerade statt. Hier und jetzt gewinnt die Integration der Dualität rasant an Schwung. Immer mehr Menschen erkennen die *Trennung* oder Spaltung im Inneren als destruktiv und suchen bereitwillig nach Möglichkeiten, in ihrem Leben zu Liebe und Harmonie zurückzufinden. Sie antworten auf den inneren Ruf nach Wahrheit. »Wir Menschen sind eine hybride Spezies, die aus Geist und Materie zugleich gemacht ist. Mystiker aller Zeiten haben dies schon immer gewusst. Und langsam holt die Wissenschaft auf. Zu erkennen, dass wir sowohl menschlich als auch göttlich sind, ist ein Akt der Selbsterinnerung, der die Grundlagen für alles schafft, was wir tun und sein wollen. Dieser neue evolutionäre Impuls erwacht jetzt in unserem Inneren und will erkannt werden. Wir betrachten uns nicht mehr bloß als Ego, das korrigiert werden muss; wir entdecken tiefere Wahrheiten unseres Seins und realisieren (sprich: schaffen die Realität), dass wir menschlich und göttlich zugleich sind … Beide Seiten unseres Wesens müssen jetzt ihre legitime Anerkennung finden, sonst werden wir uns niemals ganz fühlen.

Wenn wir den Weg des Erwachens beschreiten, kommen wir irgendwann zu dem Schluss, dass ›nur Mensch‹ zu sein unsere Seele letztlich nicht befriedigt. Die Versuchung ist groß, ›nur spirituell‹ sein zu wollen und uns über unsere menschlichen Probleme zu erheben, doch das funktioniert auch nicht. Was wir nicht geheilt und in unser persönliches Leben integriert haben, können wir nie transzendieren.«[7]

Die Quelle oder die Idee des Schöpfers ist kein Wesen irgendwo da draußen. Es ist wichtig, uns strikt von jedweder Vorstellung zu lösen, die die Quelle als eine getrennte, uns auf welche Weise auch immer beurteilende Wesenheit begreift. Um überhaupt den Sinn der allgegenwärtigen Liebe begreifen zu können, müssen wir bereit sein, uns zunächst von allen Gedanken an einen getrennten, urteilenden und strafenden Gott zu verabschieden. Zu glauben, die Quelle läge außerhalb von uns und über uns, macht uns hilflos. Die Vorstellung von einer getrennten Quelle nimmt uns die Macht und beraubt uns unseres rechtmäßigen Erbes als *Mit-Schöpfer*.

Um wirklich frei zu werden und auf der persönlichen wie globalen Ebene den Weg zum Frieden zu ebnen, müssen wir uns unseres Unbewussten bewusst werden. Nur dann können wir bestehende Ängste und Beschränkungen aufheben. Gefühle des nagenden Unbehagens, ein nicht in Worte zu fassendes Empfinden von Dringlichkeit oder ein ungestillter Hunger nach Erfüllung – all dies sind Zeichen für einen Ruf aus unserem tiefsten Inneren. Der Schmerz des Nichtwissens – nicht zu wissen, dass wir so lange unbewusst gewesen sind – wird uns zunehmend unerträglich. Das Ende von Leid und Chaos wird zu unserer Lebenswirklichkeit, sobald wir die beschränkte, unzeitgemäße Wahrnehmung davon aufgeben, wer wir sind, was die Quelle bedeutet und für welche Aufgabe wir erschaffen wurden.

Wie alles begann

Am Anfang lebten wir in einem Zustand der perfekten Einheit, das heißt, es gab nichts außerhalb von uns und nichts von uns Getrenntes. Wir *waren* alles und wir *hatten* alles. Wir waren überall, weil das Überall in uns existierte. Es gab keine Individuen und nichts, was wir hätten wahrnehmen können, da wir der *Unendlichkeit* und allumfassenden Liebe der *Quelle* angehörten. Dann tauchte aus der Einheit eine Idee auf, eine Idee der Trennung, und obwohl diese nicht einmal einen Sekundenbruchteil lang da war, explodierte sie in eine Manifestation der Dualität. Vor etwa vierzehn Milliarden Jahren kamen plötzlich Zeit, Raum und Materie ins Sein und damit unser Verlangen, die Dualität zu erfahren.

Das *Konzept der Getrenntheit* wird in *Ein Kurs in Wundern*®[8] als »winzig kleine Wahnidee« bezeichnet, und glücklicherweise handelt es sich dabei um eine Illusion, auch wenn sie noch so real erscheinen mag. Wir beschlossen kollektiv, etwas anderes als die unendliche Einheit zu erfahren. Die *Quelle* kann keine Illusion hervorbringen oder erkennen, doch wir taten genau dies. Und dabei begaben wir uns in einen *Traum* von Getrenntheit, in dem uns Zeit, Raum, Materie und getrennte Wesenheiten als offensichtliche Wirklichkeit begegneten.

Während unser höherer Geist auf ewig eins mit der Quelle und dieser Illusion nie erlegen ist, hängt das irregeleitete Ego-Selbst völlig von der Projektion der Vorstellung ab, dass diese Welt real sei und wir alle als getrennte Menschen dem Wohl und Wehe des zufälligen Chaos ausgeliefert seien. Doch während wir scheinbar diesen Traum erfahren, den wir Leben nennen, bleibt unser *Eines Selbst* völlig unberührt und verströmt in einer Realität, der wir uns noch nicht bewusst sind, freudvoll unendliche Liebe.

Wir alle hatten schon einmal im Schlaf einen Albtraum, den wir als real erlebten. Doch was erkannten wir, als wir am Ende aufwachten? Wir wussten sofort, dass es bloß ein Traum war. Wenn wir aus einem Albtraum erwachen, sind wir total erleichtert, dass wir das alles nur geträumt haben. Mit unserer Ego-Erfahrung verhält es sich sehr ähnlich: Wenn wir schließlich erwachen, werden wir überglücklich sein, und das nicht nur vorübergehend, sondern für immer.

»Indessen heißt es in der Bibel, dass ein tiefer Schlaf auf Adam fiel, und nirgends findet sich ein Hinweis auf sein Erwachen. Die Welt hat noch kein umfassendes Wiedererwachen oder eine umfassende Wiedergeburt erfahren.«[9]

Metaphorisch betrachtet, untermauert diese Aussage die Theorie, dass Adam, der unseren kollektiven Abstieg in die Getrenntheit verkörpert, das Bewusstsein verlor. Seither entfaltet sich der Traum der Menschheit, und bis heute hat es kein nennenswertes globales Erwachen aus diesem Ego-Traum gegeben. Es scheint, dass wir uns gemeinsam mit Adam auf eine Mammutreise in die Unbewusstheit begeben haben. Doch wie bei jedem Traum werden wir irgendwann aufwachen und unsere Göttlichkeit mit all ihren endlosen Segnungen wieder in Besitz nehmen.

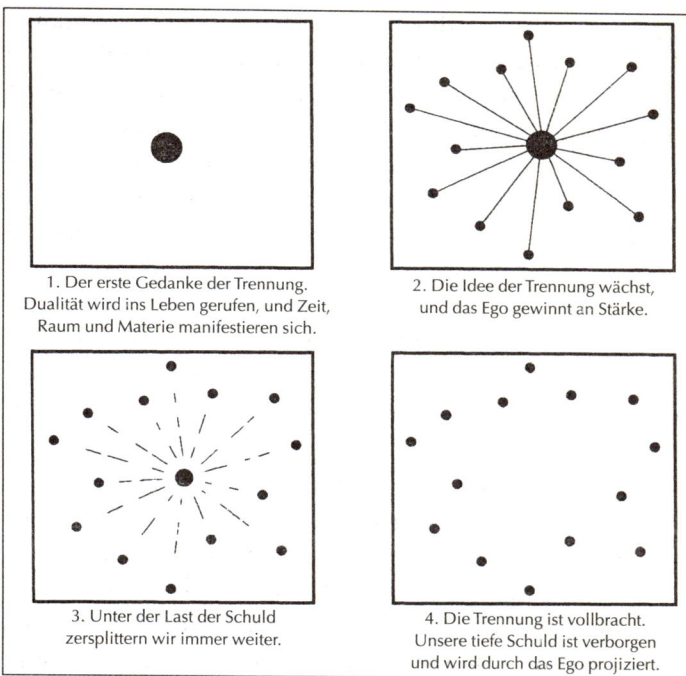

Abb. 1.1: Die Trennungsstadien

1. Der erste Gedanke der Trennung. Dualität wird ins Leben gerufen, und Zeit, Raum und Materie manifestieren sich.

2. Die Idee der Trennung wächst, und das Ego gewinnt an Stärke.

3. Unter der Last der Schuld zersplittern wir immer weiter.

4. Die Trennung ist vollbracht. Unsere tiefe Schuld ist verborgen und wird durch das Ego projiziert.

In dem Maße, wie sich das menschliche Ego entfaltete und sein Entschluss zur Trennung immer stärker wurde, wuchs seine Fähigkeit, sich relatives Wissen anzueignen. Mit anderen Worten, unser Gehirn entwickelte sich durch die permanente Suche nach äußeren Informationen. Das zwanghafte Denken war geboren, und das intellektuelle Vermögen avancierte zum meist geneideten Gut des Egos – einem Gut, das bis heute in der Welt höchste Wertschätzung genießt.

Wir vergaßen, dass das Licht in uns wohnt und die einzige Quelle ist, die wir brauchen, um ein spirituell lohnendes, erfülltes Leben zu führen. Die Weisheit geriet in Vergessenheit und wurde durch gedankliche Leistungsfähigkeit und Ansammlung materieller Güter verdrängt. Denken und Handeln wurden glorifiziert, während die stillen, nachdenklichen Daseins- und Erkenntniszustände in die Bedeutungslosigkeit verbannt wurden.

Während das Ego immer unabhängiger von der Quelle wurde, wuchs seine Angst vor ihr. Die Furcht vor Gott zeigte sich entweder in Form von Schamempfindung, als Projektion von Schuld, Zorn und Vorwürfen oder als ein Gefühl der Hilflosigkeit. Als häufigste Manifestationen sind hier wohl das quälende Gefühl, dass »irgendetwas nicht stimmt« und das Erleben von Angst in jedweder Ausprägung zu nennen. Ganz gleich, in welcher Verkleidung die Angst vor der Quelle auch daherkommen mag, sie beruht immer auf einem Mangel an Vertrauen in die allgegenwärtige Liebe.

Aus Sicht der Evolution befinden wir uns an einem Wendepunkt. Über so lange Zeit hinweg haben wir uns immer weiter von unserer ursprünglichen Absicht entfernt. Jetzt ist es Zeit, dem Ruf heim zu unserem wahren Wesenskern zu folgen.

In uns dämmert die Erkenntnis, dass wir allein uns unsere Realität im Hier und Jetzt erschaffen. Und wir haben bis jetzt gebraucht, um uns so weit zu entwickeln, dass wir das allumfassende Konzept eines Lebens im höheren Bewusstsein in der Welt von Zeit und Materie überhaupt begreifen können. Einige von uns sind erwacht in der Gewissheit, nicht auf die Überwindung der Welt warten oder den physischen Tod erleiden zu müssen, um unseren rechtmäßigen Platz als *Mit-Schöpfer* in der Einheit einzunehmen. Wir können all unsere tiefsten Sehnsüchte erfüllen, wenn wir uns bereitwillig der Heilung unseres gespaltenen Geistes widmen. Mehr denn je ist es heute möglich, ja sogar unvermeidlich, dass das menschliche Bewusstsein endlich erwacht und damit der Himmel auf Erden erfahrbar wird. Bevor wir uns komplett aus dem Trennungstraum lösen, werden wir alle das erleben, was *Ein Kurs in Wundern*®[10] als »glücklichen Traum« bezeichnet. Er stellt sich ein, wenn das Ego aufgehoben und die Illusion der Trennung und des Leidens überwunden ist.

Die Aufhebung ist ein heiliges Sich-Erinnern, bei dem wir das verlernen, was uns daran hindert, die Essenz dessen zu erkennen und zu erleben, *wer* wir wirklich sind. Sie ist eine Wiedereinsetzung oder Wiederberufung des absoluten Vertrauens und der uneingeschränkten Gewissheit, die wir vor der Spaltung unseres Geistes hatten. Der Prozess selbst wird von der *universalen Inspiration* oder dem *Heiligen Geist* geleitet, und sein Erfolg hängt einzig von unserer Absicht, Hingabe und Bereitwilligkeit ab.

KAPITEL 2

DAS EGO-SELBST: DURCH PROJEKTION ENTSTANDEN

Beginnen wir mit den Fragen: »Wer bin ich?« und »Wie definiere ich mich?« Wie definieren wir überhaupt, wer wir sind? Über die Hauptrolle, die wir im Leben spielen, das heißt als Eltern, Führungskraft, spiritueller Lehrer, Künstler oder Student? Oder über unsere Werte, Talente, Überzeugungen, unsere Persönlichkeit? Über bisherige Erfahrungen, unsere Kindheit, unseren Körper, unser Alter, den Zustand unserer Gesundheit? Oder vielleicht über unsere Hoffnungen, Träume, Fehler und Ängste?

Die meisten von uns verwechseln unsere Bedeutung und Identität mit einem oder vielen der vorgenannten Dinge. Wir sind wie besessen von zwei Vorstellungen: *zu bekommen*, was wir nicht haben, seien es materielle Güter, Beziehungen, Menschen, Geld oder Glück; und *zu werden*, was wir noch nicht zu sein glauben, also glücklich, gelassen, liebevoll, gesund, reich, erfolgreich in Beruf oder Gesellschaft, gute Eltern usw. In Wahrheit aber definiert nichts davon, *wer* wir jetzt in diesem Augenblick sind, und nichts davon könnte als Definition dafür dienen, *wer* wir sein werden.

Bevor wir uns an den Gedanken heranwagen, dass wir in dieser Lebensspanne womöglich nie Erfüllung erreichen werden, müssen wir erst herausfinden, wer wir *nicht* sind.

Haben wir diesen Schritt getan, können wir aufwachen und begreifen, *wer* wir wirklich sind. Und dann kommen wir in den Genuss der unbegrenzt vielen Gaben, die mit dieser Erkenntnis einhergehen.

Wir wurden zu der Überzeugung erzogen, getrennte, unabhängige Menschen zu sein. Um aber die Dinge, die unserer Ansicht nach unsere Identität ausmachen, als wahr anerkennen zu können, geraten wir in eine Co-Abhängigkeit und beschneiden uns in unserer Freiheit. All diese Definitionen tragen einzig und allein dazu bei, uns noch weiter einzuschränken. Dass unser Selbstwert so sehr von ihnen abhängt, zeigt nur, wie wenig wir uns bewusst sind, in welchem Maß die äußeren Umstände über das Wohl und Wehe dessen bestimmen, der wir zu sein glauben.

In Wirklichkeit wissen wir also nicht, *wer* wir sind; weder kennen wir unsere wahre Aufgabe, noch haben wir eine Ahnung davon, was uns echte Erfüllung gibt. Wie könnten wir uns da je von unserem Leid befreien oder wahres Glück finden?

Es ist eine gefährliche Fehlwahrnehmung zu glauben, dass »Glück von äußeren Umständen abhängt« oder wir nicht vollumfänglich für uns selbst und das von uns geschaffene Leben verantwortlich seien. Beide Vorstellungen führen zu der Überzeugung, hilflos der Gnade des zufälligen Chaos ausgeliefert zu sein. Sie müssen überprüft und verändert werden, bevor wir eine ehrliche Antwort auf die Frage nach dem *Wer*-bin-ich finden und ein neues, zielstrebiges, sinnvolles Leben beginnen können. Zu erkennen, an welcher Stelle wir unsere Identität und unseren Sinn verloren haben, zeigt uns gleichzeitig, worin wir unser Vertrauen investiert haben. Wir setzen es stets auf das, was uns mental und emotional etwas bedeutet. Die meisten von uns richten das Vertrauen auf alle möglichen Dinge, bloß nicht dorthin, wo es hingehört: auf unser *Eines Selbst*, das Selbst, das wir unserem Schöpfungsauftrag gemäß kennen und ausdrücken sollen.

Um das Eine Selbst zu begreifen, müssen wir uns zunächst mit dem Ego-Selbst auseinandersetzen. Es geht darum, uns ein klares Bild von der verzerrten, irregeleiteten Form des Denkens zu verschaffen, die für das von uns erlebte Leid und die Enttäuschung in der Welt verantwortlich ist.

Was ist das Ego-Selbst?

Wie bereits an anderer Stelle erwähnt, ist das Ego-Selbst vor Äonen entstanden, als wir uns für die Trennung entschieden. Am Anfang gab es nur einen Willen, und der war der Ausdruck der *Quelle*, sich ewig selbst zu verströmen, Ausdruck der unendlichen Liebe. Mit der Entstehung des Ego-Selbst ging die Spaltung unseres Geistes einher, und wir vergaßen unsere ganzheitliche Natur. An seine Stelle trat das falsche Bild, das wir uns aufgrund unserer Anhaftung an Trennung, Angst und Chaos gemacht haben.

Schauen wir uns einmal an, was das Wesen des Ego-Selbst ausmacht und die von ihm ausgehenden Gedanken antreibt, damit wir sie verlernen und aufheben und durch Rückgewinnung unseres Vertrauens wieder ganz werden können. Das Ego-Selbst äußert sich in einer Denkform, die durch die

Was ist das Ego-Selbst?

enorme Schuld entstand, die wir uns durch die Trennung aufgebürdet haben.

Das Ego-Selbst steht unbewusst in direktem Gegensatz zu unserem Einen Selbst. Es weiß, dass es sich von der Quelle getrennt hat, und fristet sein Dasein in vehementer Verleugnung des erlebten Verrats. Dies hat die Dualität mit ihrer Spaltung in Gut und Böse und ein Dasein in ständiger Suche nach Vergnügen und Leidensvermeidung auf den Plan gerufen. Das Ego-Selbst zeigt sich uns am deutlichsten in seinem Hang zu urteilen und in seinen Wünschen und Begierden. Unser Leid beruht zum Großteil, wenn nicht komplett, auf den davon ausgehenden Ablenkungen, die über schmerzliche Emotionen erlebt werden. Wir sind uns jedoch weder dieses fehlgeleiteten Prozesses selbst noch der Tatsache bewusst, wie sehr er unsere Existenz bestimmt.

An dem Ort, von dem all unsere emotionalen Bedürfnisse jenseits des Strebens nach Liebe oder Freude ausgehen, sitzt ein Gefühl tiefster Verlassenheit, permanenter Bedrohung und Unzulänglichkeit. Bedauerlicherweise ist dies das Erbe des Ego-Selbst, und es versucht andauernd, diese uralten Gefühle mit immer neuen Ablenkungsmanövern auszulöschen.

Das Traurigste und Irrwitzigste an den Ego-Relikten ist, dass sie unsere Gedanken, Wünsche, Gefühle und die daraus resultierenden Handlungen steuern, obwohl klar ist, dass sie uns nie Erfüllung bringen können. Je mehr wir uns gegen den Schmerz wehren, je mehr wir gegen ihn ankämpfen oder ihn zu beseitigen versuchen, desto intensiver wird er. Das Ego-Selbst wird *nie* die Quelle all unserer Enttäuschungen und Leiden finden. Warum? Weil es selbst das Problem ist. Würde dies ans Licht gebracht, würde es dadurch ein für allemal seiner Existenzgrundlage beraubt. Kein Wunder, dass es fürchtet, dass wir es entlarven und seine falschen Wahrnehmungen zunichte machen könnten.

Wir haben eingangs die Frage gestellt »Wer bin ich?«. Wenn unsere Identität nicht mit Äußerlichkeiten wie unseren Rollen oder Beziehungen, unserem Beruf, unseren Talenten oder unserer Vergangenheit zu verwechseln ist, könnten wir uns stattdessen etwa über unsere Gedanken definieren oder vielleicht auch über unsere Gefühle und Emotionen? Oder über unsere Konditionierungen, Überzeugungen oder Werte?

Natürlich könnten wir das. Doch in diesem Fall würden wir nur das Spiegelbild unseres Ego-Selbst beschreiben. Auf die Frage nach dem Wer-bin-ich? kann es keine Scheinantwort geben.

Gedanke und Projektion

Denken ist eine unabhängige Energie, die vom Willen des Ego-Selbst genutzt wird. Negative und positive Gedanken existieren nur in unserer Wahrnehmung. Außerhalb von uns, ohne ein wahrnehmendes Gehirn, könnte Denken nichts bewirken. Gedanken an sich haben keine Bedeutung. Wir räumen ihnen in jedem Augenblick unseres Lebens selbst die Bedeutung ein, die sie für uns haben. Es gibt keine neutralen Gedanken. Wir müssen uns unseres Denkens im Hinblick auf die Inhalte wie auch auf die Qualität stets bewusst sein. Jeder Gedanke zieht eine Konsequenz nach sich. Und jeder Gedanke ist die Ursache einer Wirkung. Nichts geschieht, ohne dass da zunächst ein ursächlicher Gedanke gewesen wäre. Sinnhaftes Denken ist darum von entscheidender Bedeutung in der Gestaltung des Lebens, nach dem sich unsere Seele verzehrt.

Gedanken erschaffen Überzeugungen, die sogleich nach außen projiziert werden. Diese Projektionen werden dem projizierenden Geist zurückgespiegelt, was die ursprüngliche Überzeugung weiter verstärkt. Überzeugungen sind also ein Produkt von Projektionen, so dass wir ihnen nicht immer als Ausdruck der Realität vertrauen können. Schließlich handelt es sich nur um Projektionen, die wir für real erachten, weil sie uns als solche zurückgespiegelt werden. Was wir denken, wird zur Wahrnehmung, und was wir wahrnehmen, wird zur Überzeugung. Projektion *erzeugt* Wahrnehmung.

Wer ist also verantwortlich für das, was uns in unserem Leben begegnet? Wenn unser Denken die Realität erschafft, müssen wir selbst die persönliche Verantwortung für die Realität übernehmen, die unsere Gedanken unbewusst hervorbringen. Wo wir gerade von Realität reden: Die meisten unserer Gedanken, Überzeugungen und Werte sind unserem bewussten Selbst verborgen; und doch sind sie verantwortlich für die Erfahrungen, die wir machen. Können Sie sich vorstellen, wie viel von der so genannten »Wirklichkeit« wir zu verantworten haben? All die Menschen, Ereignisse und Umstände, die unser Leben prägen, sind auf die eine oder andere Weise entweder von uns selbst (meist unbewusst) oder von den gemeinsamen Überzeugungen des

Massenbewusstseins der Weltbevölkerung erschaffen. Wir geben unseren Gedanken die ganze Bedeutung, die sie für uns haben. Nur unsere Gedanken allein verursachen uns Schmerzen. Nichts, was außerhalb unseres Geistes ist, kann uns verletzen. Zu Unterdrückung kann es nur durch unsere fehlgeleiteten Gedanken kommen. Nichts außer unserer eigenen Wahrnehmung wirkt auf uns ein.

Die Welt, die wir sehen, macht nichts von sich aus und hat keinerlei Wirkungen, weil sie lediglich Ausdruck unserer Gedanken ist. Wir können sie verändern, indem wir anders über sie denken. Wenn Gedanken die Ursache sind und die Wirkung in unserer Vergangenheit liegt, können wir die Vergangenheit ändern, indem wir sie neu interpretieren. Das ist mit »loslassen« gemeint. Eine äußerst bedrohliche Angewohnheit des Ego-Selbst ist, uns zu überzeugen, dass ein Angriff gleich welcher Art real sei. Meist reagieren wir schon mit Abwehr, wenn man nur ein einziges unfreundliches Wort an uns richtet. *Ein Kurs in Wundern*® sagt:

»Was du projizierst, das glaubst du«, und das heißt, »dass du aus dem, was du auf andere projiziert hast und wofür du sie deshalb hältst, lernst, was du bist.«[11]

Wenn wir die Welt als überwiegend feindlich erleben, so liegt dies in Wahrheit daran, dass wir diese Feindseligkeit bewusst oder unbewusst in uns tragen. Und wenn uns immer wieder auffällt, wie hässlich doch unsere Mitmenschen sind, halten wir in unserem Inneren insgeheim selbst an der Hässlichkeit fest. Was wir in anderen sehen, stärken wir in uns selbst. Es ist also ein Gebot der Weisheit, uns bewusster zu machen, was wir in anderen zu sehen meinen, um das zu revidieren, was unser Ego-Selbst vor uns verbirgt. Im Posi-

Gedanke und Projektion

tiven heißt das: Wenn uns in den Menschen, die uns tagtäglich begegnen, das Schöne entgegentritt, ist auch dies eine Spiegelung von uns selbst. Was immer wir in anderen erkennen, erkennen wir in uns selbst, und alles, woran wir andere teilhaben lassen, wird dadurch gestärkt. Diese Erkenntnis lässt uns vielleicht von heute an wachsamer damit umgehen, wie wir andere in jeder einzelnen unserer Begegnungen wahrnehmen.

Wir erschaffen uns unsere eigene Wirklichkeit, und indem wir sie mit anderen teilen, verstärken wir sie. Eine Überzeugung des Massenbewusstseins gewinnt an Intensität und Schwung, weil sie von vielen Menschen gemeinsam projiziert wird. Aus diesem Grund müssen wir uns unsere unhinterfragten Überzeugungen bewusster machen und diese offen anzweifeln.

In der Quantenphysik ist die Rede vom so genannten »Beobachtereffekt«, der die Theorie untermauert, dass wir unsere Realität in der Tat selbst schaffen. Er besagt, dass es so lange keine Wirklichkeit gibt, bis diese wahrgenommen wird. Alles was wir beobachten, wird von unserer Wahrnehmung beeinflusst. Wir können unser Leben also zum Besseren wenden, indem wir auf unsere Gedanken und Gefühle achten.

»In der quantenmechanischen Welt, in der wir leben, haben wir als Beobachter einen ultimativen, fundamentalen Einfluss auf das Universum, sobald wir unseren Blick auf es insgesamt oder irgendein Segment davon richten ... Die Welt ist in Wirklichkeit nicht wie sie uns erscheint. Sie scheint mit Gewissheit unabhängig von uns und den von uns getroffenen Entscheidungen ›da draußen‹ zu existieren. Doch die hysik widerlegt diese Vorstellung. Was ›da drau‹ ... ...ngt von dem ab, wonach wir suchen.«[12]

In der folgenden Abbildung können wir zum Beispiel entweder einen weißen Kelch oder zwei Menschen im Profil erkennen, die einander anschauen. (Abbildung 2.1) Intellektuell begreifen wir, dass beide Interpretationen zur gleichen Zeit existieren. Dennoch sind wir nicht in der Lage, sie alle beide gleichzeitig wahrzunehmen. Wenn wir die beiden Profile sehen, dann wird dieses Bild real, weil wir es in diesem Augenblick so wahrnehmen. Entscheiden wir uns im nächsten Augenblick aber, das Ganze als Kelch zu betrachten, nehmen wir ihn auch als solchen wahr.

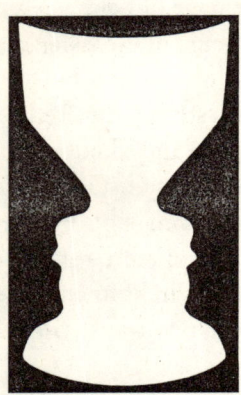

Abbildung 2.1: Alternative Wahrnehmung

Das Bild ist nichts als eine Zusammenstellung von schwarzen und weißen Formen, doch je nach unserer Wahrnehmung können wir daraus jede gewünschte Realität erstehen lassen. Unsere Welt ist auch nichts als eine Masse schwingender Energie, die wir Materie, Zeit und Raum nennen. Alles in unserer Realität wird von unserer Wahrnehmung beeinflusst, also von dem, was wir zum gegebenen Zeitpunkt sehen und worauf wir uns konzentrieren.

Gemeinsam mit dem Rest der Welt haben wir uns bisher für »Objektivität« entschieden, sprich für den Glauben, dass jegliche Realität unabhängig vom Geist im Außen entspringt. In Wahrheit aber haben wir die Wirklichkeit durch unsere Gedanken und Überzeugungen schon immer individuell und kollektiv materialisiert. Eine äußere, vom Geist unabhängige Realität gibt es nicht.

Unsere Welt kann und wird durch die Heilung unserer Vorstellungen und Überzeugungen auf wundersame Weise transformiert werden. Diese Veränderungen in unserer Wahrnehmung und in unserem Leben werden zum herrlichen Spiegelbild der Schönheit, Freude und Liebe, die wir als unser wahres Selbst, als unser ureigentliches Wesen, erkennen.

Alle Gedanken, Überzeugungen, Handlungen und Haltungen, die wir nach außen projizieren, werden uns zurückgespiegelt, auch wenn sie uns in der Regel unter dem Deckmantel von etwas Äußerem, von uns Unabhängigem begegnen. (Abbildung 2.2)

Sind wir uns der Projektion nicht bewusst, reagieren wir auf scheinbar äußere Personen oder Umstände, als seien sie etwas Zufälliges oder von uns Getrenntes. Wir werden zu Opfern des Lebens. Sind wir uns der Projektion hingegen bewusst, übernehmen wir die Verantwortung für unsere eigenen Wahrnehmungen und gewinnen damit in dem von uns gestalteten Leben an Macht und Sinn.

Bewusst oder unbewusst stehen wir weitgehend unter dem Bann der Denkform des Ego-Selbst. Erkennen wir diese Tatsache an, hat dies den Vorteil, dass wir auf die Betrachtung und damit Gestaltung unseres Lebens massiv Einfluss nehmen können.

 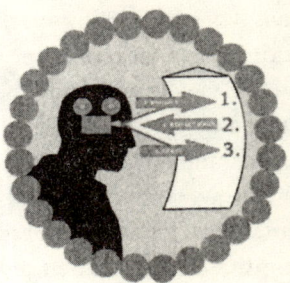

Die Ego-Wahrnehmung basiert auf Projektion. In dieser Abbildung sehen wir, wie das funktioniert.
Unsere Scheinrealität fängt damit an, dass wir unsere persönlichen und kollektiven Überzeugungen nach außen projizieren. Die Welt ist die Fläche, die uns unsere Projektionen widerspiegelt, und wir reagieren je nachdem, was wir meinen, da draußen zu sehen.

1. Wir projizieren unsere Realität.
2. Sie wird uns als »real« zurückgespiegelt.
3. Und dann reagieren wir darauf.

Abbildung 2.2: Wie wir uns unsere Wirklichkeit erschaffen: Projektion

Wenn wir unsere Gedanken selbst wählen, was ist dann mit Emotionen wie Traurigkeit, Zorn, Frustration oder Wut? Auch hier gilt: Hätten wir kein Gehirn, um unsere Gedanken zu interpretieren, so würden wir auch keine Emotionen haben – denn das Denken ist die Grundursache der Emotion. Jegliche Emotion ist »Energie in Bewegung«, die in irgendeinem Gedanken wurzelt, wenngleich sich dies frustrierenderweise meist unserer Wahrnehmung entzieht. Darum versuchen wir beim Auftreten ernsthafter Depressionen, Ängste oder Phobien meist, mit Hilfe von Psychologie oder Psychotherapie die irregeleiteten Überzeugungen auszugraben, die zur Manifestation der Symptome in unserer Psyche geführt haben.

Wir wählen unsere Emotionen jedoch nicht bewusst. Was immer wir fühlen, speist sich aus tief sitzenden Erfahrungen, Gedankenmustern und Überzeugungen, die uns darauf konditioniert haben, emotional zu reagieren. Emotionen sind das Mittel, mit dem die Psyche unsere Aufmerksamkeit erregt, ob im negativen oder im positiven Sinn. Emotionen sind aus gutem Grund vorhanden, doch wenn wir sie nicht richtig verstehen und zu steuern wissen, wenden sie sich leicht gegen uns. Wie geschieht das? Wenn wir negative Emotionen *ausdrücken*, verletzen wir andere körperlich oder seelisch. Wenn wir negative Emotionen *unterdrücken*, wie dies oft der Fall ist, verletzen wir uns *selbst*, und es kommt zu Krankheiten, die sich auf verschiedenste Weise überall im Körper manifestieren können. Wann immer Emotionen auftauchen, sollten wir aufmerksam hinschauen und herausfinden, welche Botschaft sich dahinter verbirgt. Was wir mit einer Emotion machen und wohin wir sie lenken, entscheidet, ob sie destruktiv wirkt oder uns stärkt.

Emotionen jeglicher Art, ob negativ oder positiv, sind weder gut noch schlecht. Wie wir gesehen haben, sind wir nicht identisch mit unseren Gedanken oder Emotionen. Sie sind nicht, *wer* wir sind. Gleiches gilt für all unsere Reaktionen, egal in welcher Situation: Wir sind nicht unsere Reaktionen.

Und was ist mit unserem Körper? Auch ihn könnten wir mit unserer Identität verwechseln. Tun wir es aber, wird diese mit Sicherheit auf tragische Weise zerschmettert, sobald unser Körper sich durch Krankheit, Alter oder Tod verändert. Es ist wichtig, uns vor Augen zu führen, dass wir nicht unser Körper sind.

Freier Wille

Die *Quelle* hat das unendliche Sein (Himmel oder Nirwana) erschaffen, das ewig und von unserer vorübergehenden, getrennten Existenz in Zeit und Raum unberührt ist. Im Augenblick der Trennung tauchten wir ein in einen Traum. Unser *Eines Selbst* gehört für immer dem unendlichen Sein an, auch wenn unsere irdische Entwicklung eine *Traumerfahrung* ist. Die Welt scheint in unserer Wahrnehmung außerhalb und unabhängig von unserem Geist zu existieren. Alle Formen von Angst – einschließlich Ärger, Angriff, Mangel und Sorge – sind projizierte Fragmente unseres Traums und können folglich durch *Erwachen* geheilt werden. Solange wir aber glauben, dass dieser Traum Realität ist, steuert unser Ego-Selbst all unsere Erfahrungen.

Als es zum Zeitpunkt der Trennung zur Spaltung unseres Geistes kam, entwickelten wir einen Willen oder eine Absicht, die sich dem unendlichen Ausdruck der allgegenwärtigen Liebe entgegenstellte. Das ist der Wille unseres kleinen Selbst oder Ego-Selbst.

Um zu begreifen, warum dieser Wille dem der Quelle so diametral entgegengesetzt ist, müssen wir uns seine Kernüberzeugung anschauen. Das Ego-Selbst glaubt, sich selbst erschaffen zu haben; und doch weiß es irgendwo tief im Inneren seiner Psyche, dass es außerhalb von ihm eine gigantische Quelle gibt, die alles andere erschaffen hat. Es fürchtet sich über alle Maßen vor deren Macht, weil es weiß, dass es die Quelle verlassen hat und sich ständig noch weiter von ihr entfernt. Ein bodenloses Gefühl der Schuld treibt es dazu, die Kontrolle aufrechtzuerhalten. Es hat panische Angst davor, entlarvt zu werden und projiziert mit seinen Gedanken das Bild der Quelle als einer getrennten, urteilenden, strafenden Instanz. Diese Vorstellung ist eine absolute Fiktion. Das Ego-Selbst fürchtet sich in der Tat derart vor seinem selbst geschaffenen Bild von der Quelle, dass es sich seine eigenen Urteile und Bestrafungen liefert. Es denkt, dass es dem ganzen Zorn der Quelle entkommen kann, indem es seinen Gebieter verurteilt und durch Krankheit, Unfälle oder Schuld bestraft. Anders gesagt: Uns Schuldgefühle einzuflößen, ist das Mittel des Ego-Selbst, noch härteren, wenn auch eingebildeten Reaktionen der Quelle aus dem Weg zu gehen.

Kernstück des freien Willens ist die Anhaftung des Ego-Selbst an Trennung, Urteil und Vergeltung. Dies gilt nicht nur für das individuelle Ego-Selbst, erschreckenderweise entspricht dies auch dem Wertesystem, auf dessen Basis der überwiegende Teil unserer Welt unhinterfragt funktioniert. Ob in der Politik, in der Juristerei oder im Erziehungswesen – überall wird unbewusst Angst gelehrt und gelernt, weil diese auf der persönlichen wie auch globalen Ebene das Wesen und das Fundament des Ego-Selbst bildet. Angst und nicht Liebe ist die verborgene treibende Kraft aller Vorhaben und Ausprägungen des freien Willens.

Schmerz und Leid, Unfälle und Katastrophen werden uns nie von einem zornigen, strafenden Gott geschickt. Die Quelle, die uns geschaffen hat, machte uns zu Emanationen ihrer selbst und ließ uns in die Traumdimension von Zeit und Raum eingehen. Unser Geist spaltete sich, und wir gaben uns der Illusion eines getrennten Körpers mit der Vorstellung eines freien Willens hin. Vorübergehend verloren wir die Erinnerung an unseren natürlichen, allumfassenden Zustand der Liebe und Freude, so dass es dem Ego-Selbst und seiner auf Angst gründenden Wahrnehmung gelang, die Zügel unseres menschlichen Willens zu ergreifen.

Wenn wir dies erkennen, fangen wir an zu begreifen, dass es in unserer Welt eine universelle rechtmäßige Ordnung gibt und nicht das Chaos oder irgendeine böse Kraft von außen regiert. Es gibt zweierlei *Willen* (Absichten) in dieser Welt, und einer von beiden ist nicht real. Werfen wir einen Blick auf beide. Der erste ist unser eigener, persönlicher Wille, dem wir so hohe Bedeutung beimessen.

Der Ego-Wille ist durch Projektion **in Bewegung gebrachte, subjektive Absicht** – also Schuld, Angst, Urteil, Anhaftung, Kontrolle, Gedanken, Emotionen sowie der Drang, etwas haben oder werden zu wollen. Der *Ego-Wille* kam durch Trennung ins Sein und verzehrt sich in seinem tief verankerten Glauben an Schuld, Angst, Kontrolle, Chaos, Mangel und Kampf. Er ist subjektiv und seinem Wesen entsprechend auf Kontraktion, Trennung und Projektion ausgerichtet.

Der Ego-Wille ist überaus persönlich, stellt stets Bedingungen, ist wertend, ausschließend, einschränkend und von Vorurteilen getrieben. Er wird überwiegend in Gedanken, Zeit und Emotion erfahren. Weil sein Überleben von deren totaler Kontrolle abhängt, nutzt er sie geschickt, um uns in unserem ohnmächtigen Zyklus der Suche nach Vergnügen und Schmerzvermeidung gefangen zu halten. Grundlage dieser Denkform ist die Vorstellung, dass Angriff und Verteidigung real seien und uns im Geben ein Opfer oder Verlust abverlangt wird. Unser persönlicher Wille (Ego) kann nicht verstehen, dass alles, was Wert hat – Liebe, Friede oder Freude – nur dann wächst, wenn wir es teilen. Er gibt nur, um eine Gegenleistung zu erhalten. Zu geben gibt es für ihn stets nur eine begrenzte Menge, und wenn nichts zurückgegeben wird, ärgert ihn das. Er ist überzeugt, dass Geben nichts anderes als ein Opfer ist. Wenn die Wirklichkeit von seinen Erwartungen abweicht, verwehrt er sich ihr mit Entschiedenheit. Der Ego-Wille führt uns immer ins Leid.

Der Eine Wille ist durch Ausdehnung **in Bewegung gebrachte, objektive Absicht** – also *Vergebung*, Achtsamkeit im Jetzt, Liebe, Friede, Freude, Teilen und kreative Inspiration. Er weiß, dass sich hinter Angriffen oder Urteilen jedweder Form ein versteckter Ruf nach Liebe verbirgt und dass Geben gleich Nehmen ist. Der Eine Wille wird von unendlicher Liebe und Freude inspiriert. Er strebt nach grenzenloser *Ausdehnung*. Er ist objektiv, und da er um seine Integrität und sein allumfassendes Wesen weiß, existiert er unabhängig vom Geist. Wir erleben ihn meist durch

Vergebung, wenn wir in der Achtsamkeit des gegenwärtigen Augenblicks verharren, sowie in Phasen intuitiver Führung und kreativer Inspiration. Da ihm das, *was ist*, behagt, akzeptiert er die Wirklichkeit widerstandslos. Sein Wesen ist von Großzügigkeit, Akzeptanz, Bedingungslosigkeit, Unpersönlichkeit, Vorurteilsfreiheit und Grenzenlosigkeit geprägt.

»Entgegen Gott zu wollen ist Wunschdenken und nicht wirkliches Wollen.«[13] Wir befinden uns also im Konflikt zwischen den seichten Wünschen des Ego-Selbst und dem uns allen gemeinsamen Willen der Quelle. Das letzte, was das Ego-Selbst will, ist, dass wir merken, wie sehr wir uns vor ihm fürchten. Dies aber würde geschehen, wenn wir erkennen, dass all unsere Ängste, die buchstäblich die Triebfeder unserer äußeren wie inneren Konflikte sind, von ihm ausgehen. Das Ego-Selbst ist die Ursache der Wirkungen, die uns in Form unserer vermeintlichen Enttäuschungen, Leiden und Schmerzen begegnen. Es ist sehr geschickt, vor uns den Schlund der Angst zu verbergen, der unsere Wahrnehmung treibt und uns gefangen hält. Hinter all unserem Streben nach Selbstbestätigung und Anerkennung steckt die Meinung des Ego-Selbst, das uns für oberflächlich, ungläubig, distanziert, gefühllos und hartherzig hält. In allem, was uns an Reaktionen des Zorns, der Drohung, der Enttäuschung, Einsamkeit oder Depression begegnet, manifestiert sich das Fundament der Trennung, auf dem das Ego-Selbst beruht. Und dieses Fundament ist die Angst. Mit großem Geschick verschleiert es solche Reaktionen und hält uns in dem Glauben, Opfer des zufälligen Chaos zu sein, um unsere Abhängigkeit und Gefolgstreue weiter zu stärken.

Freier Wille

Um uns zu befreien, müssen wir den Würgegriff des Ego-Willens abschütteln und lernen, uns unserem natürlichen Wesen entsprechend dem Einen Willen zu *überlassen*. Am überzeugendsten an der Strategie des Ego-Selbst ist wohl seine *absolute, ungeteilte Hingabe an das eine Ziel*, sich in der Wahrnehmung, der Projektion und damit der Verursachung von Trennung in ihren zahllosen Formen völlig unabhängig von der Quelle zu machen. Je zufälliger das Chaos um sich zu greifen scheint, desto mehr gewinnt es an Kraft. Durch diesen absoluten Fokus auf das Streben nach Autonomie und Trennung gewinnt es einen Vorteil, aus dem wir durchaus lernen könnten. Anders als das Ego-Selbst haben wir noch nicht die eine große Vision und Zielvorstellung entwickelt, die wir entschlossen und konsequent verfolgen. Wir schwanken unablässig hin und her und sind uns unserer Vision oder unseres Zieles alles andere als sicher; dies ist der Grund, warum uns Inkonsequenz, Zweifel und Konflikt plagen.

Es ist nicht der *Eine Wille*, der Leiden, Schmerz und Tod oder Chaos – in welcher Form auch immer – verursacht. Wie könnte die unendliche Liebe, die nichts als Friede und Freude ist und verströmt, etwas anderes als Friede und Freude darstellen oder verursachen? Unsere Aufgabe ist es, uns an unseren authentischen Willen zu erinnern und ihn uns zu Eigen zu machen – den Willen der *universalen Inspiration*. In dem Maße, wie wir unsere Fehlwahrnehmungen verlernen, richten wir uns auf dieses Ziel aus.

Es gibt kein vermeintliches Chaos, das der Eine Wille nicht neu interpretieren oder heilen könnte. Jeder Fehler, den wir je gemacht haben, kann und wird transformiert, sobald wir innerlich dazu stehen und aus ganzem Herzen darum bitten. Haben wir erst einmal die Brille der Angst abgesetzt, sehen wir klar und deutlich, dass alles, was in unserem Leben geschieht, sinnvoll und nicht zufällig ist. Dies wird in folgendem Zitat aus *Ein Kurs in Wundern*® verdeutlicht: »Was könntest du nicht akzeptieren, wenn du nur erkennen würdest, dass alles, was geschieht, alle Ereignisse, vergangen, gegenwärtig und zukünftig, sanft geplant sind von dem EINEN, DESSEN einzige Zielsetzung dein Bestes ist?«[14]

Die Angst und das Jetzt

Ein Kurs in Wundern® zeigt, dass es nur zwei Zustände gibt: Liebe und Angst[15]. Der erste ist unser natürlicher, ursprünglicher Zustand – der Zustand des vereinten Einen Selbst. Der zweite, die Angst, ist ein Konstrukt unserer Gedanken.

Liebe kann nur in Abwesenheit von Angst gedeihen, weil Angst unsere Wahrnehmung verzerrt und uns mit einer Wolke der Verwirrtheit den Blick vernebelt. Als Gegenteil der Angst ist Liebe eine endlose Energie, die sich nur ausdehnen kann oder verschenken lässt, wobei sie sich sowohl für den Geber als auch den Nehmer vermehrt. Die meisten von uns können mit der Angst besser umgehen als mit der Liebe, weil Angst in unserer Gesellschaft im Vordergrund steht.

Angst manövriert uns in Zustände von Chaos Sorge und Schrecken hinein. Wir hoffen, ihr illusionäres Spiel in diesem Buch zu enttarnen und eine kraftvolle Alternative zu ihren irreführenden Absichten zu entwickeln.

Die Angst, die wir erleben, ist so gut wie immer unnötig und zehrt Kraft. Die einzig reale Angst, auf die wir unter Umständen hören sollten, ist die vor körperlicher Bedrohung, jene Art also, die uns instinktiv beschleicht und keine Zeit zum Denken lässt. Sie lässt uns in den Kampf- oder Flucht-Modus gehen, genau wie es unseren Vorfahren erging, wenn sie sich plötzlich einem hungrigen wilden Tier gegenüber sahen. Diese Art von »Notfall-Angst« ist eine angeborene Reaktion, die unser Überleben sicherstellt. Heutzutage sind wir jedoch nur sehr selten mit dieser Art von Angst konfrontiert. Was wir empfinden, ist eher eine psychologische Angst, die nur dann besteht, wenn wir über die Vergangenheit oder Zukunft grübeln. *Alle* derartigen Ängste gehen in der Regel von Gedanken aus, die uns in eine dieser beiden Illusionen hineinversetzen. Konzentrieren wir uns auf die Gegenwart, stellen Ängste im Hinblick auf die Vergangenheit oder die Zukunft keine Bedrohung dar.

Die Wurzeln unserer Angst reichen in vielen Fällen in unsere Kindheit oder Vergangenheit zurück, ohne dass wir uns dessen bewusst sind. Die gesamte auf Angst gegründete Konditionierung, die uns eingetrichtert wurde, hat sich in Überzeugungen niedergeschlagen, die wir meist unhinterfragt beibehalten. Diese Wand aus Angst ist es, die uns in unseren Beziehungen so sehr einschränkt und unsere Fähigkeit beschneidet, Fülle und Gesundheit anzuziehen. Angst hindert uns daran, Erfüllung zu finden.

Es ist davon auszugehen, dass unsere Kindheitskonditionierung mit Überzeugungen überfrachtet war, die mit Worten wie »unmöglich«, »schwierig«, »müssen«, »sollen«, »nicht können« oder »nie« und mit vielen Zweifeln einhergingen. Millionen von Samenkörnern der Beschränkung und des Zweifels wurden in unserem jungen, leicht zu beeindruckenden Geist gesät.

Inzwischen ist unser Kopf mit einer Filmsammlung zu vergleichen, die wir in unserer Erinnerung abrufen und abspielen. Tagein, tagaus schauen wir durch die trübe Linse einengender Vorerfahrungen auf das Leben. Wir treten also nicht mit der aktuellen Realität in Beziehung. Realität ist der gegenwärtige Augenblick ohne jede frühere Konditionierung. Vielmehr haben wir gelernt, jeden einzelnen Moment entweder durch die verschmierte Linse der Vergangenheit zu betrachten oder auf einen zukünftigen Moment zu projizieren, so dass wir überwiegend außerhalb des *Jetzt-Moments* existieren. Das heißt, wir sind nicht wirklich präsent. Dies ist der Grund, warum wir nichts so sehen oder hören, wie es in Wahrheit ist. All unser Erleben ist durch die alten Filme verzerrt, die permanent das Jetzt aus unserem Leben verbannen.

Das Hier und Jetzt ist die einzige Zeit, die wirklich existiert. Wir alle haben nie etwas anderes erlebt, als eine Aneinanderreihung von Milliarden von *Jetzt-Momenten*, doch das Problem ist, dass wir nicht in ihnen präsent waren. Wir lassen uns dauernd von unserem Leben in der Realität ablenken, um in einer nutzlosen Vergangenheit oder in imaginärer Zukunft zu sein. Es ist eine Art Leben aus zweiter Hand, wir sind nicht wirklich hier, aber auch nicht wirklich in einer anderen Realität. Über die Vermeidung des Jetzt gelingt es unserem Ego-Selbst, uns mental, spirituell, emotional und physisch gefangen zu halten. An anderer Stelle in diesem Buch werden wir sehen, wie wir in die Gegenwart zurückfinden können und wie wichtig dies auf dem Weg der Befreiung ist.

Urteile

Die menschliche Urteilskraft wird vielfach missverstanden. Es handelt sich hier um eine allseits hoch angesehene Fähigkeit des Ego-Selbst, auch wenn sie ausschließlich auf Illusion basiert. Alle Urteile, die das Ego-Selbst fällt, sind aus einem verzerrten Selbst-Bild gespeist, das permanent nach Vergnügen und Schmerzvermeidung sucht. Es glaubt, sich selbst geschaffen zu haben und von der Quelle getrennt zu sein, und alle Wertungen, die es vornimmt, zielen darauf ab, diese Trennung aufrechtzuerhalten. Wie könnte das Ego-Selbst richtig urteilen? Es müsste unendliches Wissen besitzen und die Vergangenheit, Gegenwart und Zukunft gleichzeitig im Blick halten können. Es müsste im Voraus sämtliche Auswirkungen seines Urteils auf alles und jeden kennen, die davon in irgendeiner Weise tangiert werden. Es müsste sich unserer innersten Absicht immer und unter allen Umständen absolut bewusst sein. Das Ego-Selbst würde eine Katastrophe, die Tausende das Leben kostet, als »schlimm« oder tragisch einstufen. Weil es auf Trennung und Chaos fußt, kann es weder eventuelle Wunder auf einer tieferen Ebene, noch die von uns erschaffene Wahrheit, noch die Realität einschließlich der von uns als solche wahrgenommenen tragischen Katastrophen erfassen. Es wird nie die Verantwortung für die Schaffung der Wirklichkeit übernehmen und stets die Schuld nach außen auf die Quelle, auf andere Menschen oder auf äußere Umstände projizieren.

Was ein Mensch als »gut« beurteilt, kann »schlecht« für einen anderen sein. Und was wir in einem Moment als »positiv« bewerten, kann ein andermal »negativ« sein. Das Urteil des Ego-Selbst ist launisch und gefährlich.

Es vergeht kein Tag, an dem wir nicht urteilen, doch das Urteil des Ego-Selbst basiert immer auf seinen illusionären Projektionen, die es außerhalb von uns wahrnimmt. Wir erkennen andere nicht in ihrer Ganzheit, weil wir uns nicht in Ganzheit sehen; wir sehen nur ein Fragment der anderen. Dieses Fragment projiziert unser Ego-Selbst als fehlerhaft und übersieht dabei irrtümlicherweise die Realität. Unser Ego projiziert auf die Menschen Eigenschaften, die real sein können oder auch nicht, und auf diese Weise verzerrt es die Wirklichkeit. Von Kindesbeinen an sind wir dazu erzogen worden, immer und überall Fehler zu sehen, und wir meinen, Menschen mit »konstruktiver Kritik« helfen zu können. All dies hält uns in der Begrenztheit fest, die die Präsenz der allgegenwärtigen Liebe aus unserem Gewahrsein verbannt.

Die Herausforderung besteht darin, uns im *Zulassen* und *Annehmen* zu üben. Was wir anderen geben, geben wir uns selbst, und jedes Mal, wenn wir uns bewusst mit Urteilen gegenüber einem Mitmenschen zurückhalten, desto näher kommen wir dem Ziel, uns selbst zu kennen und zu akzeptieren. In die Beobachterrolle zu gehen und von dort aus unsere Gedanken, Bewertungen und Urteile kritisch zu hinterfragen, kann helfen, die destruktiven Gewohnheiten des Ego-Selbst zu korrigieren.

Wir sind nicht unsere Gedanken, Überzeugungen und Emotionen, weil diese unseren fehlgeleiteten Projektionen unterliegen. Wir sind nicht unsere Rollen, unsere Vergangenheit, unsere Persönlichkeit, unsere Leistungen, unser Körper, unsere Hoffnungen oder unsere Ängste. All dies sind sich verändernde Fragmente dessen, was wir jetzt für wahr halten. Doch gleichzeitig sind sie ständiger Veränderung und der Verzerrung durch das Ego-Selbst ausgesetzt und darum keine Realität.

Wir sind weder das Ego-Selbst noch dessen Wahrnehmung. Allein das Begreifen dieser Tatsache ist ein mutiger erster Schritt hin zur Erkenntnis, *wer* wir wirklich sind und welch grandiose Aufgabe wir im Leben zu erfüllen haben.

Worauf immer wir unser Vertrauen bisher gerichtet haben, ist die Richtung, in der wir unterwegs waren. Auf die Illusion des Ego-Selbst zu vertrauen, hat uns nie das gebracht, wonach wir uns so sehr verzehren, und wird es uns auch künftig nicht bringen. Wenn unser innigster Herzenswunsch das absolute Einswerden mit der Liebe ist und wir ungeteilten Frieden, Freude, Sicherheit und endlose Fülle erfahren wollen, müssen wir danach streben, unser wahres Selbst, das *Eine Selbst* in unserem Inneren zu erkennen. Dies ist das Selbst, das dem *Einen Willen* folgt und ihn zum Ausdruck bringt.

Eine wesentliche, unabdingbare Voraussetzung dafür, unser Eines Selbst mit seiner uneingeschränkten Wahrnehmung ans Licht zu bringen, besteht in der Aufhebung des Ego-Selbst. Wir sprechen bei diesem Prozess auch von der

Ego-Befreiung oder dem Tod des Egos. Das ausschließliche Ziel der Aufhebung besteht jedoch darin, das nicht funktionierende *Denksystem des Ego-Selbst* neu auszurichten oder zu beseitigen. Es kommt nicht zu einem Tod im eigentlichen Sinn; vielmehr geht es um eine freiwillige Verabschiedung von allem Falschen und Destruktiven. Dieser Prozess wird wesentlich erleichtert, wenn wir uns konsequent daran erinnern: »Ich kann nicht sehen, was das Beste für mich ist«[16] und uns bereitwillig der höheren Intelligenz anvertrauen, die dazu in der Lage ist. Adyashanti erklärt es aus einer anderen Perspektive:

»Wenn die Rolle ›Ich bin ein Mensch‹ ausgespielt ist, nennen wir das Tod. Es ist erheblich leichter, die Rolle bereits sterben zu lassen, ehe der Körper stirbt, und sie schon jetzt zur Ruhe zu betten.«[17]

Wir sind Wesen, die sich über Äonen hinweg durch Illusion und Trennung gekämpft haben und jetzt nach Ganzheit suchen. Auf diesem Weg müssen wir unsere nicht funktionierende, falsche Wahrnehmung aufgeben. Es geht darum, unser getrenntes Denken zu revidieren und systematisch alle Blockaden zu beseitigen, die uns den Blick auf die allgegenwärtige Liebe verstellen.

Als Ergebnis dieses Transformationsprozesses gewinnen wir ein tieferes Vertrauen in die Vollkommenheit des Einen Willens und eine ständig wachsende Fähigkeit, alte Begrenzungen loszulassen. Wir lernen, die Liebe zu begreifen und anzunehmen und gelangen dabei zu der Gewissheit, dass wir Liebe *sind*.

Verlust der Identität an das »Ich«

Das Ego glaubt, getrennt und allein zu sein, und richtet sein gesamtes Selbstwertkonzept auf die Vorstellung von »ich« und »mein« aus. Schon sehr früh in unserer Kindheit haben wir gelernt, unser Selbst-Gefühl an allerhand Objekte, Menschen und Umstände zu binden. Durch die Bindung an ein bestimmtes Spielzeug, eine Schmusedecke oder einen anderen besonderen Gegenstand belegten wir dieses Ding automatisch mit dem Etikett »meins«. Indem wir das Ding zu unserem *Besitz* erklärten, machten wir es gleichzeitig zu einer Art Erweiterung von uns selbst und gaben ihm dadurch destruktive Macht. Es zu *meinem* zu machen hieß, es als Teil unserer erweiterten Identität zu betrachten und so zu einem falschen Ersatz-Selbst zu machen.

Der Erwerb von Dingen schien, wie wir fälschlicherweise lernten, die Substanz unseres sich entfaltenden Selbst-Bildes zu stärken. Diese begehrten, gehüteten speziellen Gegenstände, die wir als die unseren bezeichneten, wurden Teil unserer Identität. Und schnell lernten wir, ihnen großen persönlichen Wert beizumessen und sie damit zu verwechseln, wer wir wirklich sind. Wer wir sind, hat nichts damit zu tun, *womit* wir uns identifizieren. Der, der wir wirklich sind, braucht keine Dinge, Menschen oder äußeren Umstände.

Die Falle, in die wir als Kinder stolperten, war die der Unwissenheit. Da wir unser wirkliches Selbst (das Eine Selbst) nicht erkannten oder zu schätzen wussten, wurden wir darauf konditioniert, uns eines auszudenken. In dem Maße, wie wir lernten, uns persönlich mit unserem Selbst-

Gefühl zu identifizieren und uns weitere Verhaltensweisen, Überzeugungen, Meinungen und Werte zuzulegen, gewann das Ego-Selbst zusätzlich an Kraft. Wir legten uns eine Sammlung zahlloser Urteile an und machten sie zu illusionären Teilen unseres Selbst-Bilds. Und kommt es nun zu einer Bedrohung unserer Überzeugungen, fühlen wir uns angegriffen und schlagen oftmals gleich zurück.

Wenn wir uns angegriffen fühlen oder in die Defensive geraten, liegt das meist daran, dass wir uns persönlich mit etwas identifizieren – mit irgendeiner Idee, Überzeugung oder Meinung –, die nicht im Einklang damit steht, wer wir sind. In Wahrheit kann natürlich »nichts Wirkliches bedroht werden«. (61) Was also verteidigt das Ego? Was es auch sein mag, es kann nichts Wirkliches sein, denn die Wahrheit muss nie verteidigt werden. Was ist es dann? »Du verteidigst nur dich selbst oder vielmehr dein illusionäres Selbst-Bild, dieses erdachte Ersatz-Selbst.«[18]

Um es ganz einfach zu formulieren: Wir täuschen uns in unserer Identität (Eines Selbst), wenn wir uns emotional an etwas binden. Am häufigsten tun wir dies im Rahmen des Konzepts von »ich« und »mein«. Wenn wir bewusst oder unbewusst Besitzansprüche für etwas anmelden – eine Rolle, ein Objekt, ein bestimmtes Ergebnis, eine Überzeugung oder Meinung – verwechseln wir sie mit unserer ewigen Essenz, unserer *wirklichen Identität*. Dies geschieht auch mit negativen Identifikationen wie Krankheit, Opferhaltung, Abwehrhaltungen und Gebrechen. Durch eine Aussage wie beispielsweise »Ich bin Allergiker« sagen wir uns und anderen wortwörtlich, dass unsere Identität mit Allergien *durchwoben* ist. In Wahrheit aber ist unsere Identität ganz und rein und immun gegenüber äußeren Einflüssen. Ohne es zu wissen definieren wir uns über unser Leiden, und so fangen wir an, es für unsere Identität zu halten.

Wenn wir uns über irgendetwas aufregen, so hat dies so gut wie immer damit zu tun, dass wir irgendetwas fälschlicherweise für unser Eigenes halten und vergessen haben, dass unser Eines Selbst vollkommen ist und keinen illusionären Ersatz braucht. *Mein* Partner, *mein* Arbeitsplatz, *mein* Auto, *mein* Kind, *meine* Idee, *mein* Haus, all dies kann nur zu schnell zum Ersatz für unser echtes Selbst-Gefühl werden. Ob dies der Fall ist, merken wir, wenn wir emotional auf den Verlust oder die Veränderung dieser Dinge reagieren. Angst, Zorn und Kontrollbedürfnis sind Zeichen dieser Verwechslung.

Im Prozess des Erwachens werden immer wieder Dinge bedroht sein, an denen wir über alle Maßen hängen – Dinge, an denen wir irrtümlicherweise unsere Identität festgemacht haben. Das Leid, das wir dabei empfinden, entsteht durch das Auslöschen des »Besitzfaktors«. Haben wir das Konzept des Besitzes erst einmal hinter uns gelassen, nehmen wir die Dinge nicht mehr persönlich. Wir erleben zwar immer noch manche solcher Satelliten-Identifikationen, doch sie sind nicht mehr mit unserer Identität verwoben.

Im Zuge unseres Entwicklungsprozesses tritt die Bedeutung der Etiketten »ich« und »meins« mehr und mehr in unserem Wortschatz zurück, und wenn wir sie gebrauchen, dann aus rein praktischen Gründen. Wer aufhört, zwanghaft Besitzansprüche auf irgendjemanden oder irgendetwas anzumelden, überwindet damit gleichzeitig die Fixierung des Egos auf mentale Standpunkte, die uns – weil sie stets mit dem illusionären Bedürfnis nach Erwerb, Schutz und Verteidigung einhergehen – unweigerlich ins Chaos führen.

Die Armband-Theorie

Das Ego als irregeleitete Denkform lässt sich mit einem Perlenarmband vergleichen, bei dem jede Perle einer falschen Überzeugung entspricht (Abbildung 2.3): bewusste oder unbewusste Überzeugungen, die wir oft aus dem altüberlieferten Erbe der Rasse, ethnischen Gruppe, Nation, Kultur und/oder der Familie beziehen. Konditionierungen aus der Vergangenheit, die Erziehung, Erfahrungen und unser Umfeld tragen ebenso zur Herausbildung unserer Werte und Meinungen bei. Jede Perle, die wir sammeln, wirkt wie eine undurchsichtige Barriere, die uns den Blick auf die allgegenwärtige Liebe in anderen, in unserem Leben und in uns selbst verstellt.

Jede einzelne unserer Ego-Perlen hat ihre eigene Geschichte; und jedes Mal, wenn wir uns mit einer Überzeugung identifizieren, wiederholen wir unsere Geschichten. Ein Beispiel für eine weit verbreitete Geschichte ist, dass wir als Kinder falsch behandelt, ja womöglich sogar misshandelt wurden. Die daraus resultierende Überzeugung »Ich bin ein Missbrauchsopfer« verhärtet sich zu einer weiteren Perle in unserer Sammlung von Ego-Identifikationen, die uns negativ beeinflussen. Wenn wir uns mit unseren Fähigkeiten, unserem Versagen oder unserem Partner zu stark identifizieren, bedeutet das, dass wir uns in Gedanken eine

Geschichte erzählen, die unsere ungesunden Überzeugungen nährt. Und die meisten, wenn nicht gar alle unsere Überzeugungen beschneiden uns drastisch in unserer Macht, weil sie uns Raum nehmen und uns den Zugang zur Wahrheit, zur Liebe, blockieren.

Mögliche falsche Identitäts-Perlen (Ego)

- Partner/Beziehungen
- Beruf oder Geschäft
- Kinder oder Eltern (Familie)
- Finanzen
- Errungenschaften oder Fehlleistungen
- Vergangenheit oder Zukunft
- Emotionen
- Politik
- Nation, Rasse oder ethnische Gruppe
- Körperbild, Gesundheit, Alter
- Überzeugungen, Meinungen und Werte
- Krankheit oder Gebrechen
- Materielle Güter
- Freunde oder Feinde
- Autorität
- Gedanken
- Ängste
- Wünsche
- Konditionierung
- Erziehung
- Gewohnheiten

- Süchte
- Erfahrungen
- Rolle oder Status

Jede dieser Geschichten sagt uns, wer wir sind und was wir sein wollen. Doch zu Erfüllung und Wahrheit führen sie uns nur in den seltensten Fällen.

Jede Ego-Perle, die wir in unsere Sammlung aufnehmen, setzt einen weiteren Fixpunkt des mentalen Widerstands und fügt ein zusätzliches Hindernis auf dem Weg zur Erkenntnis der allgegenwärtigen Liebe hinzu. Wenn wir etwas als »meins« bezeichnen, verwechseln wir das Objekt, den Menschen, die Überzeugung, die Meinung, die Emotion oder den Gedanken damit, *wer* wir sind. Wenn dann eines dieser Dinge verloren geht, bedroht wird oder sich verändert, leiden wir darunter. Das Ego nimmt alles persönlich und fühlt sich bedroht, wenn eine seiner *falschen Identitäts-Perlen* beurteilt oder angegriffen wird.

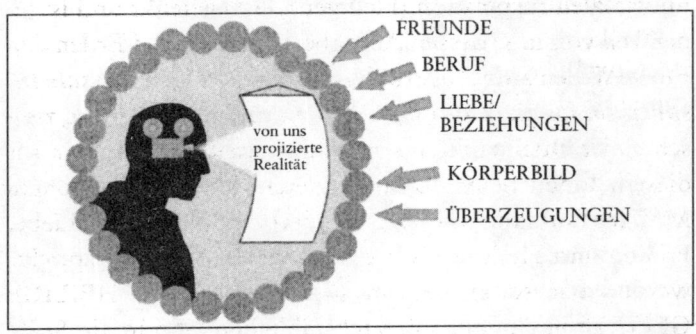

Abbildung 2.3: Verfehlte Identität

KAPITEL 3

DAS EINE SELBST: DURCH AUSDEHNUNG ENTSTANDEN

Das Eine Selbst ist eine heilige Scherbe des einen makellosen Spiegels, der vor Äonen zu Bruch ging, als wir in den Traum der Trennung fielen und beschlossen, in der Dimension von Raum und Zeit zu inkarnieren. Es ist der unverfälschte, göttliche Teil in uns, der seine Quelle nie verlassen hat. Unser Eines Selbst ist der mystische Krieger, der unmittelbar und überall immer alles weiß. Vom menschlichen Geist unabhängig, ist seine Wahrnehmung von uns und unserem Leben rein und ungetrübt.

Dieses vollkommene, geheilte Selbst wird einzig von der universalen Inspiration (Heiliger Geist) gelenkt und ist jener Teil von uns, dessen Aufgabe es ist, hier auf Erden den Einen Willen zum Ausdruck zu bringen. Die *universale Inspiration* fungiert als unsere Kommunikationsleitung zwischen der Quelle und unserem Einen Selbst. Wenn wir aus diesem Einen Selbst heraus agieren, sind wir in hohem Maß im Einklang mit dem wunderbaren Strom der Liebe, Freude und Heilung; wie es unserer Aufgabe entspricht, werden wir so zu seinem Instrument. »Der HEILIGE GEIST ist in einem ganz buchstäblichen Sinn in dir. SEIN ist die STIMME, DIE dich dorthin zurückruft, wo du vorher warst und wieder sein wirst. Es ist sogar in dieser Welt möglich, nur diese STIMME und keine andere zu hören. Es braucht Bemühen und große Bereitwilligkeit zu lernen.«[19] Die universale Inspiration ist die gemeinsame Inspiration aller Menschen – sie ist die Energie/das Licht des Einen Selbst, die/das uns die wunderbare Gabe des klaren Sehens zurückgibt, die wir vor der Trennung hatten.

Da das Eine Selbst nicht von Zeit, Raum, Logik oder Vernunft dominiert wird, kennt es keine Begrenzungen. Darum wird es oft Mit-Schöpfer genannt, dessen Natur Liebe, Freude und grenzenlose Fülle ist. Und was es sich für uns wünscht, ist dies:

- unsere Fähigkeiten als Mit-Schöpfer zu begreifen;
- unsere Aufgabe im Leben zu erkennen; vom Traum aufzuwachen;
- unser höchstes Potenzial zu verwirklichen;
- absolute Gewissheit zu erfahren und auf die *universale Ordnung* zu vertrauen;
- in Liebe, Freude, Frieden und grenzenloser Fülle zu leben
- andere zu inspirieren, Liebe zu sein und zu sehen.

Die Basis seines gesamten Bezugsrahmens steht im Gegensatz zum Ego-Selbst. Das Eine Selbst ist ein reiner Kern der Liebe, der keine Angst empfinden kann – anders als das Ego-Selbst, das bei der Spaltung von der Quelle mit der Angst geboren wurde. Die beiden haben nichts gemeinsam, weil ihre Ziele diametral entgegengesetzt sind.

Intellekt versus Intuition

So gut wie jeder von uns ist schon einmal von diesem gespaltenen Geist massiv herausgefordert worden und hat die damit einhergehenden inneren Konflikte erlebt. So kann es zum Beispiel vorkommen, dass uns unsere Intuition etwas sagt, unser Kopf uns aber mit Logik und Vernunft vom Gegenteil überzeugt und wir später bedauern, nicht auf unsere innere Eingebung gehört zu haben. Die Stimme des Ego-Selbst ist nicht nur die lauteste, sondern meldet sich meist auch als erste zu Wort. Um Probleme zu lösen, verlässt es sich einzig auf den Intellekt. Das Eine Selbst setzt auf die Intuition als unfehlbares Mittel zur Kommunikation und Problemlösung.

Die Intuition ist abstrakt und nicht linear wie der Intellekt. Sie funktioniert unabhängig von Zeit und Raum und kann darum unserem Verstand als irrational erscheinen. Da Intuition auf Wissen oder Vorherwissen basiert, operiert sie in Sprüngen, die keiner logischen Abfolge oder Formel unterliegen. Sie »weiß einfach«.

Der Intellekt ist in seiner Wahrnehmungsfähigkeit jenseits der irdischen Welt stark eingeschränkt. Auch wenn es kaum zu glauben ist, verfügt er nur über einen Bruchteil des Wissens, auf das die Intuition zurückgreifen kann. In der Tat hält Letztere den Schlüssel zum absoluten Wissen und dringt damit in Bereiche vor, deren Existenz der Intellekt nicht einmal erahnen kann. Die Intuition funktioniert außerhalb jedes Erklärungsrahmens, weil sie buchstäblich jenseits von Zeit, Raum und Materie vernetzt ist.

Unser Intellekt ist nützlich, aber keinesfalls so wertvoll

wie die Intuition. Leider verlässt man sich in unserer Gesellschaft meist auf Ersteren und misst Letzterer keinen großen Stellenwert bei. Wir brauchen uns nur unser Schul- und Hochschulwesen anzusehen, um zu begreifen, dass das Fundament und Ziel der Erziehung auf Intellekt und der Anhäufung von Fertigkeiten beruht. Oder gibt es etwa einen Universitätsabschluss in intuitiver Weisheit?

Intuition braucht Vertrauen und die Fähigkeit loszulassen. Das Ego-Selbst ist süchtig nach Kontrolle und setzt den Verstand ein, um diese auszuüben. Es arbeitet permanent im Denk- und Bewertungsmodus. Es analysiert, vergleicht und begründet und versucht in jedem wachen Moment, die Vergangenheit und Zukunft unter Kontrolle zu halten. Bei all den vielen Gedanken, die uns dabei durch den Kopf schießen, bleibt kein Platz für Intuition. Echte Intelligenz tritt zutage, wenn die Intuition die Zügel übernimmt und den Intellekt geschickt dorthin führt, wo er gebraucht wird. Unsere Welt basiert und funktioniert einzig über den Intellekt, und weil dies so ist, lassen wir viele wundervolle Gelegenheiten ungenutzt verstreichen. Wenn wir nur wüssten, wie beschränkt der Intellekt ist, würden wir uns bereitwillig unserer Intuition zuwenden und auf sie vertrauen, um wahre Weisheit zu finden.

Um auf die Intuition vertrauen zu lernen, bedarf es regelmäßiger Übung. Wir müssen dazu unseren Verstand zur Ruhe kommen lassen und zum Beobachter unserer Gedanken und Gefühle werden. Unsere intuitive Reaktion belügt uns nie; uns fehlt nur die Übung, sie konsequent zu erkennen. Nehmen wir an, Sie wollen sich einen Gebrauchtwagen zulegen. Sie möchten sichergehen, ein gutes Fahrzeug und keine Gurke zu erwischen, und weil Ihnen das Fachwissen fehlt, ist das eine echte Herausforderung. Es gibt zwei Autos, die Ihnen gefallen, aber eines scheint besser zu sein, weil es das jüngere Baujahr ist. Die Logik und der Verstand sagen Ihnen, dass Sie bei dem neueren Modell zugreifen sollten. Selbst Ihre Werkstatt bestätigt nach kurzem Durchchecken das, was ja auch logisch ist: Dieser Wagen ist der bessere Kauf. Doch irgendwo in Ihrem Bauch nagt ein subtiles Gefühl und sagt Ihnen, dass irgendwas an dem neueren Modell nicht stimmt. Wie würden Sie sich verhalten?

Die meisten von uns schieben in einer solchen Situation die Intuition beiseite und folgen in ihrer Entscheidung den logischen Fakten, die allesamt dagegen sprechen. Wären wir jedoch darauf trainiert, mehr auf unsere innere Stimme zu hören, würden wir einen Schritt zurücktreten und uns auf den intuitiven Impuls konzentrieren, der uns ungeachtet aller logischen Argumente vor dem Kauf des neueren Fahrzeugs warnt. Übung und Erfahrung hätten uns gelehrt, auf unser Bauchgefühl zu vertrauen, und wir wüssten, dass irgendetwas an dem Wagen nicht stimmt. Wir hätten eine Art Vorahnung, dass ein gravierendes Motorproblem auftauchen wird und die Reparaturkosten fast ebenso hoch sein würden, wie wir für das Auto bezahlt haben.

Das ist Intuition, und wenn wir sie achten, hegen und pflegen, steht sie uns im Leben gewiss jederzeit zur Verfügung. Auf dieses wunderbare Instrument zu vertrauen, kann uns viele teure Fehler ersparen, ganz gleich ob im Umgang mit Menschen, äußeren Umständen oder materiellen Erwägungen.

Der Schlüssel, uns unseres Einen Selbst und dessen intuitiver Stimme bewusst zu werden, liegt darin loszulassen. Solange wir nicht bereit sind, all unsere Vermutungen, Konditionierungen und unser Wissen aufzugeben, können wir dieses kostbare Geschenk nicht empfangen. Das Ego-Selbst meint, so viel zu wissen; doch das Einzige, was es kann, ist Vermutungen anzustellen, Schlüsse zu ziehen und Illusionen auf andere zu projizieren. Es schränkt uns massiv in unserer Fähigkeit ein, zu vertrauen und wirklich frei zu werden.

Wir müssen uns mit der Ungewissheit in unserem Leben anfreunden, weil wir in ihr tiefes Vertrauen finden. Wenn wir lernen, auf unser Eines Selbst zu vertrauen, befreien wir uns aus der permanenten Zwangsvorstellung des Ego-Selbst, die den Intellekt zur höchsten Intelligenz und Schutzmacht erhebt. In dem Maße, wie unsere Wahrnehmung geheilt und vollkommen wird, gewinnen wir eine klare Sicht auf unser Eines Selbst. Dann begreifen wir, dass uns das Ego-Selbst mit seinem beschränkten Intelligenzrahmen nicht über die Grenzen seiner Fähigkeiten hinausbringen kann. Nur das Eine Selbst, durch den Einen Willen mit der Quelle vereint, kann uns allzeit die Gaben zeigen, die zu genießen wir als Mit-Schöpfer geboren wurden.

Die Illusion des Angriffs

Eine der fundamentalsten Überzeugungen, die ohne Wenn und Aber komplett zu revidieren sind, liegt in unserem Glauben an die Wirklichkeit des *Angriffs*. Um akzeptieren zu können, wer wir in Wahrheit sind, müssen wir die tief verankerte Vorstellung aufgeben, voneinander getrennt und verschieden zu sein. Im Kern sind wir alle eins und dieselben, denn wir wurden von der unendlichen Liebe, von der Quelle, in absoluter Liebe erschaffen. Zum jetzigen Zeitpunkt der Evolution besteht unsere Aufgabe darin, unsere Verbundenheit miteinander und mit der Quelle wiederzuentdecken; sie besteht darin, die totale Erkenntnis zu erlangen, dass wir selbst Liebe sind. Um sie zu erfüllen, müssen wir uns daran erinnern, das heilige Selbst in *jedem* zu sehen, dem wir begegnen. Jeder einzelne Mensch ist entscheidend für unsere Heilung und Vollkommenheit.

Das Maß, in dem wir das oberflächliche Ego-Selbst unserer Mitmenschen mit all seinen Überzeugungen, Werten und Verhaltensweisen durchschauen, entscheidet darüber, wie viel von unserer eigenen Authentizität wir sehen können. Wenn wir in der Lage sind, über die Irrtümer des Ego-Selbst in anderen hinwegzusehen, sind wir nur noch einen kleinen Schritt entfernt davon, die Liebe anzunehmen, die es uns erlaubt zu erkennen, *wer* wir in Wahrheit sind.

Das Ego-Selbst betrachtet uns alle als getrennt und hat die absurde Illusion erzeugt, dass wir permanent dem Risiko des Verlusts und Angriffs ausgesetzt seien. Mit dem Argument, Verluste zu vermeiden, rechtfertigt es dann Verteidigungsmaßnahmen und Gegenangriffe. Es sieht so aus, als wären unsere Werte, Überzeugungen, Meinungen, Besitztümer und unsere körperliche Unversehrtheit ständig durch Angriffe bedroht. Die irregeleitete Überzeugung des Ego-Selbst, von der Quelle getrennt zu sein und darum besonderen Schutz zu brauchen, ist das Kernstück unserer Konzentration auf das Persönliche, also die Tatsache, dass das Ego-Selbst immer alles persönlich sieht und folglich alles persönlich nimmt. Es verfügt über ausgefeilte Fähigkeiten zu analysieren und Verteidigungsmaßnahmen oder Angriffe zu rechtfertigen. Seine Schlussfolgerung ist immer, dass Verteidigung oder Angriff notwendig seien, den Grund dafür projiziert es auf andere. Wenn wir das Verhalten eines anderen als Angriff interpretieren, können wir sicher sein, dass das Ego-Selbst ein Bild hervorgerufen und projiziert hat, um damit den Gegenangriff zu rechtfertigen. Es ist ihm unter keinen Umständen möglich zu erkennen, wie sich die Situation im Jetzt-Moment wirklich gestaltet, weil es immer ein von ihm selbst geschaffenes Bild projiziert und nicht die Wahrheit. Dieses projizierte Bild basiert ausnahmslos auf vergangenen Erfahrungen oder Zukunftsängsten, weil das Ego-Selbst zu echter Gegenwartswahrnehmung nicht fähig ist.

Um das Bewusstsein des Einen Selbst annehmen zu können, müssen wir unsere übliche Reaktion aufgeben, uns bei einem vermeintlichen Angriff persönlich getroffen zu fühlen. Dies erfordert eine disziplinierte Umprogrammierung unseres Denkens. Um Freiheit zu erfahren, müssen wir zunächst andere befreien, und indem wir uns unsere üblichen Urteile versagen, lernen wir, uns selbst in einem klareren Licht zu sehen. Dabei stärken wir gleichzeitig auch unsere Intuition, denn diese weist uns auf all die Hindernisse oder Gelegenheiten hin, für die das vernebelte Urteil unseres Ego-Selbst uns vorher den Blick trübte.

Die fundamentale Gewissheit, dass *alles Geben Nehmen ist*, ist die Grundfeste, auf dem das Eine Selbst in seiner

Existenz ruht. Dies steht in direktem Gegensatz zu dem Fundament, auf dem das Ego-Selbst errichtet ist, das stets danach strebt, um seiner selbst willen etwas zu bekommen; das gibt, um zu nehmen und glaubt, dass das, was einer will, von einem anderen abzugeben sei. Für das Ego-Selbst heißt geben, etwas zu verlieren. Es hat keine Ahnung, dass *jegliches Geben* in Wahrheit *Nehmen ist.*

Was immer wir geben, es bleibt uns. Dies ist eine universale Wahrheit. Beabsichtigen wir beispielsweise, einem nahe stehenden Menschen durch das bewusste Übersehen eines Fehlers zu ver-geben, bekommen wir just das Geschenk zurück, das wir ihm gegeben haben. Auch wenn wir es vielleicht in der betreffenden Situation nicht merken, jeder einzelne Akt praktizierter Vergebung wirkt enorm befreiend und bereichert unser Leben auf unvorstellbare Weise.

Auch wenn wir einen Mitmenschen beschuldigen oder verurteilen, ist dies ein Geben: In diesem Fall geben wir Urteile ab, teilen Ärger aus, starten einen Angriff und weisen Schuld zu. Das *Prinzip* »Geben ist Nehmen« bleibt auch in diesem Fall unverändert in Kraft. Was immer wir auf einen anderen projizieren oder ihm geben, sammelt sich in unserem Inneren an. Geben wir Hässlichkeit, kommt Hässlichkeit zurück, und diese Art von Chaos ist in zahllosen Formen überall im Leben zu besichtigen.

Wie bereits an anderer Stelle ausgeführt, liegt jedem Gedanken eine Ursache zugrunde. Es gibt keine neutralen Gedanken. Wenn jeder Gedanke, den wir haben, eine Wirkung nach sich zieht, können Sie sich dann vorstellen, welche Gesamtwirkung sich aus Tausenden von falschen Urteilen ergibt? Besonders jetzt, wo wir erkennen, dass alles, was wir geben – das Gute wie das Böse – zu seinem Ursprung zurückkehrt? Es gibt kein Entrinnen vor dieser Wahrheit. Wir können jedoch beschließen, pro-aktiv damit umzugehen und uns und unsere Lebensqualität sofort verbessern, indem wir uns unsere Gedanken, Gefühle und Handlungen bewusst machen. Einfach innezuhalten, wenn Ärger in uns aufsteigt, und bewusst zum Beobachter unserer Gedanken und Gefühle zu werden, ist herrlich befreiend. Zu erkennen, dass wir *nicht* unsere Gedanken oder Gefühle sind und entscheiden können, uns von ihnen zu lösen und uns selbst zu beobachten, ist die wohl schnellste Möglichkeit, unser Leben zu verändern. Dieser Prozess wird detailliert im Abschnitt »Der Jetzt-Moment« (Kapitel 7) beschrieben.

Jede einzelne Begegnung mit anderen birgt die Gelegenheit, uns für das Gefangen- oder das Freisein zu entscheiden. Wir haben es in der Hand, den Irrtum zu übersehen und die Wahrheit anzuschauen, oder in unserem Leben dem Chaos Vorschub zu leisten, indem wir das Ego-Selbst als real betrachten. Was immer wir geben, bleibt uns erhalten.

Liebe kann nur dann in uns wachsen, wenn wir sie teilen. Ihr Wachstum wird durch *Ausdehnung* erreicht. Jeder liebevolle Gedanke und jede Möglichkeit, die wir nutzen, um im Geist der Liebe zu denken, zu sehen, zu fühlen oder zu handeln – etwa, indem wir vergeben oder zuhören, indem wir dankbar, großzügig, tolerant oder freigiebig sind –, wird sowohl in uns selbst als auch in unserem Leben als Liebe manifest. Je mehr wir geben, desto mehr bekommen wir zurück, und dies dehnt sich weiter und weiter aus bis ins Unendliche.

Unbewusstes Geben

Es gibt jedoch unter uns einige, bei denen das Geben zu weit geht: Menschen, die einfach nicht »nein« sagen können und deren Leben eine einzige Aneinanderreihung von endlosen Akten des Gebens ist. Meist macht sich dabei innerlich Erschöpfung breit. Gelegentlich meldet sich vielleicht auch Unmut oder gar das ungute Gefühl, ausgenutzt zu werden, ohne dass man genau benennen könnte, woher diese Verstimmung kommt.

Es gibt bestimmte Erkennungsmerkmale dieses unbewussten Gebens, die Sie womöglich auch in Ihrem eigenen Verhalten beobachten. Hierzu gehört ein Verlangen oder Impuls, schon dann zu geben, wenn der andere überhaupt noch nicht erkannt hat, dass er etwas braucht oder möchte. Der unbewusst Gebende versucht, mit dem Empfänger eine Verbindung aufzubauen, die sich mit der Zeit zur Co-Abhängigkeit ausweitet. Dies geschieht aus seinem Wunsch heraus, gebraucht zu werden oder Bestätigung zu erhalten. Der Akt des Gebens entsteht also aus einem Gefühl des Mangels oder der Leere heraus. Unweigerlich zieht der Gebende dadurch Menschen an, die ihn ausnutzen oder missbrauchen oder zum Typus der klassischen Opferpersönlichkeiten gehören. Dieser Zyklus des Gebens und Nehmens entmündigt beide Beteiligten, weil das Geben nicht aus liebevoller, selbstloser Absicht geschieht. Wenn die ehrliche innere Erforschung ergibt, dass der Wunsch nach Zuwendung, Anerkennung, Lob oder dem Gefühl des Gebrauchtwerdens die Grundmotivation des Gebens ist, knüpfen wir unsere Großzügigkeit an Bedingungen und erwarten unbewusst eine Gegenleistung.

Die Korrektur dieser untauglichen Form des Gebens ist eine Frage der persönlichen Verantwortung: Wir müssen unser Verhalten als solches erkennen und dafür die Verantwortung übernehmen. Und danach müssen wir diese schlechte Angewohnheit an die universale Inspiration übergeben, indem wir unsere Achtsamkeit jedes Mal bewusst umlenken, wenn wir wieder versucht sind, in unser altes Muster zurückzufallen. Wenn sich der vertraute Impuls meldet, werden wir zum Beobachter und führen uns mental durch die Situation hindurch. Bleiben wir im Jetzt-Moment und beobachten bewusst, wann und wo wir unsere Schwäche erleben, stärkt dies das Eine Selbst. Dabei hilft es, uns bei Auftreten des Impulses zu fragen: »Was ist meine tiefere Absicht?«

Das Ego-Selbst ist Meister darin, unsere tiefere Absicht vor uns zu verschleiern. Es wünscht sich so sehr, gesehen, anerkannt, gebraucht und begehrt zu werden, weil unter all der Großartigkeit ein gähnender Abgrund der Leere lauert, der nur durch das Gefühl, von anderen geschätzt zu werden, überdeckt werden kann. Auf der Suche nach Anerkennung greift es mal zu guten, mal zu schlechten Etiketten oder Verhaltensweisen, und dabei wählt es aus der Palette aller möglichen Taktiken stets die aus, die ihm zum jeweiligen Zeitpunkt am meisten Macht verleihen. An dieser Stelle sei darauf hingewiesen, dass jede Taktik – ob gut oder schlecht –, die das Ego-Selbst auf seiner Suche nach Aufmerksamkeit wählt, auf der Absichtsebene immer gleich untauglich ist. Beide entspringen sie der gleichen Fehlidentifikation und basieren darum auf einer falschen Überzeugung. Was die eine der anderen voraus hat, ist die Bereitschaft, die Unwissenheit hinter uns zu lassen sowie der Wunsch, die Wahrheit zu erkennen und dementsprechend zu handeln.

Die Macht der Demut

Das Eine Selbst birgt eine endlose Fülle an höherer Weisheit, der sich die meisten von uns noch nicht geöffnet haben. Wir haben es hier mit einer Schatzkammer voll Wahrheit und Erkenntnis jenseits des endlichen Reichs der Intellektualität zu tun, denn das Eine Selbst ist der direkte Empfänger der wunderbaren Absicht der Quelle. Je mehr wir die Schichten der Ego-Wahrnehmung aufheben, desto mehr wächst unsere Fähigkeit, Liebe, Freude, Frieden, Einsicht und Verständnis zu geben und zu empfangen. Angriff in jeglicher Form, einschließlich Verteidigung und Verurteilen, ist kein Teil der Realität des Einen Selbst. Verteidigung entsteht aus dem Glauben an die Wirklichkeit des Angriffs, die zur Verteidigung einen Gegenangriff rechtfertigt. Das wirkliche, wahre Selbst kann nie angegriffen werden und braucht darum keine Verteidigung.

Das Ego-Selbst hat ungeheuer viel in sein Selbst-Bild investiert, ob in Form von Ideen, Überzeugungen, Meinungen, Menschen oder materiellen Dingen. Diese hütet es wachsam, und ständig hält es Ausschau nach vermeintlichen Bedrohungen, die zum Verlust oder zur Veränderung auch nur eines von ihnen führen könnten. Verteidigung ist damit das Instrument, mit dem es sich dem widersetzt, *was ist*.

Demut enthält die Macht der Wehrlosigkeit. Nur das Ego-Selbst muss sich verteidigen, um seine Wahnsinnsgedanken aufrechtzuerhalten. Wann immer aufzufliegen droht, welche aberwitzige Illusion sich hinter seiner Identität verbirgt, fährt es alle Geschütze auf. Nur die Illusion bedarf der Verteidigung, denn was würde von ihr übrig bleiben, wenn sie ihre Abwehr komplett zurückziehen würde? Ganz einfach: Die einzige Essenz, die bliebe, wenn die Illusion ihren Schutz aufgibt, ist die Liebe. Die Erfahrung der *Ego-Befreiung* ergibt sich einzig aus dem Niederlegen der Waffen, mit denen wir bisher unsere Illusionen verteidigt haben – all unsere Illusionen, einschließlich des Selbst-Bildes unseres Egos. Die Verteidigung aufzugeben heißt, die Wahrheit aufzudecken und zu akzeptieren, und dies ist gelebte Liebe.

Die Ego-Befreiung wäre nicht notwendig, wenn wir uns jetzt, in diesem Augenblick, voll und ganz der wahren Demut hingeben könnten. Das Ego-Selbst ist wie eine unter Waffen stehende Festung, die bereit ist, den Kampf gegen alles und jeden zu führen, der sein Machtzentrum zu destabilisieren droht. Wir müssen uns fragen: »Was schützt unser Ego-Selbst?« und: »Welchen Wert hat es, eine solch gigantische Illusion aufrechtzuerhalten, die uns die ekstatische Glückseligkeit der allgegenwärtigen Liebe vorenthält?« Würden wir uns mit ganzem Herzen der Erkenntnis öffnen, dass unser wertvollstes Vermögen die Demut ist, würden wir noch in diesem Moment Erleuchtung erlangen. Die Erfahrung der Ego-Befreiung würde an Intensität verlieren und weniger lang dauern, wenn wir nur die Demut annehmen könnten.

Um zur Demut zu gelangen, müssen wir unsere Aufmerksamkeit ganz auf die Gegenwart richten und uns selbst gegenüber absolut ehrlich werden. Durch konsequente Achtsamkeit müssen wir die Neigung des Ego-Selbst ausmerzen, unsere Gedanken, Gefühle und Reaktionen zu seinen Gunsten umzuinterpretieren oder zu rechtfertigen. Der Schlüssel liegt, wie schon gesagt, darin, Achtsamkeit zu üben und gleichzeitig unsere Urteilskraft einzusetzen, ohne aber zu verurteilen und zu verdammen und so das Schuldgefühl zu schüren.

Unsere Verletzlichkeit ist unsere Stärke, wenn wir sie aus der Perspektive der Quelle betrachten. Wir können es uns nicht nur leisten, verletzlicher zu werden. Wir brauchen auch ein höheres Maß an Verletzlichkeit, um die Sinnlosigkeit der Verteidigungsmanöver unseres Ego-Selbst zu durchschauen und der Weisheit des durch und um uns herum wirkenden Einen Willens vertrauen zu lernen. Alle Bereiche in uns und unserem Leben, die wir bewusst oder unbewusst verteidigen, sind Illusion! Unser Körper, unsere Werte und Überzeugungen, unser Status – das alles ist Illusion.

Wenn wir nur aufhören könnten, uns zu verteidigen, und unsere Achtsamkeit stattdessen auf das Jetzt richten würden, damit sich die Wahrheit entfalten kann, würden wir Einsicht und Frieden finden. Eine weitere Schicht der Illusion würde beseitigt, und wir würden wieder einen riesigen Schritt vorankommen auf unserem Weg zur Rückkehr in unser Eines Selbst und das glückselige Leben, nach dem wir uns so sehr sehnen.

Ich weiß nicht, was zu meinem Besten ist

Wie bereits erwähnt, muss vieles von dem, was unser Ego-Selbst gelernt hat, wieder verlernt werden, wenn wir unser wahres Wesen und unsere Aufgabe in diesem Leben erkennen wollen. Das erste bewusste Eingeständnis, das wir uns auf diesem Weg machen müssen, ist die nicht zu leugnende Tatsache, dass wir nicht wissen, was zu unserem Besten ist. Unser Ego-Selbst hat absolut keine Ahnung, was das Beste für uns ist und wird uns immer ins Chaos führen. Um den Prozess der Aufhebung zu beginnen, ist es wichtig, uns vor Augen zu halten: »Ich weiß nicht, was zu meinem Besten ist.« Dies hilft, die Machtbalance vom Ego weg und hin zum Einen Selbst zu verschieben sowie unseren Wunsch zu stärken, dass uns der Eine Wille in Form von Intuition durchdringen möge.

Gewissheit

Es gibt nur zwei vermeintliche *Realitäten* in dieser Welt, zwischen denen wir wählen können, und eine davon ist Illusion. Entweder es gibt Angst oder Liebe. Wo Angst ist, kann keine Liebe sein. Wo Liebe ist, kann keine Angst sein. Liebe kann nicht gemeinsam mit Angst existieren. Angst kann nicht gemeinsam mit Liebe existieren. Beides schließt sich gegenseitig aus. Zu jedem gegebenen Moment ist entweder nur Angst oder nur Liebe vorhanden. Es kann weder eine ängstliche Liebe geben noch eine liebende Angst.

Liebe selbst ist die einzig reale Essenz in unserer Welt. Sie entlarvt Angst als das, was sie ganz und gar ist, nämlich eine absolute Illusion. Nichts an der Angst ist real. Sie scheint nur real, wenn unser Verstand an sie glaubt und sie als Filter vor die Linse unserer Wahrnehmung schiebt und wir folglich das Gefühl haben, dass Menschen, Dinge und Umstände uns angreifen wollten. Mit etwas Liebe und etwas Angst können wir nicht in Frieden leben. Das ist ein Ding der Unmöglichkeit.

Wie können wir lernen, unser Eines Selbst zu verstehen und anzunehmen? Wenn das Eine Selbst Liebe ist, muss seine *einzige* Wahrnehmung Liebe sein. Jegliche Wahrnehmung anderen Ursprungs muss Angst sein, ob sie uns als Schuld, Kontrollbedürfnis, Widerstand, Ärger oder Urteil begegnet. Wenn wir zu irgendeinem Zeitpunkt Angst in welcher Form auch immer erleben, müssen wir erkennen, dass wir nicht die Wahrheit, sondern eine Illusion sehen. Angst jedweder Art zu sehen oder zu fühlen muss folglich bedeuten, dass wir uns irren und den Ruf der Liebe missverstanden haben. In diesem Moment müssen wir innehalten, uns und unsere Gedanken achtsam beobachten und den Impuls zu handeln aufgeben.

Jeder Anschein von Angst ist ein Zeichen dafür, dass unser Geist sich entschlossen hat, durch eine verzerrende Linse zu schauen. Dies muss nicht so sein. In dem Augenblick, in dem wir Schmerz oder Widerstand empfinden, brauchen wir nur zu bitten, wieder auf den Pfad der Rechtgesinntheit zurückgeführt zu werden, und schon lenkt die universale Inspiration unsere Gedanken sanft zum Frieden zurück.

Jegliche Angst entsteht aus Widerstand gegen das, *was ist*, sprich: aus dem Bedürfnis nach Kontrolle. Widerstand ist das Gift, das ängstliche Gedanken und damit von Angst gespeiste Überzeugungen in uns schürt. Die Wirklichkeit scheint voll von Enttäuschung, Leid und Tragik zu sein, und doch leiden wir in Wahrheit nur durch die Gedanken und Überzeugungen, die wir dazu haben. Wenn wir sie nur alle aufgeben und uns der Wirklichkeit anvertrauen könnten, würden wir Frieden finden.

Unsere tiefste Sehnsucht gilt der Liebe, dem absoluten Einssein. Letztlich verzehren wir uns alle danach. Unser natürlicher Zustand, das Eine Selbst, ist perfekt mit »Allem, was ist« verbunden. Dies ist die ultimative Heimat, zu der kein Konflikt Zugang findet und in der kein Verlust möglich ist.

Unsere Wirklichkeit hier auf Erden birgt die größte Chance, uns vom Ego-Selbst zu befreien. Unser Alltag konfrontiert uns mit den unglaublichsten Gelegenheiten zur inneren Wandlung. Ganz gleich wer oder wo wir sind, wie sich die äußeren Umstände gestalten oder mit welchen Menschen wir gerade zu tun haben – wir haben es in jedem Moment in der Hand, unsere Erfahrung selbst zu wählen. Entweder wir lassen es zu, dass die Erfahrung unsere innere Wirklichkeit definiert, oder wir entscheiden uns für die *einzige Realität*, die wirklich existiert, nämlich die Realität des Friedens.

Unsere Gedanken und Überzeugungen sind die Ursache für all unsere Sorgen und Konflikte. Unbewusst tragen wir uns die meiste Zeit mit ängstlichen oder bedrohlichen Gedanken, weil wir noch nicht um die Macht unserer unhinterfragten Überzeugungen wissen. Wenn wir es eilig haben, zur Arbeit zu kommen und im Stau landen, reagieren wir üblicherweise sofort beunruhigt. Warum? Weil die Realität uns eine Verzögerung auf dem Weg zur Arbeit beschert. Es gibt nichts, was wir konkret daran ändern könnten, doch durch die Gedanken des Ego-Selbst fangen wir sofort an, uns Sorgen zu machen. Warum? Der Grund ist immer derselbe: Weil das Ego-Selbst sich hartnäckig vor der Realität verschließt. Es sagt, *was ist,* ist falsch. *Was ist,* sollte nicht passieren, weil es unserem persönlichen Willen zuwiderläuft. Wie oft am Tag sind wir mit solchen Kleinkonflikten und Enttäuschungen konfrontiert? Ein Problem bei der Arbeit, eine Reifenpanne im Feierabendverkehr, unser Partner lässt uns hängen. Dies ist Realität, so wie wir sie ständig erleben. Doch wie wir auf unsere Realität reagieren, haben wir weitgehend selbst in der Hand.

Byron Katie gibt uns in ihrem Buch *Lieben was ist*[20] eine ganz einfache, hochwirksame Strategie an die Hand, mit deren Hilfe wir Tag für Tag, Minute für Minute unsere Illusionen durchschauen können. Ihr System heißt *The Work* (siehe Anhang I) und basiert auf vier Fragen, mit deren Hilfe die Wahrheit aufgedeckt werden kann, und die ist letztlich Liebe. *The Work* versetzt uns in die Lage, die hinderlichen Überzeugungen zu identifizieren und zu analysieren, die uns mit Sorge, Ärger und Depression reagieren lassen. Ihre bahnbrechende Entdeckung hilft uns, unsere Gedanken zu klären und zu korrigieren und macht es möglich, in uns selbst und all unseren Beziehungen Frieden zu finden.

Katie schreibt: »Ich kann im Universum nur drei Arten von Angelegenheiten entdecken: meine, Ihre und Gottes. (Für mich bedeutet das Wort *Gott* ›Realität‹. Die Realität ist Gott, denn sie herrscht. Alles, was sich außerhalb meiner, Ihrer und anderer Menschen Kontrolle befindet – das bezeichne ich als Gottes Angelegenheit.)« Und sie fährt fort: »Viel von unserem Stress hängt damit zusammen, dass wir uns in unseren Gedanken außerhalb unserer eigenen Angelegenheiten bewegen. Wenn ich denke: ›Du brauchst einen Job, ich möchte, dass du glücklich bist, du solltest pünktlich sein, du musst besser auf dich achten‹, dann bewege ich mich in den Angelegenheiten eines anderen Menschen. Wenn ich mir Sorgen über Erdbeben und Überschwemmungen oder den Zeitpunkt meines Todes mache, dann bewege ich mich in Gottes Angelegenheiten. Wenn ich gedanklich in Ihren oder in Gottes Angelegenheiten bin, dann entsteht daraus ein Gefühl der Trennung ... Wenn Sie Ihr Leben führen und ich in Gedanken ebenfalls Ihr Leben führe, wer lebt dann meins?«[21]

Wenn wir uns mental in den Angelegenheiten eines anderen bewegen, hindern wir uns, in unseren eigenen präsent zu sein. Wenn wir uns auf diese Weise von uns selbst getrennt haben, wen wundert es da, wenn unser Leben nicht richtig funktioniert?

Wenn wir glauben, wir könnten wissen, was zum Besten eines anderen sei, irren wir uns gewaltig. Die einzigen Angelegenheiten, um die wir uns kümmern müssen, sind unsere eigenen. Wenn wir uns Sorgen machen, Angst haben oder in einen Konflikt geraten, müssen wir innehalten und uns fragen: »In wessen Angelegenheiten bewege ich mich gerade?« Diese mentale Übung ermöglicht einen regelmäßigen Realitäts-Check und gibt uns Gelegenheit zu schauen, wie oft wir nicht wirklich präsent gewesen sind, weil wir einen Großteil unseres Lebens mit den Angelegenheiten anderer Leute verbringen.

Außerdem wächst in uns die Erkenntnis, dass unsere eigenen Angelegenheiten nicht das sind, was wir womöglich geglaubt haben. Mit zunehmender Entwicklung entdecken wir, dass das Eine Selbst auf einer Art universalem Autopilot funktioniert, der das zwanghafte Kontrollbedürfnis des Ego-Selbst ausschaltet. Dieser universale Autopilot ist der Eine Wille, der durch uns zum Ausdruck kommt.

Das Ego-Selbst setzt seine Gedanken ein, um Wünsche und Pläne zu erzeugen, die auf den Erhalt oder Aufbau seiner selbst ausgerichtet sind. Sein natürlicher Zustand ist der des Mangels, es ist darauf angewiesen, außerhalb von sich selbst nach Dingen, Umständen, Ergebnissen oder Menschen zu suchen, um sich sein endloses Verlangen zu stillen, etwas haben oder werden zu wollen. Dieser auf Mangel basierende Trieb des Ego-Willens erklärt, warum es sich dem, *was ist* (Realität) widersetzen muss, sobald diese Realität nicht im Einklang mit seinen jeweiligen Interessen steht.

Wenn sich unser Ego-Selbst gegen das, *was ist*, verteidigt, wehrt es sich gegen die Wirklichkeit. Dies hat einen hohen Preis für unseren inneren Frieden, weil es uns damit sagt, dass unser Leben falsch ist. Und wenn diese Botschaft nur oft genug wiederholt wird, verlieren wir das Vertrauen in das Leben schlechthin, in andere Menschen und in uns selbst. Wenn wir das nächste Mal von irgendjemandem oder irgendetwas enttäuscht werden, können wir uns unseren inneren Widerstand gegen das, *was ist*, vor Augen führen (siehe Arbeitsblatt zu »The Work« in Anhang I: Die vier Fragen und ihre Umkehrung). Wir können die Reaktion beobachten und uns behutsam dahin zurückführen, die Realität so zuzulassen *wie sie ist*, statt uns ihr zu widersetzen. Indem wir akzeptieren, *was ist*, lernen wir die wirkliche Bedeutung von Frieden kennen. Diese Wahrheit zu sehen, bestätigt eine bereits zuvor zitierte Stelle aus *EKIW®*, »... dass alles, was geschieht ... sanft geplant [ist] von dem EINEN, DESSEN einzige Zielsetzung dein Bestes ist«.[22]

Das unendliche Sein: Himmel

Im Augenblick der Trennung haben wir das unendliche Sein nicht verlassen. Wir sind innerhalb dieses ultimativen Bewusstseins geblieben, doch wir schlafen und nehmen es nicht wahr. Der Ego-Zustand ähnelt dem Traumzustand, in den wir uns im Schlaf begeben; er ist eine Illusion. Auch die Vorstellung, ein Ego zu sein, ist nichts als ein Traum. Unsere Befreiung hängt davon ab, dass wir uns dieser Täuschung bewusst werden und aufwachen, bevor unser Leben zu Ende ist. Es ist also unsere Aufgabe, den Traum zu beenden und zum klarsichtigen Mit-Schöpfer zu werden. Die einzige Realität, die in unserem Leben Bedeutung hat, ist die Liebe, und sie wächst in dem Maße, wie wir aus dem Ego-Zustand erwachen. Je deutlicher wir dies erkennen, desto mehr springt uns die Dringlichkeit unserer Mission ins Auge, für unser Eines Selbst zu erwachen.

Die Quelle ist *unendliches Licht* und allumfassende Liebe, immer und überall. Diese Energie ist an allen Orten. In unserer Getrenntheit leben wir in der Illusion des gespaltenen Selbst, glauben, dass Geben ein Opfer sei und halten Angriff und Verteidigung für real. In Wahrheit existiert das unendliche Sein in seiner Totalität ringsum, doch nur allzu oft sind wir blind für seine Schönheit und taub für seine Harmonie.

Die »winzig kleine Wahnidee« dehnt sich aus

Ein Kurs in Wundern® erklärt, dass wir mit unserer »winzig kleinen Wahnidee«[23] der Abspaltung scheinbar den Himmel zerstörten und anfingen, uns aus Zeit und Raum eine neue Welt zu schaffen, für die wir einige Fragmente des Lichts aussuchten, andere aber zurückwiesen. Ohne Rücksicht auf die richtige Anordnung der Teile untereinander nahmen wir aus der Ganzheit, um uns daraus eine zersplitterte Welt zu errichten; und wir lebten in dem Wahn, dass diese Illusion unserer Welt wahr sei.

Um die aus diesem Akt entstandene unüberwindliche Schuld wegschieben zu können, sollte unsere Welt und alles, was in ihr war, den Anschein erwecken, als seien sie die Ursache und wir die Wirkung. Auf diese Weise projizierten wir unsere Schuld von uns weg und schufen eine Realität, die getrennt und auf Angriff ausgerichtet war. Wir ließen eine Realität entstehen, in der das Chaos herrschte. So konnten wir glauben, dass wir Opfer der Welt seien, auf die wir schauten. »Die Welt, die du siehst, ist eine Illusion von einer Welt. GOTT hat sie nicht erschaffen, denn das, was ER erschafft, muss so ewig sein wie ER SELBST. Doch gibt es nichts in der Welt, die du siehst, das ewig währen wird.«[24] Innerhalb dieser Illusion projizierten wir die Quelle als eine außerhalb von uns existierende, übernatürliche Kraft, eine Kraft mit der Macht zu erschaffen und zu zerstören, was die Illusion von Geburt und Tod entstehen ließ. Alles in dieser Welt und diesem Universum scheint dem Gesetz der ständigen Veränderung zu unterliegen; was immer Gestalt annimmt, wird irgendwann sterben und vergehen. Selbst in den von uns eingegangenen Beziehungen scheint der Wandel vorzuherrschen; manchmal lieben wir uns, manchmal hassen wir uns; wir bleiben eine Weile zusammen und dann gehen wir wieder auseinander.

Wenn die Quelle ganzheitliche Liebe ist, in der es weder Wandel noch Beschränkung gibt, ist in ihrem Reich Trennung in jedweder Form im wahrsten Sinn des Wortes unmöglich. Diese Erkenntnis lässt uns vielleicht begreifen, dass wir nur träumten, die Welt mit unserer »winzig kleinen Wahnidee«[25] zerstört zu haben. Und anschließend erträumten wir uns darin eine fiktive Realität, die wir Welt und Leben nennen.

Wir leiden an Gedächtnisschwund. Wir haben vergessen, dass wir und nicht die Quelle diese Wirklichkeit erschaffen haben. Die einzig wahre Realität ist die der Liebe, und wir müssen jetzt lernen, die Liebe zu sehen, um aus unserem Traum der Begrenztheit aufzuwachen.

Vor der Trennung hatten wir keine Ansprüche und Bedürfnisse. Wir waren in einem Zustand der Einheit, in der wir das *Konzept der Projektion* oder Wahrnehmung nicht brauchten, weil diese ein Produkt der Dualität sind. In der Einheit kannten wir nur Ausdehnung, den Seinszustand der sich unendlich verströmenden Liebe und Freude. Daneben gab es nichts. Die Dualität machte es erforderlich, die Teilung in Beobachter und Beobachtetes einzuführen, jene Spaltung des »Einen«, die die Geschichte unseres Universums ist. Während wir diese getrennte Existenz träumend durchlebten, tauschten wir unser Gewahrsein von liebender Ausdehnung gegen das Ego-Konzept der Projektion ein. Wir leugneten unseren Platz in der Quelle, und aus dieser Leugnung entstand die Projektion, die dieses Ego insgesamt zur Realität erhob. In unserem Traum ist diese Realität eine externe Schöpfung, an deren Entstehung wir keinen Anteil hatten, so dass wir als Opfer der Welt erscheinen, die wir vor Augen haben.

Diese unsere Welt ist eine Halluzination, die wir uns aus ausgewählten Teilen des unendlichen Seins zusammengesetzt haben. Das wandelbare Wesen der Welt ist das äußere Bild unseres Geisteszustands. Mag sein, dass wir hier auf Erden in einem Traum leben. Doch es gibt einen Teil von uns, der göttlich ist und der als solcher Aspekte der Liebe aus unserer fernen Erinnerung in diese Realität hineinbringt – Aspekte, die uns als heiliges Andenken unserer absoluten Einheit und Freude dienen. Die äußere Realität von Menschen, Tieren, Pflanzen, Mineralien und organischen Substanzen ist nur eine Verkleidung. In ihrem Kern verbirgt sich die unendliche Perfektion, die sich in ihrem Zustand der unendlichen Liebe und deren weiterer Ausdehnung nie verändert hat.

Unser gesamtes Universum ist eine Illusion, entstanden durch unseren Wunsch nach Zersplitterung und Projektion. *Nicht* die Quelle hat diese Realität erschaffen, sondern wir. Und je schneller wir wach werden gegenüber dieser nicht zu leugnenden Tatsache, desto rascher werden wir sowohl im Inneren als auch im Äußeren Frieden finden. Es gibt nichts, was nicht aus Liebe gemacht wäre. Nichts, was nicht ewig wäre. Darum ist in dieser Realität nichts außer der Liebe real. Alles andere ist eine Illusion, ein Traum von Geburt und Tod, von Anfang und Ende.

Die Wahrheit ist wahr, und nichts sonst ist wahr

Wir gehören zur Quelle, wir sind auf ewig Teil von ihr. Unser Eines Selbst und der höhere Geist darin ist die Quelle. Mit anderen Worten, wir sind das Gleiche wie die Quelle, stehen nicht über ihr. Sie war es, die unser Eines Selbst erschaffen hat, jedoch nicht wir. Die makellose Vollkommenheit der Quelle ist absolut, das heißt, sie ist *immer* logisch und schlüssig. Es gibt in ihr *keine* Widersprüche, weil sie niemals schwankt. Sie ist durch und durch Liebe, Ewigkeit, Freude, Friede und Wissen. Die Macht der Quelle ist nie entkräftet und kann keine Gegenspieler haben. Dies ist die Wahrheit.

Wenn die Quelle und alles von ihr Erschaffene eins ist mit der Liebe, sind wir dann nicht auch selbst eben diese Liebe? Wenn die Quelle Fragmente des unendlichen Seins hervorgebracht hat, mit denen unser Ego unsere Existenz in dieser Welt auszuschmücken pflegt, welche Eigenschaft haben diese dann? Die einzig mögliche Antwort lautet: unendliche Liebe. Alles, jeder Gedanke, jede Emotion, jeder Mensch, jeder Umstand, der uns liebevoll, vergebend, freudvoll und friedlich begegnet, ist *real*. Wenn wir etwas anderes als diese Realität erleben, ist das folglich Einbildung. »Denn die Wahrheit ist wahr, und nichts sonst ist wahr.«[26] Nur das

Ego-Selbst kann das Gegenteil von Liebe projizieren und daran glauben. Unser wahres Eines Selbst kann es nicht, und wir können es also auch nicht.

Es gibt keine böse, dämonische Kraft, die gegen die Quelle kämpft, weil sie und ihre allumfassende liebende Absicht die einzige Wahrheit ist, die immer und überall gleichzeitig existiert. Wenn wir also irgendeine Form von Angst erkennen oder empfinden, sehen oder fühlen wir eine Illusion, die uns real erscheint. Die Quelle und die universale Inspiration können nichts erkennen, das nicht in Liebe erschaffen ist; wo wir Angst, Ärger und Schuld wähnen, sehen sie beide nichts. Sie können keine Sünde sehen, weil es sie nicht gibt. Im hypnotischen Schlaf des Ego-Selbst begehen wir Fehler, die wir dann Sünde nennen. Im Wahn unseres Ego-Selbst lassen wir die Sünde real werden und fordern Vergeltung. Angst, Vorwurf und Schuld in jeglicher Form sind ein und dasselbe, egal auf welcher Ebene. Es kann keine Abstufungen der Illusion geben. Jemandem etwas zu verübeln, ist die gleiche Illusion wie jemandem übel mitzuspielen. Es gibt keinen Unterschied. Fehler nehmen ausnahmslos von einem einzigen Ort der Ignoranz ihren Ausgang: von dort nämlich, wo die Ignoranz der Illusion ihren Sitz hat. Begehen wir den Irrtum, einen Angriff als real anzusehen oder übel zu nehmen, schüren wir die Illusion des Hasses ebenso sehr wie der Angreifer selbst.

Mit der Trennung haben wir uns ein beinahe unüberwindliches Maß an Schuld aufgebürdet. Diese ist so massiv, dass sie uns in eine Inkarnation nach der anderen treibt, in dem Glauben, ihr und unserer Angst vor der Quelle so entrinnen zu können. Doch in Wirklichkeit verlagern wir die Schuld nur nach *außen* und verleihen ihr Realität, indem wir glauben, sie sei von anderen oder äußeren Umständen erzeugt worden. Dann greifen wir zu Vorwürfen und Schuldzuweisungen. Ohne es zu merken, laden wir uns so in jedem Leben noch mehr Schuld auf, weil wir noch nicht die Wahrheit erkennen und anzuschauen bereit sind, dass es in diesem Traum nur einen von uns gibt: Wir sind alle eins. Trennung und Individualität sind samt und sonders Illusion.

Wann immer wir Wertung, Angst, Ärger, Trauer oder Schuld erfahren, besteht die einzige Lösung darin, die universale Inspiration zu bitten, unsere Gedanken zur Rechtgesinntheit zurückzuführen. »Führe mich zur Rechtgesinntheit zurück« wird zu einem Geistesblitz oder Gebet, der uns unseren Frieden zurückgibt.

In der Wahrheit liegt extreme Einfachheit. Wahrheit ist Liebe, und alles, was existiert, ist Liebe. Etwas anderes zu gewahren als Liebe, ist eine Illusion. Wenn Liebe alles ist, was je war, ist und sein wird, warum erleben wir dann in unserem Alltag alles andere als das? Weil wir diese Erfahrung *gewählt* haben.

Haben wir erst einmal die Wahrheit verinnerlicht, dass die Liebe eine Wahl und die Wirklichkeit Liebe *ist*, kann es nur einen Weg geben, der uns in die Freiheit führt: Liebe. Gelebte Liebe ist Vergebung – indem wir einen Irrtum übersehen, der in diesem Ego-Traum begangen, aber nie wirklich geschehen ist. Aus Liebe zu handeln, heißt zu vergeben. Wir waren in die Irre geführt, denn wir glaubten an eine Welt, die teils aus Liebe, teils aus Hass gemacht ist. Wir waren den Launen des Chaos ausgeliefert, doch das ist jetzt vorbei.

Die Ego-Realität akzeptieren: Lieben, was ist

Wenn es in Wahrheit keine Gegenspieler zur Liebe gibt, müssen wir unsere Bemühungen um alles, was nicht Liebe ist, beenden – und zwar ausnahmslos. Und doch sehen, hören und erleben wir tagtäglich das Gegenteil von Liebe. Wie können wir aus diesem Konflikt herauskommen? Paradoxerweise liegt die einzige Möglichkeit, die illusionäre Welt zu überwinden, darin, sie zu *akzeptieren*. Mit Widerstand verstärken wir den Irrtum nur. Indem wir die Realität zulassen, ohne ihre Existenz zu bestreiten, lernen wir uns aus dem Griff des Irrtums zu lösen. Wenn wir unsere Überzeugungen hinterfragen, halten wir den Schlüssel zur Freiheit in der Hand.

Byron Katie schreibt: »In Wirklichkeit wird der Schmerz, den wir über ein vergangenes Ereignis empfinden, in der Gegenwart erzeugt, ganz gleich, welcher Art unser vergangener Schmerz gewesen sein mag. Die Überprüfung bezieht sich auf diesen gegenwärtigen Schmerz.«[27] Wenn wir »The Work« auf ein spezifisches Problem anwenden, so ist Katie überzeugt, können wir das, was uns Schwierigkeiten bereitet, in völlig anderem Licht sehen. Nicht das Problem verursacht unser Leid, sondern unsere Gedanken über das Problem. Anders als viele meinen, ist der Versuch, einen schmerzhaften Gedanken loszulassen, zum Scheitern verurteilt; stattdessen lässt der Gedanke uns los, sobald wir »The Work« gemacht haben. In diesem Moment können wir wirklich lieben, was ist, so wie es ist.

Wenn wir uns wirklich aus dem Chaos in all seinen Formen befreien möchten und nach tiefem Frieden streben, gibt es kein wirkliches Hindernis, das uns am Erreichen dieses Ziels hindern könnte. Es gibt keine objektiven Hürden auf dem Weg zu Frieden und Glück; alle Hürden, auf die wir stoßen, sind subjektiv und existieren nur in unserem Kopf. Vor dem Hintergrund der Wahrheit, dass alles, was da draußen und hier drinnen real existiert, Liebe ist, bedeutet dies, dass wir jetzt bewusst den Weg in die Freiheit beschreiten können. Welche andere Wahl hätten wir, um von Leid und Begrenztheit erlöst zu werden? Die *Ego-Realität* widerstandslos anzunehmen, lässt uns die ganzheitliche Realität stärker erfahren, in der wir zum Frieden zurückfinden.

Der große Ausweg: Bekenntnis zur Freiheit

Wenn wir uns wirklich aus unserem Leiden befreien wollen, ist es wichtig, uns freiwillig dessen Ursache anzuschauen. Das Ego geht aus einer extrem begrenzten Perspektive heraus an das tagtägliche Lösen von Problemen: Durch die Brille seiner verzerrten Realitätssicht nimmt es erst ein Problem wahr und etikettiert es dann als solches. Es wird von äußeren Umständen enttäuscht oder erfreut, mit denen es von einer höheren Warte aus betrachtet gar nicht in Berührung kommen kann. Wenn es ein Problem wahrnimmt, versucht es sofort, es zu beheben. Schaut man sich das Ganze bewusst an, sind die Problemlösungsversuche des Egos lachhaft. Keine der Abhilfen, die es je geschaffen hat, sind von Dauer, weil es sein Fundament auf der Illusion des Getrenntseins errichtet hat und alles, was es an »Ergebnissen«

hervorbringt, früher oder später zu irgendeiner Form von Schmerz führt.

Die Problemlösungen des Egos sind wie der Versuch, ein Feld von Unkraut zu befreien, indem man nur die Blätter abreißt. In wenigen Tagen sind die Pflanzen nachgewachsen und kräftiger denn je. Wenn wir wirklich die Grundursache all unserer Probleme beseitigen wollen, müssen wir die Wurzeln mit herausreißen, sprich: das Ego aufheben.

Begeben wir uns bewusst auf diesen Weg der Aufhebung, *führt uns dies zur Wahrheit*, weil es uns zur Wurzel unseres Ego-Selbst und damit zur Freiheit bringt. Genau genommen werden wir uns alle irgendwann für diesen Weg entscheiden, aber je früher wir es tun, desto mehr Zeit sparen wir, und desto weniger müssen wir leiden.

Um zu bekommen, wonach wir uns von ganzem Herzen sehnen, müssen wir zunächst Prioritäten setzen. Bevor wir den ersten Schritt tun, müssen wir den inneren Entschluss fassen, die getroffene Entscheidung aktiv in Handlung umzusetzen. Dem Bekenntnis zur Freiheit müssen wir in unserem Geist bewusst die erste Stelle vor all unseren persönlichen Wünschen einräumen. Diese Priorität wird fortan zu der einen Triebfeder, die jeder unserer weiteren Entscheidungen und Handlungen zugrunde liegt. Es ist ein fortlaufendes Bekenntnis zur vollkommenen Erfüllung im Jetzt-Moment durch die Abkehr von einem Denken, das auf Chaos und Trennung beruht. Friede und damit Liebe wird zum Mittelpunkt all unserer Handlungen. Und wenn wir diesen Entschluss fassen, erkennen wir damit an, dass alle anderen Wünsche zweitrangig sind.

Schauen wir uns die Liebe an, so, wie wir sie bald erleben

werden. Das folgende Zitat aus *EKIW®* beschreibt sie so: »Du denkst vielleicht, dass verschiedene Arten von Liebe möglich sind. Du denkst vielleicht, dass es eine Art von Liebe für dieses, eine andere für jenes gibt; eine Art, den einen zu lieben, und eine andere Art, jemand anderen zu lieben. Die Liebe ist eins. Sie kennt keine getrennten Teile und keine Grade, keine Arten noch Ebenen, keine Abweichungen noch Unterschiede. Sie ist sich selber gleich, durch und durch unverändert. Sie verändert sich nie je nach Mensch oder Umstand.«[28]

Jegliches Leid in uns, in unserem Leben oder in der Welt entsteht durch unseren Glauben an das Getrenntsein, also an Angst, Chaos, Angriff, Verteidigung und Schuld. In jedem Menschen, der uns begegnet, begegnen wir uns selbst. Alles, was wir geben, ob Liebe oder Urteil, schenken wir uns selbst und erstarken dabei.

Wünschen wir uns Ganzheit und vollkommene Einheit frei von jeglichem Leid und Mangel, können wir nur eine Wahl treffen und uns für die Wahrheit und Liebe entscheiden. Dann erkennen wir, was für ein Wahnsinn es ist, an die Dualität von Liebe/Hass, unendlich/begrenzt, heilig/böse, Frieden/Chaos und Freude/Leid zu glauben. Nur Liebe, Wahrheit, Frieden und Freude sind real, alles andere ist es nicht. Wir sagen, dass wir vom Leid befreit sein möchten, aber ist das tatsächlich der Fall? Wünschen wir uns das mehr als alles andere? Möchten wir wissen, wer wir sind? Sehnen wir uns danach, unsere Aufgabe zu finden und zu erfüllen? Sind wir bereit, die Liebe in ihrer ganzheitlichen und ewigen Form kennen zu lernen? Und ist freudvolle Befreiung das, was wir suchen?

Wenn Sie diese Fragen für sich persönlich mit ja beantworten, wenden Sie sich mit der Bitte an die universale Inspiration, künftig nichts als die Wahrheit zu sehen. Und bleiben Sie Ihrem Wunsch für alle Zeiten treu. Nur so können Sie aufhören, die Illusion zu nähren und zulassen, dass die Realität Ihre Einheit, Sicherheit, Liebe, Freude und Ihren Frieden zurückspiegelt.

Der »Schuldmesser«

Anhand des folgenden »Schuldmessers« können wir schnell feststellen, ob wir eine unbewusste Schuld in uns tragen, die in unserem Leben Leid verursacht. Er zeigt unerkannte Schuld (Ego) auf, die sich auf die eine oder andere Weise in uns manifestiert. Wie viel davon Sie in sich tragen, können Sie daran ablesen, inwieweit Sie sich noch in folgenden Verhaltensweisen wiederfinden:

- Sie urteilen über andere oder haben das Gefühl, von anderen beurteilt zu werden.
- Sie reagieren auf einen vermeintlichen Angriff negativ (mit Ärger, Verteidigung, Frustration, Urteilen usw.).
- Sie verurteilen sich selbst.
- Sie erleben scheinbare Ungerechtigkeit in Form eines vermeintlichen Angriffs.
- Sie fühlen sich im Falle persönlicher oder äußerer Widrigkeiten bedroht oder verunsichert.
- Ihre empfundenen Bedürfnisse scheinen *nicht* erfüllt zu werden (Geld, Beziehungen etc.).

- Sie »zweifeln« am Geschenk des Lebens. Sie erleben Mangel.
- Sie empfinden körperliches Unbehagen oder Krankheit.

Das Fällen von Urteilen ist der Treibstoff des Egos. Schuld ist sein Kern. Die meiste Schuld ist nach außen nicht sichtbar, sie ist verborgen. Wo? In anderen! All *unsere eigene* nicht bearbeitete Schuld verbirgt sich in irgendjemand anderem. Wann immer wir einen anderen be- oder verurteilen oder uns von ihm angegriffen fühlen, »projizieren« wir eben diese unsere eigene Schuld. Vergessen wir nicht, dass wir nur *einer in einer Vielfalt von Erscheinungen sind*. Die Lösung liegt immer in der *Quantenvergebung* (mehr dazu im folgenden Kapitel 4).

Das Enneagramm als Instrument zur Selbsterkenntnis

Wenn wir ernstlich bemüht sind, die Blockaden zu beseitigen, die uns hindern, Liebe, Frieden, Freude und Fülle im Leben zu erfahren, finden wir im Enneagramm[29] ein außergewöhnlich hilfreiches Instrument. Mit seiner Hilfe können wir der Liebe gewahr werden, wie sie sich in unserem Leben in all ihren Formen manifestiert.

Das Enneagramm ist eine Entwicklung der modernen Psychologie und hat seine Wurzeln in der spirituellen Weisheit alter Traditionen. Es unterscheidet neun fundamentale Persönlichkeitstypen und stellt deren komplexe wechselseitige Beziehungen dar. Mit Hilfe dieses Systems können wir:

Das Enneagramm als Instrument zur Selbsterkenntnis

- ein tieferes Verständnis von uns und anderen gewinnen
- unsere psychologischen Kernthemen aufdecken und unsere Stärken und Schwächen im zwischenmenschlichen Umgang ergründen
- die persönlichen Filter identifizieren, durch die wir die Welt betrachten, und diese angemessen berücksichtigen
- unsere Kernthemen herausfinden und effektive Möglichkeiten entdecken, wie wir mit ihnen umgehen können
- behutsam in die Tiefen unserer Seele schauen.

Selbsterkenntnis ist der Hauptschlüssel zur Öffnung jener Tür, die uns zur Liebe und zum Einen Selbst führt. Das Ego-Selbst ist ein Meister der Illusion und Trickserei und wird alles tun, um uns von unserer Suche nach Wahrheit abzulenken. »Echte Selbsterkenntnis schützt vor einem solchen Selbstbetrug. Das Enneagramm hilft uns dabei insofern, als es auf unsere momentane Befindlichkeit eingeht und somit den Stier bei den Hörnern packt. Es erfasst in aller Deutlichkeit und völlig unvoreingenommen die dunklen und zwanghaften Facetten unseres Lebens, eröffnet aber auch den Blick auf ungeahnte spirituelle Höhen. All das müssen wir auskundschaften, wenn uns etwas daran liegt, in der materiellen Welt als geistige Wesen zu bestehen.«[30]

Drei Grundelemente sind für diese Entwicklungsarbeit nötig:

- Präsenz (Achtsamkeit, Bewusstheit). Dieses Element kommt vom *Sein*.
- Praxis der Selbstbeobachtung, die mit Selbsterkenntnis einhergeht. Dieses Element kommt von *Ihnen*.

- Verstehen, was die eigene Erfahrung jeweils bedeutet (eine genaue Erklärung, die in einem größeren Kontext gegeben wird, z. B. einer Gemeinschaft oder einer spirituellen Tradition). Dieses Element kommt vom *Enneagramm*.

Eine schnelle Transformation geschieht, wenn wir gleichzeitig mit allen drei Elementen arbeiten. Das Enneagramm verrät uns sehr viel darüber, wie wir die Welt sehen, welche Werte wir haben, zu welchen Entscheidungen wir neigen, wie wir auf Stress reagieren, was uns motiviert und vieles mehr. Ein weiterer großer Vorzug liegt darin, dass wir solche Sichtweisen zu schätzen lernen, die sich von den unseren unterscheiden.

»Die zentrale Aussage dieser geistigen Psychologie ist, dass unser Grundtypus uns etwas darüber mitteilt, wie wir aufgrund psychologischer Mechanismen unsere wahre Natur, unser göttliches Wesen, vergessen und schließlich die Waffen strecken. Unsere Persönlichkeit beruht auf unserer angeborenen Veranlagung, bestimmte Kompensationen und Abwehrmechanismen zu entwickeln. Schon als Kind haben wir uns ein gewisses Repertoire an Selbstbildern, Verhaltensweisen und Strategien angeeignet, um mit Problemen und uns zugefügtem Leid zurechtzukommen. Jeder von uns wurde ein Experte im Überleben, was wie jedes Expertentum mit der Gefahr verbunden ist, dass wir uns Scheuklappen zulegen.

Je strukturierter unsere Strategien und Abwehrmechanismen werden, umso mehr entfernen wir uns von unserem Wesen. Unsere Identität wird zunehmend von der Persönlichkeit bestimmt. Unser Selbstgefühl beruht ... immer weniger auf dem spontanen Zum-Ausdruck-Bringen unserer wahren Natur. Dieser Verlust des Kontakts mit unserem Wesen führt zu tiefer Unsicherheit, die die Form der neun Leidenschaften annimmt. Wenn sich diese Leidenschaft, die gewöhnlich nicht ins Bewusstsein dringt, einmal eingenistet hat, wird sie zum Antrieb der Persönlichkeit.«[31]

Die beiden größten Herausforderungen, denen wir uns stellen müssen, um wirkliche Liebe, wirklichen Frieden und wirkliche Freude zu erfahren, begegnen uns in den verzerrten Interpretationen der Gedanken und Emotionen unseres Egos. Diese hinderlichen Gedanken und Überzeugungen blockieren und begrenzen uns schwerwiegend, weil sie alle unsere Konflikte und emotionalen Turbulenzen verursachen. Fehlgeleitete Gedanken, Überzeugungen und Emotionen trennen und isolieren uns und verstärken unsere Neigung, die Dinge persönlich zu sehen und zu nehmen. Damit wiederum wächst die Wahrscheinlichkeit, dass wir uns angegriffen fühlen und das unablässige Werten als eine Charaktereigenschaft betrachten, die wir zu unserem Selbstschutz brauchen. Dieser endlose Zyklus von SCHULD-Projektion-Urteil-Scham-Verurteilung-Bestrafung-SCHULD steigert unser Gefühl des Getrenntseins und verstärkt unser illusionäres Begehren, die Dinge persönlich zu nehmen.

Das Enneagramm ist ein ausgezeichnetes Instrument zur Selbsterkenntnis. Es hilft uns, die Interpretationen unserer Gedanken, Überzeugungen und Emotionen in einem neuen Kontext zu sehen. Wir lernen, uns, andere und die Lebensumstände weniger persönlich zu nehmen und gewinnen so an innerer Kraft. Vertrauen, Wahrheit und Liebe wachsen mit unserer Selbsterkenntnis, und je bereitwilliger und engagierter wir vorgehen, desto schneller kommen wir voran.

Im Folgenden geben wir einen knappen Überblick über die neun verschiedenen Enneagramm-Typen, die in dem Buch *Die Weisheit des Enneagramms* von Don Richard Riso und Russ Hudson beschrieben sind:

»Die Arbeit mit dem Enneagramm beginnt mit der Identifizierung Ihres Typus und dem Erkennen seiner dominanten Charakterzüge.

Wir werden in uns Verhaltensweisen aller neun Typen erkennen, aber unsere bestimmenden Eigenschaften sind eng mit einem davon verbunden ... Denken Sie daran, dass mit den hier angegebenen Charakterzügen nur ein kleiner, aber wichtiger Teil eines Persönlichkeitstyps erfasst wird.

Typus eins: Der Reformer. Der idealistische Typ mit hohen Prinzipien. EINSEN sind gewissenhaft, halten sich an ethische Grundsätze und verfügen über ein ausgeprägtes Gespür für Recht und Unrecht. Sie gefallen sich in der Rolle des Lehrers und Kreuzritters, möchten alles verbessern, haben aber Angst, Fehler zu machen. Sie gehen genau und systematisch vor, stellen an sich sehr hohe Anforderungen, können sich jedoch auch zu Nörglern und Perfektionisten entwickeln. Ihr Schwachpunkt ist die Neigung zu Ungeduld und unterschwelligem Zorn. Im Idealfall sind gesunde EINSEN weise, scharfsichtig, realistisch, von edler Gesinnung und über jeden moralischen Zweifel erhaben.

Typus zwei: Der Helfer. Der sorgende, die Nähe zu anderen Menschen suchende Typus. ZWEIEN sind aufrichtig, einfühlsam und warmherzig. Sie sind freundlich, großzügig und neigen zur Selbstaufopferung, können aber auch sentimental, schmeichlerisch und unterwürfig agieren. Sie suchen die Nähe zu anderen Menschen und stehen diesen oft bei, um sich unentbehrlich zu machen. Ihr Schwachpunkt ist, dass sie sich ihre eigenen Bedürfnisse nicht eingestehen und sich deshalb vernachlässigen. Im Idealfall sind gesunde ZWEIEN selbstlos und altruistisch und halten ihre Liebe zu sich selbst und ihren Mitmenschen für etwas völlig Selbstverständliches.

Typus drei: Der Macher. Der anpassungsfähige, erfolgsorientierte Typus. DREIEN sind selbstbewusst, attraktiv und charmant. Mit ihrem Ehrgeiz, ihrer Überlegenheit und ihrer Tatkräftigkeit laufen sie Gefahr, sich auf Statussymbole und ihre Karriere zu versteifen. DREIEN machen sich oft Sorgen um ihr Image. Ihre Schwachpunkte sind Arbeitsbessessenheit und Konkurrenzdenken. Im Idealfall sind gesunde DREIEN gefestigte, aufrichtige und glaubwürdige Menschen, die man sich zum Vorbild nehmen kann.

Typus vier: Der Individualist. Der romantische, selbstbeobachtende Typus. VIEREN sind ruhig, zurückhaltend, sensibel und sich ihrer selbst bewusst. Sie sind direkt, offen und emotional aufrichtig, können aber auch zu Unsicherheit und Missmut neigen. Manchmal fühlen sie sich minderwertig und vom normalen Leben ausgeschlossen, kommen sich verletzbar und verkrüppelt vor, und ziehen sich dann von der

Welt zurück. Wenn es ihnen schlecht geht, verfallen sie in Selbstmitleid und Zügellosigkeit. Im Idealfall sind gesunde VIEREN inspiriert und außerordentlich kreativ, da sie die Fähigkeit besitzen, aus ihren Erfahrungen zu lernen und somit immer wieder neue Wege zu beschreiten.

Typus fünf: Der Forscher. Der ernsthafte, vergeistigte Typus. FÜNFEN sind verständnisvoll, wissbegierig und geistig rege. Sie verfügen über eine außerordentliche Konzentrationsfähigkeit und widmen sich mit Hingabe der Entwicklung neuer Technologien und komplizierter Gedankengebäude. Einerseits sind sie innovativ und unabhängig, andererseits verrennen sie sich oft in ihre Ideen und Fantasieprodukte. Häufig ziehen sie sich zurück, ohne jedoch Ruhe zu finden. Wenn sie Probleme haben, entwickeln sie sich zu Einzelgängern, Exzentrikern und Nihilisten. Im Idealfall sind gesunde FÜNFEN Entdecker, die ihrer Zeit voraus sind und die Welt mit völlig neuen Augen sehen.

Typus sechs: Der Loyale. Der engagierte, auf Sicherheit bedachte Typus. SECHSEN sind fleißig, zuverlässig und verantwortungsbewusst, können aber auch ängstlich, ausweichend und abwehrend reagieren. Oft machen sie sich Stress, über den sie sich dann beschweren. Nicht selten sind sie unentschlossen und fühlen sich leicht angegriffen. Dann reagieren sie unter Umständen trotzig und rebellisch. Ihre Schwachpunkte sind Argwohn und Selbstzweifel. Im Idealfall sind gesunde SECHSEN selbstständige, selbstbewusste und gefestigte Menschen, die ein Herz für die Armen und Schwachen haben.

Typus sieben: Der Enthusiast. Der eifrige, produktive Typus. SIEBENEN sind spontan, optimistisch und vielseitig. Ihre praktische, spielerische und temperamentvolle Veranlagung kann jedoch zu Unverbindlichkeit, Schlampigkeit und Disziplinlosigkeit eskalieren. Sie sind unentwegt auf der Suche nach neuen Reizen und Anregungen, an denen sie aber schnell wieder das Interesse verlieren. Zu ihren negativen Eigenschaften zählen Impulsivität und Oberflächlichkeit. Im Idealfall richten gesunde SIEBENEN ihre Talente auf Ziele, die lohnenswert sind, und werden so zu zufriedenen, fröhlichen und erfüllten Menschen.

Typus acht: Der Herausforderer. Der energische, dominierende Typus. ACHTEN sind geradlinig, stark und selbstbewusst. Ihre Entschlossenheit, Gewandtheit und Fürsorglichkeit kann leicht in Stolz und Herrschsucht ausarten. ACHTEN glauben, ihre Umgebung im Griff haben zu müssen und geraten dabei oft auf Kollisionskurs. Sie haben Schwierigkeiten damit, andere an sich heranzulassen. Im Idealfall üben gesunde ACHTEN Selbstbeherrschung, verwenden ihre Energie und Großmut auf die Verbesserung der Lebensumstände ihrer Mitmenschen, werden nicht selten als Helden verehrt und gehen manchmal sogar in die Geschichte ein.

Typus neun: Der Friedliebende. Der gelassene, zurückhaltende Typus. NEUNEN sind stabile, vertrauensvolle und empfängliche Naturen. Sie sind hilfsbereit, unbeschwert, gutherzig und sanftmütig, halten aber oft um des lieben Friedens willen mit ihrer Meinung hinter dem Berg. Sie

Typus sieben: Der Enthusiast. Der eifrige, produktive Typus. SIEBENEN sind spontan, optimistisch und vielseitig. Ihre praktische, spielerische und temperamentvolle Veranlagung kann jedoch zu Unverbindlichkeit, Schlampigkeit und Disziplinlosigkeit eskalieren. Sie sind unentwegt auf der Suche nach neuen Reizen und Anregungen, an denen sie aber schnell wieder das Interesse verlieren. Zu ihren negativen Eigenschaften zählen Impulsivität und Oberflächlichkeit. Im Idealfall richten gesunde SIEBENEN ihre Talente auf Ziele, die lohnenswert sind, und werden so zu zufriedenen, fröhlichen und erfüllten Menschen.

Typus acht: Der Herausforderer. Der energische, dominierende Typus. ACHTEN sind geradlinig, stark und selbstbewusst. Ihre Entschlossenheit, Gewandtheit und Fürsorglichkeit kann leicht in Stolz und Herrschsucht ausarten. ACHTEN glauben, ihre Umgebung im Griff haben zu müssen und geraten dabei oft auf Kollisionskurs. Sie haben Schwierigkeiten damit, andere an sich heranzulassen. Im Idealfall üben gesunde ACHTEN Selbstbeherrschung, verwenden ihre Energie und Großmut auf die Verbesserung der Lebensumstände ihrer Mitmenschen, werden nicht selten als Helden verehrt und gehen manchmal sogar in die Geschichte ein.

Typus neun: Der Friedliebende. Der gelassene, zurückhaltende Typus. NEUNEN sind stabile, vertrauensvolle und empfängliche Naturen. Sie sind hilfsbereit, unbeschwert, gutherzig und sanftmütig, halten aber oft um des lieben Friedens willen mit ihrer Meinung hinter dem Berg. Sie

KAPITEL 4

LIEBESBEZIEHUNGEN

Wonach suchen wir in einer Beziehung? Wir wünschen uns Wertschätzung, Akzeptanz, Bestätigung, Unterstützung, Zuwendung, Freundlichkeit, Mitgefühl, Respekt, Verständnis, Bewunderung und Vergebung. Manche von uns erwarten zudem Leidenschaft, Nähe und Hingabe. Dass der Mensch, ob bewusst oder unbewusst, nach diesen Dingen sucht, liegt in seiner Natur. Was wir denken, fühlen und tun, ergibt sich in der Regel quasi als Nebenprodukt aus einem tieferen Bedürfnis nach ebensolchen Erfahrungen. Wonach wir in Wirklichkeit suchen, ist Liebe. Doch meist bleibt das größte Hindernis unerkannt, das all unsere Versuche, sie zu finden und zu halten, vereitelt. Darum wird es nie eingerissen.

Es entspricht dem menschlichen Wesen, nach Liebe zu suchen, doch wir wissen nicht, was Liebe ist. Wir suchen nach etwas, das in unserer Vorstellung existiert, das wir aber nicht kennen. Und so machen wir die Erfahrung, dass Liebe Schmerz bedeutet und gelegentlich in Hass umschlagen kann. Dies ist das weit verbreitete Bild, das wir von der Liebe haben. Die fundamentale Wahrheit, die die Welt noch nicht erkannt hat lautet: *Liebe ist*. Punkt.

Liebe ist unendlich. Liebe dehnt sich ständig aus und verströmt sich ins Endlose. Liebe kann sich nie in Hass verwandeln. Liebe ist friedlich und freudvoll. Liebe ist allumfassend. Liebe kennt keine Grenzen. Liebe ist universal und ohne Bedingung. »Wirkliche Liebe schafft ein sich dauernd auf allen Ebenen weiter vertiefendes Gefühl des Friedens. Überwältigende Gefühle der Liebe steigen aus dem Kern unserer Seele auf, bis es kein Verständnis von ›ich‹ mehr gibt – da sind nur diese Wellen von Liebe, Frieden und Freude, allumfassend und ewig; und die Gewissheit des wirklichen Trostes, der Sicherheit und Schönheit. Deine eigene einzigartige Schönheit wird spürbar, und du bist unglaublich dankbar für dich und empfindest eine absolut außergewöhnliche Liebe zu dir selbst. Gleichzeitig ist da das Gefühl, dass wir absolut miteinander, mit der Quelle, mit der gesamten Menschheit, mit all den unendlichen Funken verbunden sind. Im Gewahrsein dieser ewigen Liebe, Dankbarkeit und Teilhabe liegt ein Empfinden der inneren Weite, der uneingeschränkten Schöpfungsmöglichkeiten, des grenzenlosen Friedens und unendlicher Freude, der unvorstellbaren Abenteuer.«[33]

Sollten wir die Liebe nicht so erleben, wie hier beschrieben, dann liegt dies nicht etwa daran, dass wir sie nicht verdient hätten oder bloß noch nicht den richtigen Partner gefunden oder uns nicht die richtigen Eltern, Kinder, Verwandten oder Freunde ausgesucht hätten. Wenn wir nicht täglich mit der Liebe leben, steht uns nur ein Hindernis im Weg: *Wir kennen die Liebe nicht.* Wir erkennen sie nicht, wenn sie uns begegnet und haben kein umfassendes Verständnis von ihr. All unsere vergangenen Erfahrungen und Konditionierungen haben uns ein falsches Bild von der Liebe gegeben. Wenn wir nicht wissen, wonach wir suchen, wie sollten wir es je finden? Wir suchen nach einer fiktiven

Erfahrung von Ego-Liebe, die unsere tiefste Sehnsucht noch nie gestillt hat und niemals stillen wird.

Wollen wir wirklich jene Essenz erfahren, die man Liebe nennt, müssen wir uns zuallererst eingestehen, dass wir im tieferen Sinne kein Verständnis von ihr haben. Und wenn wir sie nicht kennen, können wir auch nicht wissen, wozu sie da ist oder wie wir Zugang zu ihr finden. Liebe ist keine Emotion. Sie ist keine Erfahrung. Sie ist nichts, was wir erwerben oder verdienen könnten. Liebe ist ein Seinszustand. Sie ist der natürliche Zustand unserer Existenz, der sich unter den unzähligen Schichten der Falschgesinntheit verbirgt, die wir im Laufe der vielen Lebensspannen im Banne unseres unwahren Ego-Selbst angehäuft haben.

Die erste Lektion in Liebe lautet zu verstehen, dass diese nur durch ihre Ausdehnung erfahrbar wird. Um Liebe zu erleben, müssen wir sie *geben*. In der Liebe sein heißt, anderen und uns selbst unsere Ego-Fehler zu vergeben. Der bewusste Akt des bedingungslosen Gebens von Zeit, Fürsorglichkeit, Aufmerksamkeit, Vergebung und Liebe ist Ausdruck des Seinszustandes, den wir vor Äonen im Augenblick der »Trennung« vergaßen.

Die zweite Lektion in Liebe lautet einzusehen, dass wir Liebe *sind*. Jeder einzelne von uns *ist* Liebe, ganz gleich, was unser Ego-Selbst getan hat. Diese Erkenntnis kann durch Selbsterforschung und Achtsamkeit erlangt werden.

Durch Suchen lässt sich Liebe nicht erfahren, weil wir Liebe *sind*. Wenn wir in Geliebten, Freunden, Eltern, Kindern oder Verwandten danach suchen, werden wir sie nicht finden. *Geben* wir sie jedoch konsequent an die Menschen in unserem Leben, ohne zu urteilen oder Bedingungen daran zu knüpfen, wird uns nicht nur die Liebe zuteil; wir werden auch merken, dass wir schon immer Liebe gewesen sind.

Das Sehnen, Suchen und Verzehren, das uns bisher einer illusionären Vorstellung von Liebe hinterherlaufen ließ, ist vorbei. Wir haben ein an Bedingungen geknüpftes In-Beziehung-Treten mit wirklicher Liebe verwechselt und dann mit dem Etikett »Liebe« versehen. Jetzt haben wir die Möglichkeit, wahrer Liebe zu begegnen, indem wir ausräumen oder verlernen, was sie nicht ist.

Pseudo-Wertschätzung

Die Art von Liebe, die uns am vertrautesten ist, ist die »besondere«, sprich an Bedingungen geknüpfte Variante. In unserer Gesellschaft lernen wir, Liebe mit einem Gefühl der *Besonderheit* gleichzusetzen; der motivierende Faktor in all unseren »besonderen« Liebesbeziehungen ist das Bedürfnis nach eben diesem Gefühl. Das klingt harmlos, doch die Folgen sind schlichtweg verheerend. Wenn wir den Mut aufbringen, uns die Sache einmal genauer anzusehen, wird klar, dass just dieses *Bedürfnis* so gut wie alle unsere zwischenmenschlichen Beziehungen sabotiert. Am größten ist das Risiko, wenn es dabei um Menschen geht, denen wir besonders nahestehen; dies gilt auch im Umgang mit unseren Kindern und Eltern, da sich das Bedürfnis nach »Besonders-Sein« oft im Wunsch nach Anerkennung und Wertschätzung äußert.

Das Bedürfnis, sich als etwas Besonderes zu fühlen, of-

Pseudo-Wertschätzung

fenbart sich im Getrenntsein des Ego-Selbst. Die Trennung lässt einen unnatürlichen Wunsch nach Aufwertung entstehen, der uns im Leben teuer zu stehen kommt. Das Ego-Selbst ist spirituell bankrott und giert darum nach jedem Fitzelchen Besonderheit, ganz gleich, ob im positiven oder negativen Sinne – Hauptsache es kann sich dadurch über andere erheben. Und wenn wir uns bedeutender als andere fühlen, dann stellen wir uns damit auf eine andere Stufe und distanzieren uns von ihnen. Besonderheit gleich welcher Form ist ein Keil, der sich zwischen uns und andere schiebt; statt sich auf Gemeinsamkeiten oder Übereinstimmungen zu konzentrieren, setzt sie auf die Unterschiede. In Wahrheit ist Besonderheit eine Form von Trennung und kann uns in keinem Fall ein tiefes oder dauerhaftes Wertgefühl geben.

Unseren wahren Wert schöpfen wir aus einem zeitlosen Ort in unserem Inneren. Er liegt in der Schuldlosigkeit, der Liebe, der Gleichheit, die sich verströmen und Vertrauen schenken. Wir beziehen unseren Wert nicht von außen; er erwächst uns aus der Erkenntnis, *wer* wir sind, und nimmt mit der Wertschätzung zu, die wir für andere empfinden. Da wir aus diesem inneren Quell genährt werden und hier unsere Akzeptanz und Anerkennung finden, sollten wir die Reinheit unseres Wertes nicht beschmutzen, indem wir im Äußeren nach irgendeiner Art von Besonderheit suchen. Das heißt, wenn wir uns über andere erheben und besser sein wollen als sie, laden wir noch mehr Schuld auf uns. Für das Ego ist Schuld ein gefundenes Fressen, weil sie uns von anderen, uns selbst und der Quelle trennt und wir dadurch mehr auf dessen leere Versprechungen geben. So entsteht ein Teufelskreis der Abhängigkeit: Wir verzehren uns nach »Pseudo-Wertschätzung«, doch die vorübergehende Befriedigung, die wir daraus beziehen, führt uns nur weiter in die Trennung. Kaum haben wir erreicht, was das Ego wollte, empfinden wir ein merkwürdiges Gefühl der Leere, und wieder machen wir uns auf den Weg, um an anderer Stelle nach Pseudo-Wertschätzung zu suchen.

Jede Form des Wettbewerbs oder Vergleichs bedeutet, dass wir nach Besonderheit suchen: Ganz gleich, ob wir am intelligentesten, begabtesten, kreativsten, sportlichsten sein wollen oder uns am kränksten, am hässlichsten oder am depressivsten fühlen – all dies sind Versuche des Egos, anders als unsere Mitmenschen zu sein. In ihrer unverfälschten Form hat Besonderheit ihre Wurzel in der gesammelten Schuld, die wir vor Jahrtausenden auf uns geladen haben, als wir glaubten, den Himmel zerstört und die Quelle verlassen zu haben. Dies war die Geburtsstunde der Projektion, die wir der Welt bis heute überstülpen, um scheinbar zwei Dinge zu bekommen: 1. unsere Schuldlosigkeit (weil nicht wir, sondern *andere* schuld sind) und 2. unsere Vergeltung (unser Angriff, den wir mit unserem Urteil rechtfertigen, dass andere uns übel mitgespielt haben). Diese Projektion erlaubt es uns, Besonderheit zu empfinden und zu erlangen.

Jetzt können wir unterscheiden zwischen unschuldigem Opfer und schuldigem Täter oder zwischen Sieger und Verlierer. Doch all unsere Schuldzuweisungen und all unser Konkurrenzdenken verstärken bloß unsere unbewusste Schuld und festigen die Illusion, dass wir unseren Wert von außen beziehen. Und damit führen sie uns letztlich unsere Getrenntheit vor Augen.

Pseudo-Wertschätzung

In unserer Evolution haben wir einen Punkt erreicht, an dem die Fragen des schieren Überlebens, die Kampf-und-Flucht-Szenarien nicht mehr als tagtägliche Bedrohungs- und Motivationsfaktoren wahrgenommen werden. In dem Maße, wie solche Themen in den Hintergrund gerückt sind, hat sich unsere Gesellschaft scheinbar immer mehr dem Individuum zugewandt. Je mehr Zeit wir zur Verfügung haben und je intelligenter wir werden, desto mehr wächst unser Wunsch nach Besonderheit. Wir wollen einzigartig, originell, speziell, exklusiv und besonders sein. Wir haben in unserer Kultur eine Verklärung des Individuellen entwickelt. Unbewusst haben wir diese ständig wachsende Besessenheit für die Besonderheit des Einzelnen in den verschiedensten Lebensbereichen verankert – in Erziehung, Politik, Sport, Geschäftswelt, Kommerz, Mode, Musik, Film, Medien, Kunst, Computer-/Video-Spielen, um nur einige wenige zu nennen.

Wir ermutigen unsere Kinder, etwas Besonderes zu sein, und merken nicht, zu welch destruktiven Auswüchsen es in unserer Gesellschaft durch diese Betonung des Individuellen gekommen ist. Wie viele Kinder schreien zu Hause oder in der Schule ständig nach Aufmerksamkeit, Anerkennung und Zustimmung? Der Druck, ständig etwas »werden« oder »haben« zu müssen, schürt unseren Wunsch nach Besonderheit oder Pseudo-Wertschätzung, den wir im Äußeren zu stillen versuchen. Unbewusst treiben wir damit unser auf Konkurrenz programmiertes Ego weiter in eine unnatürliche Rivalität hinein, die uns das Gefühl raubt, einen echten, inneren Wert zu haben und mit »allem, was ist« verbunden zu sein.

In unserer gesamten Geschichte haben wir mit Leidenschaft ein Wettrennen hin zu immer mehr Individualität geführt, das uns vorwärtstrieb und von uns selbst entfernte. Jetzt, da wir den Höhepunkt unseres eigenen originellen, exklusiven und getrennten Daseins erreicht haben, merken wir, dass die Evolution die Welt in den Zustand der Einheit und Verbundenheit zurückruft. Das planetare Bewusstsein strebt nach tiefgreifender Integration und danach, irgendwann die Idee der Dualität zu überwinden. Andrew Cohen schreibt: »[denn] für unser postmodernes Selbst hat die schmerzliche Erfahrung der psychischen und spirituellen Entfremdung einen historischen Höhepunkt erreicht [durch Individualismus]. Auf unserer Suche nach persönlicher, sozialer, philosophischer und geistiger Freiheit haben sich viele von uns von unseren großen spirituellen Traditionen abgekehrt und auf diese Weise die Verbindung zur eigenen individuellen und kollektiven Seele verloren; und nun finden wir uns ziemlich einsam auf der Wüsteninsel unseres eigenen Egos wieder. Für jene von uns, die verzweifelt voranschreiten möchten, aber nicht zum alten Status quo zurückkehren können, der herrschte, bevor wir die Begrenztheit unserer Vorstellungen von Familie, Stammestradition, Religion, und Nationalismus durchschaut hatten – *wohin* sollen wir uns wenden?«[34]

Wir haben in unserer Evolution die nächste Bewusstseinsstufe erreicht und »gehen über das hinaus, was wir persönliche Erkenntnis nennen, um zu etwas völlig anderem zu gelangen: einem tiefgreifenden Erwachen, das über das Individuelle *hinausgeht*«.[35] Unsere wahre Freiheit besteht darin, bewusste Beziehungen einzugehen und sie als Vehikel zur Selbsterkenntnis und zur Heilung unseres Planeten zu nutzen. Auf diese Weise lassen wir die destruktiven Beschränkungen des Egos hinter uns und dehnen uns aus in ein Reich der Einheit und Verbundenheit, das uns sehr viel freier sein lässt, als wir es je waren.

Wenn wir uns wirklich nach Liebe, Frieden und einem Gefühl der Ganzheit sehnen, müssen wir uns vor Augen führen, dass diese Zustände nicht durch künstlich erzeugte Besonderheit zu erreichen sind. Sie entstehen vielmehr in uns durch unsere Wertschätzung für andere und die Liebe für alles, was ist.

Bewusste Liebe

Einer der Pioniere der Enneagramm-Arbeit war Georgi Iwanowitsch Gurdjieff. Er beschrieb drei Arten von Liebe:

rein körperliche Liebe als sexuelle Anziehung;
emotionale Liebe mit der häufigen Neigung, sich in Hass zu verwandeln;
bewusste Liebe, die beide Partner zur Vollkommenheit führt.

Wir kennen fast alle den Kult, der in unserer Gesellschaft um die ersten beiden getrieben wird: die rein körperliche Liebe als sexuelle Anziehung und die emotionale Liebe, die leicht in Hass umschlagen kann. Die dritte und wirksamste Form aber, die bewusste Liebe, wird in den Massenmedien so gut wie nie thematisiert, und auch in den meisten Familien kommt sie nie offen zur Sprache. Würden wir in einer Umfrage einen Querschnitt der Bevölkerung um eine ehrliche Beschreibung ihrer Vorstellung von Liebe bitten, würde die sexuelle und emotionale Liebe in den Antworten mit Sicherheit breiten Raum einnehmen, während die bewusste Liebe traurig und missachtet im Abseits stünde.

Bewusste Liebe ist immerwährend und nicht oberflächlich oder flüchtig. Sie ist in Wirklichkeit das oberste Ziel in jeder körperlichen, emotionalen oder platonischen Beziehung. Sie birgt die Erinnerung, dass wir nicht getrennt sind und jeder von uns sich seine eigene Realität projiziert, so dass ein Konflikt, der von einem anderen auszugehen scheint, immer eine Chance zur Heilung unserer eigenen Wahrnehmung ist. Bewusste Liebe entsteht aus der Bereitschaft, Liebe zum Besten aller Beteiligten zu erfahren und auszutauschen.

Dass so viele sexuelle oder emotionale Beziehungen (ob zwischen Partnern, in der Familie oder zu Freunden) scheitern, liegt an den kurzfristigen, auf persönlichen Vorteil ausgerichteten Zielen, die ihnen zugrunde liegen, sprich: Sie orientieren sich an dem Bedürfnis des Egos nach Besonderheit. Emotionen oder Sex können zwar einen wesentlichen Teil einer Beziehung ausmachen, ohne eine echte Verbindung auf der Basis der bewussten Liebe aber kann sie nicht von Dauer sein.

Die drei wichtigsten Elemente der bewussten Liebe sind:

- das Bekenntnis zu beider persönlicher Weiterentwicklung, d. h. die Schaffung eines vereinten Ziels;
- völlige Eigenverantwortlichkeit, d. h. die Anerkennung

der Tatsache, dass wir uns unsere eigene Wirklichkeit projizieren;
- das Nutzen jedes Konflikts als Chance zur Heilung unserer Wahrnehmung (Aufhebung des Egos).

Bewusste Liebe erfordert unermüdliche Disziplin. Worauf wir am meisten achten müssen, ist die Sucht des Egos nach Trennung, also jeder Form von Urteilen, mit denen wir uns untereinander distanzieren. Mit der Zeit lernen wir die bewusste Liebe als ideales Vehikel zur Mehrung von Freude, Liebe, Akzeptanz und Begeisterung in unserem Leben zu schätzen. Als gelebte Liebe ist sie stets in Ausdehnung begriffen und nie auf Trennung aus; ihren intensivsten Ausdruck findet sie in Vergebung, Akzeptanz, Urteilslosigkeit und Dankbarkeit.

Das ungesehene Kind

Solange Eltern sich noch stark mit dem Ego-Selbst identifizieren, nehmen sie ihr Kind über die daraus resultierenden Konditionierungen und nicht mit dem Einen Selbst wahr. Das reine Selbst des Kindes bleibt ungesehen, und dadurch wird seine Ego-Identität gestärkt; gleichzeitig nimmt das Vertrauen des Kindes in die Quelle und sein eigenes Eines Selbst ab, so dass es misstrauisch gegenüber dem Leben wird.

Die meisten von uns haben sich ihre Ego-Konditionierung in der Kindheit von Eltern und Verwandten angeeignet. Bereits vor dem fünften Lebensjahr haben wir dadurch ein großes Bedürfnis nach Besonderheit entwickelt. Unser kleines Ego war auf dem besten Weg, sich zu einer verfehlten Identität auszuwachsen, die uns dazu führte, Menschen, Objekte und Umstände mit unserem wahren Selbst zu verwechseln.

Wir lernten, uns durch bestimmte Verhaltensweisen Aufmerksamkeit und Bestätigung durch andere zu sichern und eigneten uns schnell Ego-Überlebensstrategien wie das Urteilen, Lügen, Leugnen, Unterdrücken und Projizieren an. Zu geben, um etwas zurückzubekommen, stand ganz oben auf der Liste unserer täglichen Handlungsmuster. Ebenso hohe Priorität genoss unser Wunsch nach Besonderheit: Wir strebten danach, der Beste, der Schlimmste, der Ungewöhnlichste oder der Goldigste zu sein. Weil wir nicht in der Lage waren, eine gesunde Grenze zu ziehen zwischen unserem Selbst-Bewusstsein und den Phänomenen, die uns in unserem Umfeld begegneten, kamen wir zu der irrigen Überzeugung, dass Glück von der äußeren Erfüllung unserer Bedürfnisse abhängig sei. Wir entwickelten einen starken Glauben an eine persönliche Identität, die ganz auf Haben, Besitzen, Bekommen, Werden, Tun und Erreichen ausgerichtet war, statt sich an der reinen und unveränderlichen Essenz unseres Einen Selbst zu orientieren. Wir wurden ermutigt, Wissen durch Beobachtung und Erfahrung zu erwerben und von anderen Menschen zu lernen; doch man brachte uns nicht bei, unsere eigenen Gedanken und Emotionen zu beobachten oder auch begrenzende Glaubenssätze zu hinterfragen.

Unsere Eltern waren darauf konditioniert, sich eine Ego-Identität zu schaffen, aus der heraus sie ihr Leben entwarfen, statt es zu leben. Dass sie Ego und Selbst verwechselten, hatte für uns sehr wahrscheinlich die Folge, dass wir von ihnen nicht gesehen wurden (Abbildung 4.1). Ein Kind erfährt keine wirkliche Bestätigung und Anerkennung, wenn es ständig durch die vorherrschende Wahrnehmung der Eltern – also deren Ego – bewertet wird.

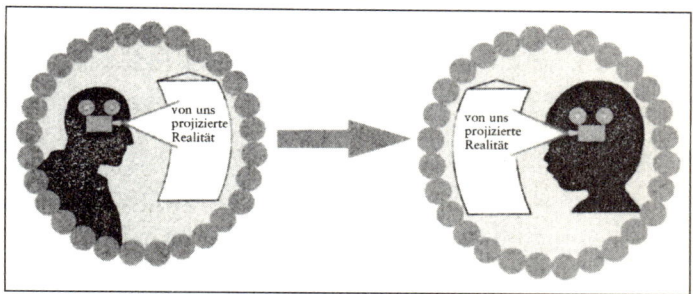

Abb. 4.1: Das ungesehene Kind

Um uns in unserer Kindheit die Möglichkeit zu geben, eine unverbrüchliche Gewissheit unserer eigenen heiligen Essenz zu entwickeln, hätten unsere Eltern erst ein Verständnis ihres eigenen Einen Selbst gewinnen müssen. Dann wären sie uns ein lebendiges Beispiel für die Lebensfreude in einer bewussten Liebesbeziehung gewesen. An ihrem Beispiel hätten wir die Kunst der bedingungslosen Liebe, der Kontemplation und Beobachtung, der Selbsterforschung und Selbstgenügsamkeit erlernen können. Sie hätten uns ein tiefes Gefühl von innerer Sicherheit gegeben, getragen von dem absoluten Vertrauen in eine höhere Ordnung, die stets unser Bestes im Sinne hat. Und wir hätten als Kinder staunend das tiefe Gefühl von Verbundenheit erlebt, das ringsum vorherrschte.

Die meisten von uns sind nicht in einem erleuchteten Umfeld groß geworden, und so wurde unser Eine Selbst wahrscheinlich nur selten, wenn überhaupt jemals erkannt oder wahrgenommen. Als ungesehene Erwachsene neigen wir folglich dazu, in unseren romantischen Beziehungen ebenso wie im Umgang mit unseren Kindern den uns von unserem Ego aufgezwungenen Teufelskreis der Besonderheit fortzuführen. Darum ist es so wichtig, uns jetzt von ganzem Herzen an die Aufhebung unserer gestörten Überzeugungen zu begeben.

Suche nach Liebe

»Wenn du mich liebst, wirst du tun, was ich will«, so überschreibt Byron Katie einen Abschnitt in ihrem Buch *Ich brauche deine Liebe – stimmt das?* Darin führt sie aus, dass unsere ungeprüften Gedanken über Bedürfnisse und Wünsche die Triebfeder unserer Suche nach Liebe und Anerkennung sind. Bereits in unserer Kindheit wurden wir von den Eltern entsprechend gepolt, indem sie uns lobten, wenn wir gehorchten, und uns bestraften, wenn wir das nicht taten.

»Das Kind erwartet von seinem Spielgefährten, dass er genau die Spiele spielen will, auf die es *selbst* Lust hat. Wenn nicht, gibt es einen dicken Streit, und die beiden stapfen von dannen, um einen Erwachsenen zu finden, bei dem sie sich beklagen können: ›Er ist nicht mehr mein Freund!‹ Der Glaube, dass ein Freund jemand ist, der genau das will, was man selber will, ist in diesem Kind schon voll aktiv ... Seine Eltern haben nie den Gedanken überprüft, dass Gehorsam

ein Ausdruck von Liebe ist, warum also sollte *er* das tun?«[36]
Aus diesem Grund gehen die meisten von uns mit der unbewussten Haltung in eine Liebesbeziehung, der zufolge lieben gleichbedeutend ist mit »Du erfüllst mir meine Wünsche«. Niemand hat uns je gelehrt, unsere Bedürfnisse nach Liebe zu hinterfragen – ebenso wenig wie uns jemand beigebracht hat, dass das Hinterfragen unserer Überzeugungen der Schlüssel zur Befreiung aus gestörten, unbefriedigenden Beziehungen ist.

Was ist eine »besondere Beziehung«?

Leider basiert in unseren Beziehungen die Suche nach Bestätigung unserer gespaltenen Identität meist auf der ausschließlichen Verbindung mit einem wichtigen Menschen. Das heißt, unser Ego fokussiert sich ausschließlich darauf, das eigene Selbstbild durch diese Verbindung zu nähren. Es geht ihm nicht um Gemeinschaft und Zusammenhalt mit allen anderen. Vielmehr nutzt es eine exklusive Schar weniger Auserwählter, um sich aufzublähen und seine grandiose Vorstellung von sich selbst zu stärken und auszuschmücken. Dies bewirkt eine zunehmende Zersplitterung der Psyche, es lehrt, dass Hass und Liebe nebeneinander existieren können und zieht zudem noch ein Übermaß an Schuld ins Leben. Um es in wenige Worte zu fassen: Wonach das Ego sucht, ist nicht Liebe, sondern Anerkenntnis und Bestätigung seiner Getrenntheit. Wir sagen, dass wir Liebe wollen, doch unser Ego zieht unbewusst Mangel, Angriff, Urteil, Schuld und Angst an; sie alle führen in die Trennung, was natürlich den Wünschen des Egos absolut entgegenkommt. Ganz oben auf der Liste dessen, was es sich für uns wünscht, steht in Wirklichkeit der Tod, und es weiß, dass Trennung und Angriff Schuld auslösen und Schuld uns wiederum Angst macht. Eine tief im Inneren verankerte unbewusste Schuld ist der perfekte »Magnet« für Krankheit und Tod.

So ist es also um uns bestellt: Wir sehnen uns zutiefst nach wirklicher Liebe – nach dem Gefühl, etwas wert und mit den uns wichtigen Menschen verbunden zu sein. Doch unser Ego sabotiert permanent unsere besten Absichten.

»Das Ego ist sich sicher, dass Liebe gefährlich ist, und das ist immer seine zentrale Lehre. Es drückt das nie so aus; im Gegenteil, jeder, der glaubt, dass das Ego die Erlösung ist, scheint sich intensiv mit der Suche nach Liebe zu beschäftigen. Doch obgleich das Ego die Suche nach der Liebe sehr aktiv ermutigt, macht es einen Vorbehalt: Finde sie nicht. Seine Diktate lassen sich also ganz einfach so zusammenfassen: ›Suche und finde *nicht*.‹ Das ist das einzige Versprechen, das das Ego dir anbietet, und es ist das einzige Versprechen, das es halten wird.«[37]

Im Hinblick auf die Liebe stehen das Ego und das Eine Selbst in massivem Widerspruch zueinander. Als Meister der Illusion bietet uns das Ego folgende Lösung an: Es ködert uns mit dem Versprechen, Liebe *zu finden*, achtet aber tunlichst darauf, dass es sich um bloße Ego-Liebe handelt, die durch Besonderheit, Urteil, Vorwurf und Schuld gekennzeichnet ist. Opfer, Projektion, Zurückhaltung, Bedingungen und Verpflichtungen spielen darin eine Rolle. Die Vorstellung, die eigenen Bedürfnisse erfüllt zu bekommen, dient als ultimatives Lockmittel, und um dieses Ziel zu erreichen, ist jedes auch noch so gemeine Mittel recht. Nehmen wir zum Beispiel an, unser Partner hätte uns enttäuscht. Dann projiziert unser Ego zur Strafe Ärger, Vorwurf und Liebesentzug. Das Ego unseres Partners erlebt dies als Angriff, auf den es prompt mit einem aggressiven oder passiven Gegenangriff reagiert. Falschgesinntheit hält sich an keine Regeln. Das Liebesangebot des Egos lässt uns ein paar Fragmente von Liebe erfahren, stellt aber gleichzeitig sicher, dass wir ein hohes Maß an Vorwürfen, Scham und Schuld zu ertragen haben.

Ein weiterer hinderlicher Aspekt von »besonderen« Beziehungen liegt in dem Vorzug, den das Ego dem Körper gegenüber dem Geist gibt. Körperlich können zwei Menschen sich vereinigen, so behauptet es, geistig aber nicht. All unsere Gedanken und Gefühle sind privat und werden nur dann als reale oder mögliche Bedrohung erlebt, wenn sie auch ausgelebt werden. »Für das Ego ist der Geist privat, und nur der Körper lässt sich mit anderen teilen. Ideen sind grundsätzlich nicht von Belang, außer insofern, als sie den Körper eines andern näher bringen oder in die Ferne rücken.«[38]

Aus der Warte des Egos erscheint es so, als könnte das Verhalten eines anderen unsere Bedürfnisse stillen: mit einem Lächeln, einem Gefallen, einer Umarmung. Mit anderen Worten, in Wirklichkeit wünschen wir uns Verhaltensweisen anderer, um uns unsere Wünsche zu erfüllen. Wir fühlen uns körperlich zu einem Partner hingezogen und erwarten die richtigen Worte, Berührungen, Taten und Verhaltensweisen, um uns unseren Wunsch, etwas Besonderes zu sein, zu befriedigen. Und der andere erwartet das Gleiche von uns. Nur sehr selten gelingt es uns, einem anderen ins Herz und in die Seele zu schauen und ihn einfach zu lieben – nicht wegen der Dinge, die er uns geben kann, sondern allein, weil er ist, *wer er ist* – ohne jede Bedingung.

Besondere Geschäfte

»Indem du Freiheit schenkst, wirst du frei sein. Freiheit ist die einzige Gabe, die du den SÖHNEN GOTTES schenken kannst, da sie die Anerkennung dessen ist, was sie sind und was ER ist. Freiheit ist Schöpfung, weil sie Liebe ist. Wen du zum Gefangenen zu machen suchst, den liebst du nicht. Wenn du also irgendjemanden – dich eingeschlossen – gefangen zu setzen suchst, liebst du ihn nicht und kannst dich nicht mit ihm identifizieren. Wenn du dich gefangen setzt, verlierst du deine wahre Identifikation mit mir und mit dem VATER aus den Augen.«[39]

Dass die meisten unserer besonderen Liebesbeziehungen vergehen oder zerbrechen, liegt daran, dass wir unbewusst einen Handel damit verknüpfen. Das mag harmlos klingen, ist aber Gift für die Liebe. Um in den Genuss der besonderen Liebe zu kommen, die wir uns wünschen, müssen wir mit dem anderen eine Art Handelsbeziehung eingehen. In der Regel bedeutet das, dem anderen unsere Zeit, Energie, Liebe oder auch Geschenke als Gegenleistung dafür zu geben, dass er uns unsere Wünsche erfüllt. Das ist nicht so unschuldig, wie es auf den ersten Blick scheint. Wenn wir nach irgendeiner Form von Besonderheit streben, müssen wir dafür ein Opfer erbringen. Unwissentlich lassen wir uns auf eine Vereinbarung, ja sogar einen Handel ein, durch den genau festgelegt wird, was wir uns gegenseitig im Gegenzug für empfangene Leistungen zu geben haben. Ohne uns dessen bewusst zu sein, führen wir insgeheim Buch darüber, wer was gegeben hat und wer wem etwas schuldet. Was diesem Phänomen zugrunde liegt, ist schlicht und ergreifend unser Wunsch etwas zu bekommen, was uns immer in die Schuld bringt.

Ohne uns über das Ausmaß dieser Tauschgeschäfte im Klaren zu sein, fühlen wir uns schuldig, auch wenn wir dies meist gar nicht merken. Wenn ich etwas gebe, zum Beispiel meine Zeit, Liebe oder ein Geschenk, folgert das Ego automatisch: »Ich habe gegeben; darum habe ich jetzt weniger. Und du hast jetzt nicht nur mehr als ich, sondern bist auch für den Verlust verantwortlich, den ich hier zu verbuchen habe. Und deshalb stehst du so lange in meiner Schuld, bis du mir etwas Gleich- oder Höherwertiges zurückgegeben hast.« In diesen Bahnen denkt das Ego nun einmal. Wir machen den anderen verantwortlich für den von unserem Ego wahrgenommenen Verlust.

Im Kern dieses Handels steht der Wunsch, aus der Besonderheit des anderen Profit zu schlagen. Es gibt immer irgendetwas an dem anderen, das in unserem Ego Begehrlichkeiten weckt – irgendetwas, das ihm fehlt und das es folglich haben möchte. So tauschen wir in der romantischen Liebe oft unbewusst unser Herz, unseren Körper und unser Leben für die scheinbare Besonderheit unseres Partners ein. Sie soll uns ganz und vollkommen machen, und darum geben wir heimlich unsere Macht an unseren Partner ab. Und der tut es uns gleich. Dies führt zu Unmut, und durch die gegenseitige Entmündigung kommt es mit der Zeit dazu, dass wir uns Vorwürfe an den Kopf werfen und Schuldgefühle machen. Spätestens jetzt erkennen wir, dass es sich bei unserer Vorstellung vom Geben und der Besonderheit um einen reinen Ego-Trick handelt, mit dem Hass als Liebe bemäntelt wird. Wenn uns so genannte Liebe in Sorge, Verzweiflung, Angst, Urteil und Angriff stürzt, zeigt dies, dass es gar keine Liebe ist, sondern eine auf dem Wunsch nach Besonderheit fußende Anhaftung des Egos. Diese oberflächliche Anziehung, die wir Liebe nennen, ist der Grund, warum so viele unserer Beziehungen scheitern, denn wir geben, um etwas zu bekommen. Nutzt sich diese besondere Liebe zu einem Partner ab, machen wir uns auf die Suche nach einer neuen Beziehung, in der wir unbewusst das gleiche Spiel *noch einmal* inszenieren.

Die *besondere Beziehung* wird uns nie das ersehnte Gefühl von Selbstwert, Zugehörigkeit und Miteinander geben. Stattdessen führt sie uns geradewegs in den Mangel und in die Einsamkeit – beides Zustände, nach denen das Ego giert.

Verliebt sein

Sich zu verlieben wird gemeinhin als Ausdruck von Liebe gesehen. In Wahrheit aber handelt es sich hier immer um eine flüchtige Erfahrung. Die Psychologie geht davon aus, dass sich die Begrenzungen des Egos in sehr jungen Jahren herausbilden. Wenn ein Baby zur Welt kommt, kann es nicht zwischen seinem Körper und der Welt ringsum unterscheiden. Wenn sich die Mutter bewegt oder spricht, kann es nicht wissen, dass es selbst dies nicht tut. Für das Neugeborene ist alles eins, weil es das Gefühl der Getrenntheit oder Begrenzung noch nicht ausgebildet hat. Mit der Zeit lernt es, dass seine Mutter nicht es selbst, sondern von ihm getrennt ist und mal mit ihrer Aufmerksamkeit bei ihm ist und mal nicht. Es entwickelt ein Gefühl der eigenen Identität und weiß jetzt, dass es über ein getrenntes Selbst verfügt, das außerhalb anderer existiert. Es erkennt, dass es einen eigenen Körper hat, eine eigene Stimme, eigene Gefühle und Gedanken. Aus eben diesem Wissen erwachsen die Ego-Grenzen, die uns zu Gefangenen machen und uns daran hindern, uns wirklich heil, geliebt, wertvoll und getragen zu fühlen. Isolation und Einsamkeit ergeben sich da als natürliche Folge.

Nur selten ergreifen wir in unserem Leben die Chance, die Glückseligkeit und Verbundenheit zu spüren, die sich immer dann einstellen, wenn die festen Grenzen des Egos vorübergehend in sich zusammenfallen. »Die Erfahrung, sich zu verlieben, gestattet uns dieses Heraustreten [aus den Mauern unserer individuellen Identität] – zeitweilig. Das Wesentliche an der Verliebtheit ist ein plötzlicher Zusammenbruch eines Teils der Ichgrenzen eines Individuums, der es ermöglicht, die eigene Identität mit der eines anderen Menschen zu verschmelzen. Das plötzliche Freilassen des Selbst durch das Selbst, das explosive Ergießen des Selbst in den geliebten Menschen und das plötzliche Aufhören der Einsamkeit, das diesen Zusammenbruch der Ichgrenzen begleitet, wird von den meisten von uns als ekstatisch erlebt. Wir und der geliebte Mensch sind eins! Die Einsamkeit existiert nicht mehr!«[40]

Das Glücksgefühl der Verbundenheit und des Einsseins, das wir als Neugeborene hatten, kehrt zurück, und wir empfinden eine gewisse Allmacht. Jetzt, wo wir unsere andere Hälfte gefunden haben, glauben wir, könne es keine unüberwindlichen Probleme mehr geben. Wir sitzen dem Irrtum auf, dass wir den Erlöser gefunden haben, der uns ganz und vollkommen macht. Die Illusion der Besonderheit hat unsere Wahrnehmung ernstlich getrübt; jetzt versuchen wir, die Besonderheit unseres Partners gegen unsere eigene einzutauschen, und damit treten wir in den Teufelskreis des »Gebens, um zu bekommen« ein. Nach einer relativ kurzen Phase des Glücks setzt sich die Abwärtsspirale in Gang. Unsere Ego-Grenzen sind auf einmal wieder da, und wir »entlieben« uns. Jetzt müssen wir der Tatsache ins Auge schauen, dass wir zwei getrennte Individuen sind, und dann entscheiden, ob wir die Beziehung fortsetzen möchten oder nicht.

Wir können den Kreislauf der »besonderen Beziehung« diesmal und für immer durchbrechen, indem wir uns eindeutig für eine von *bewusster Liebe* getragene Beziehung entscheiden und diszipliniert an ihrer Verwirklichung arbeiten. Das Gefühl der Verliebtheit mag romantisch erscheinen, verwechseln wir es aber mit wirklicher Liebe, täuschen wir uns. Wie naiv die Vorstellung ist, dass das *Gefühl von Liebe* gleichbedeutend mit bewusster (also wirklicher) Liebe ist, erkennen wir mit zunehmender emotionaler und spiritueller Reife, denn »... wirkliche Liebe tritt oft in einem Zusammenhang auf, in dem das Gefühl der Liebe fehlt,

Verliebt sein 135

nämlich dann, wenn wir liebend handeln, obwohl wir keine Liebe empfinden ... Sich zu verlieben ist keine Ausdehnung der eigenen Beschränkungen oder Grenzen, sondern ein teilweiser und vorübergehender Zusammenbruch dieser Grenzen. Ihre Ausdehnung erfordert Anstrengung; sich zu verlieben nicht ... Wirkliche Liebe ist eine dau-

Vor dem Verlieben
Zwei getrennte Egos

Während des Verliebtseins
Vorübergehender Zusammenbruch der Ego-Grenzen schafft die Illusion wirklicher Liebe. Doch die Partner sehen nicht sich, sondern die von ihrem Ego projizierte Realität.

Nach der Verliebtheit
Wenn sich nicht beide Partner entschlossen für die bewusste Liebe entscheiden, schnappen die alten Ego-Grenzen wieder zu, und die Liebe scheint zu schwinden.

Abbildung 4.2: Sich verlieben

ernde Erfahrung der Ausweitung des Selbst, Verliebtheit dagegen nicht.«[41] Sich zu verlieben ist ein Akt der Selbstbeschränkung, der nichts oder wenig mit der Pflege und dem Fortschritt unserer spirituellen Entwicklung zu tun hat – abgesehen von der einzigartigen Gelegenheit, das Ego zu überwinden.

Verliebtheit ist der vorübergehende Zusammenbruch eines Teils unserer Ego-Grenzen (Abbildung 4.2). Bedingungslose Liebe erfahren wir darin nicht. In dem Augenblick, in dem eine Grenze des Egos nach der anderen wieder zuschnappt, muss unser Erleben wieder in seinen alten engen Rahmen zurückkehren. Dies ist es, was die »besondere Liebe« kennzeichnet: Sie stellt Bedingungen und ist somit eine einengende Form der Liebe, die unbewusst mehr aufs Nehmen als aufs Geben setzt. Die bewusste Liebe dagegen ist ein bedingungsloses Sich-Verströmen, ein Geben um des Gebens willen, ohne Haken und Ösen.

Wahre Liebe erlischt nie

In unseren Beziehungen machen wir uns nur selten ernsthaft Gedanken über deren letztendlichen Sinn und Zweck. Wenn wir unserem Gefährten fürs Leben begegnen, stellen wir uns selten bewusst die Frage: »Was ist das gemeinsame *Ziel* unserer Beziehung?« Oberflächlich betrachtet könnten wir meinen, es sei die Liebe, doch was genau wir darunter verstehen, hinterfragen wir nicht. Bei den meisten, wenn nicht all unseren bisherigen Beziehungen handelte es sich um die auf Besonderheit ausgerichtete, an Bedingungen geknüpfte, egogesteuerte Variante, in der wir geben, um zu bekommen. Mit der wahren, bewussten, bedingungslosen Liebe sind nur die wenigsten von uns vertraut.

Das Ziel der »besonderen Beziehung« wird immer die gemeinsame Exklusivität sein, weil beide Partner unbewusst von dem Wunsch getrieben sind, sich noch mehr »besonders« zu fühlen und jeder für sich nach Erfüllung eben dieses persönlichen Anliegens strebt. Die Partnerschaft gründet also auf zwei Individuen, die ihre Ziele unabhängig voneinander, auf sich selbst bezogen, verfolgen. Zusätzlich verkompliziert sich das Ganze dadurch, dass wir unser Zusammensein durch eine scheinbar gemeinsame Sinnsuche rechtfertigen, als da wäre glücklich zu sein, eine Familie oder ein Geschäft zu gründen oder erfolgreich zu sein. All dieser Geschäftigkeit liegt ein unstillbarer Hunger nach individueller Besonderheit oder Pseudo-Wertschätzung zugrunde. Wer in sich selbst unvollkommen ist, sucht die Möglichkeit, durch die vom anderen geforderte spezielle Aufmerksamkeit Ganzheit zu erlangen. Es mag zwar so aussehen, als würden die meisten Beziehungen ein Gefühl der Zusammengehörigkeit ausstrahlen, doch hinter der unbestrittenen gemeinsamen Anstrengung verbergen sich stets die geheimen Wünsche und Pläne, die jeder der Partner für sich verfolgt. Hinter der Fassade agieren zwei Menschen, die von ihren ganz persönlichen Ego-Bedürfnissen getrieben sind. Wenn einer von beiden dadurch irgendwie daran gehindert wird, die besonderen Wünsche seines Partners zu befriedigen, zieht dieser seine Liebe zurück. Dies führt zu dem allgemeinen Dilemma, das uns erfahren lässt, wie Liebe Hand in Hand mit Hass zu gehen scheint. Wie sonst könnte das eine in das andere umschlagen? Doch nur, wenn der Beziehung von Anfang an ein zutiefst eigennütziger, aus oberflächlichen, selbstüberhöhenden Absichten geschmiedeter Plan zugrunde lag. Wie viele so genannte liebevolle Beziehungen (zum Partner, in der Familie, zu Freunden) haben sich in verbitterte Schlachtfelder verwandelt, aus deren hässlichen Scharmützeln wir selbst und vielleicht auch andere tiefe Wunden davongetragen haben!

Wirkliche Liebe kann nie vergehen. Nichts auf der Welt könnte ihr je ein Ende machen. Wenn eine Beziehung so zerbricht, dass sie sich nicht mehr kitten lässt, dann war es in Wahrheit nie eine echte Beziehung, sondern lediglich ein Aufeinandertreffen zweier Egos, die um Besonderheit konkurrierten. Wenn es erst so aussieht, als würden zwei Menschen von der Liebe zusammengeschweißt, die Beziehung am Ende aber doch auseinanderbricht, war von Anfang an mit Sicherheit nur wenig Liebe vorhanden. Liebe ist ewig, beständig und immer in Ausdehnung begriffen. Es ist nicht möglich, sie zu zerstören. Eine »besondere Beziehung« aber lässt sich sehr wohl zerschlagen, wenn sie die Erwartung der Beteiligten nach Pseudo-Wertschätzung nicht mehr erfüllt.

Dies mag hart und grausam klingen, doch wenn wir in irgendeiner Beziehung einen Verlust beklagen, büßt im Grunde nur unser Ego ein Stück von seiner Besonderheit ein. Selbst ein in der Kindheit oder irgendein in der Vergangenheit erfahrenes Leid ist in letzter Konsequenz nur eine Enttäuschung oder Destabilisierung unserer Besonderheit. Unser Eines Selbst, die reine und unschuldige Wirklichkeit unseres ureigenen Seins, bleibt davon unberührt und völlig unangetastet. Es wurde bloß das Ego-Gefühl der Besonderheit ausgeschaltet, und darum suchen wir in unseren Beziehungen unbewusst nach etwas, das diesen Schmerz lindern könnte. Die Psychologie hat erkannt, dass wir Partner anziehen, in denen wir die positiven wie negativen Eigenschaften unserer Eltern wiederfinden. Ohne es zu wissen, lassen wir uns damit auf Partner ein, die uns dazu herausfordern, die Wunden unserer Vergangenheit zu heilen. Da wir aber meist keine Ahnung haben, wie sich der Wunsch nach Besonderheit heilen lässt, stolpern wir unweigerlich immer wieder in die Falle der besonderen Beziehung. Eine gescheiterte Romanze, die mit Liebe begann und im Hass endete, war nie eine echte Liebesbeziehung, weil dort, wo Besonderheit das Ziel ist, kein Platz für wahre Liebe ist. Liebe ist noch nie jemandem verloren gegangen, weil sich Liebe nicht verlieren lässt. Wenn wir das Gefühl haben, es sei uns dennoch widerfahren, müssen wir der Wahrheit ins Auge schauen: Was uns verloren ging, war nicht Liebe, sondern Besonderheit.

Wie oft kommt es vor, dass wir im Bann der illusionären Besonderheit unserer Beziehungen behaupten, den geliebten oder bewunderten Menschen zu kennen. Setzen wir Logik und Vernunft ein, um über den Tellerrand des Offensichtlichen zu schauen, erkennen wir aber, dass wir womöglich noch nicht einmal ansatzweise begriffen haben, wie unsere eigene ultimative Wirklichkeit aussieht, geschweige denn, dass der andere die unsere entdeckt hätte.

Wenn so viele von uns nicht die geringste Ahnung haben, wie stark der Einfluss des Egos auf unsere Art zu leben und zu lieben ist, verwundert es kaum, dass wir eher auf besondere als auf *Einheitsbeziehungen* setzen. Das ist es nun einmal, was das Ego immer macht. Zwei Egos finden sich in einer Beziehung zusammen, in der die Tatsache, dass jeder sein eigenes Ziel verfolgt (sprich auf Kosten des anderen *an Besonderheit zu gewinnen*), durch den vermeintlichen gemeinsamen Nutzen überdeckt wird. Und sie tun dies mit absoluter Konsequenz, denn unbewusst meinen sie, es sei völlig in Ordnung zu geben, um eine Gegenleistung zu bekommen.

Das Streben nach Besonderheit ist ein unhinterfragtes, unangefochtenes, destruktives Konzept, das uns von frühester Kindheit an vertraut ist. Um es auf den Punkt zu bringen: Alle, die ab dem Moment unserer Geburt in irgendeiner Weise an unserer Besonderheit gekratzt haben, wirken unbewusst als »Schatten der Vergangenheit«[42] in den Beziehungen zu den uns nahestehenden Menschen weiter. Wenn wir jemanden kennen lernen, sehen wir ihn nicht so, wie er wirklich ist. Was wir vor Augen haben, ist vielmehr ein Konglomerat aus Erwartungen und den Schatten unserer Vergangenheit, die wir seiner Wirklichkeit überstülpen. Unser Umgang mit anderen Menschen kommt also buchstäblich einem Blick in unsere Vergangenheit gleich. Nur in seltenen Augenblicken kommen wir so voll und ganz in die Gegenwart, dass wir die liebevolle Wahrheit jenseits unserer Ego-Projektionen gewahren. Bewusst auf Ego-Urteile über den anderen zu verzichten und vergangene Wahrnehmungen beiseitezuschieben, um in die Reinheit und Klarheit des Jetzt-Moments zu kommen, heißt, das größte, herrlichste Geschenk zu geben und zu bekommen, das man sich vorstellen kann. Das ist Liebe, wirkliche unbefleckte Wahrheit, und wir erkennen sie an dem unermesslichen Frieden und der überfließenden Freude, die uns in solchen Augenblicken überkommen.

Ein gemeinsames Ziel – die geeinte Beziehung

Wie wir bereits ahnen, liegt das eine, unverwechselbare Unterscheidungsmerkmal einer bewussten Liebesbeziehung, das ihren tiefen, unvergänglichen Wert ausmacht, in dem gemeinsamen Ziel, dem sich zwei Menschen verpflichten – und zwar einem, das nicht im Oberflächlichen verharrt, sondern auf Ausdehnung statt auf Trennung gerichtet ist. M. Scott Peck formuliert es treffend: »Ich definiere Liebe als den Willen, das eigene Selbst auszudehnen, um das eigene spirituelle Wachstum oder das eines anderen Menschen zu nähren ... Das Verhalten [wird] in den Begriffen des Ziels oder Zwecks definiert ..., dem es zu dienen scheint – in diesem Fall dem spirituellen Wachstum ... Wenn man seine eigenen Grenzen erfolgreich ausgedehnt hat, ist man in einen umfassenden Seinszustand hineingewachsen. So ist der Akt der Liebe ein Akt der Selbstentwicklung, selbst wenn der Zweck dieses Aktes das Wachstum eines anderen Menschen ist. Wir entwickeln uns, indem wir nach Entwicklung streben.«[43]

Um eine nach Besonderheit strebende Ego-Beziehung in eine Einheitsbeziehung zu verwandeln, müssen wir uns ein gemeinsames Ziel setzen. Mit disziplinierter Achtsamkeit kann es gelingen, uns stets von Herzen am Wohl des anderen zu orientieren und uns auf unser gemeinsames Ziel zu konzentrieren, das letztlich in der Ganzwerdung beider Partner besteht.

Wenn wir uns diesem Ziel der Einheit verschreiben, müssen wir zu hundert Prozent die persönliche Verantwortung für unsere Gedanken, Gefühle und Taten übernehmen. Die Erkenntnis, dass wir in anderen nicht die Wahrheit, sondern unsere eigenen Projektionen sehen, würde uns dann zu dem Schluss führen, dass unsere Befreiung in dieser Lebensspanne von unserer vorbehaltlosen Bereitschaft abhängt, ein neues Verständnis von Liebe zu gewinnen. Wir müssten uns eingestehen, dass wir keine Ahnung haben, was Liebe wirklich ist, und die universale Inspiration in aller Offenheit darum bitten, uns die Wahrheit durch unser Eines Selbst und unseren Partner zu offenbaren. Wir müssten uns daran erinnern, dass jede Form von Angriff oder Urteil ein verdeckter Schrei nach Liebe ist und keine Rechtfertigung für einen Gegenangriff, denn ein Gegenangriff ist immer ein Fehler. Und wir müssten lernen, auf die Gewissheit zu vertrauen, dass Geben immer auch Nehmen heißt. Gleichzeitig müssten wir ernsthaft darangehen, all unsere einschränkenden Überzeugungen oder Gedanken auf den Prüfstand zu stellen, ohnehin wissend, dass sie sich bei näherem Hinsehen als unhaltbar erweisen; und so würden wir endlich die wahre Liebe erkennen, auf die sie uns den Blick verstellten.

Eine Einheitsbeziehung einzugehen heißt, uns aus dem Würgegriff unserer gestörten, getrennten Existenz zu befreien, der allen Menschen seit dem Beginn der Zeiten den Atem raubte. Dies ist der größte Sprung nach vorn, den wir in unserer Evolution überhaupt tun können. Gemeinsam auf das Ziel der Einheit hinzuarbeiten heißt, uns zu einem gemeinsamen Zweck zusammenzuschließen. Es bedeutet, unsere Absicht *willentlich* zu einem Ganzen zu bündeln und in dieselbe Richtung zu lenken. Wir sind im Tun vereint, und unsere Einschätzungen und Sichtweisen decken sich in jeder Hinsicht. Wir engagieren uns für ein und dieselbe Aufgabe, und die lautet, unseren Geist zur Einheit und Vollkommenheit zurückzuführen und heilen zu lassen.

»›Gibt es keinen besseren Weg?‹ ... Wenn wir zu der Erkenntnis gelangt sind, dass wir nur eine Art von Beziehung möchten, nämlich eine der Einheit, wie können wir das verwirklichen? Wie können wir uns in jeder neuen Beziehung im Geist der Wahrheit begegnen und uns das gemeinsame Ziel der Einheit setzen? Wie können wir unsere bestehenden Beziehungen so verändern, dass sie offen für die grenzenlosen Möglichkeiten der Liebe werden? Eine einfache Frage kann diesen Wandel zu bewirken: ›Gibt es keinen besseren Weg?‹ ›Ja ... vielleicht ... ich weiß es nicht.‹ Wenn wir unsere eigene Wahrheit und Überzeugung behutsam ans Licht bringen, indem wir sagen: ›Ich weiß, dass es einen besseren Weg gibt. Lass uns gemeinsam danach suchen‹, setzen wir einen erstaunlichen Transformationsprozess in Gang, der die Beziehung heil werden lässt.«[44]

Das Fenster zur Liebe

Das wirksamste Instrument, das uns bei der Aufhebung des Strebens nach Besonderheit zur Seite steht, ist der Jetzt-Moment (mehr dazu in Kapitel 7). Wir haben gesehen, dass unser Ego-Selbst entweder mit Gedanken an die Vergangenheit oder Erwartungen an die Zukunft beschäftigt ist. Im Hier und Jetzt kann es nicht sein, denn sich dem gegenwärtigen Augenblick hinzugeben heißt, der Zeit zu entfliehen und in die Ewigkeit einzutauchen. Hier gibt es keine Gedanken an die Vergangenheit, an Ärgernisse und Begrenzungen. Hier wird nicht eine Projektion nach der anderen über die Wirklichkeit gestülpt; in diesem kostbaren Moment sind wir frei von Beurteilung und Wertung. Im Jetzt zu sein heißt, in ein Reich der Transzendenz einzugehen.

Wie wären wir zu anderen und zu uns selbst, wenn alle negativen Gedanken, Ängste und Überzeugungen aus unserem Geist getilgt wären? Was wären wir ohne unsere Befürchtungen, ohne jedes Nachdenken über Schmerz, Ärger oder Enttäuschung? In Wahrheit sind unsere Gedanken und Überzeugungen nicht wir selbst. Diese Wirklichkeit haben wir nur aus dem Ego-Selbst heraus projiziert, und nichts davon ist real. Wenn wir unbedingt aus unserem Leid erlöst werden wollen, müssen wir uns klar machen, dass dies alles Manifestationen sind, die wir unbewusst mit unseren Ego-Gedanken und den daraus abgeleiteten Überzeugungen hervorgerufen haben. Sie erscheinen uns so real und wahr, dass uns die vermeintlich äußere Welt sofort die Bestätigung dafür zurückspiegelt. In diesem Kreislauf sind wir gefangen. Es ist unsere Realität. Am Ende sehen wir uns immer in unserer Vorstellung bestätigt, dass unsere Wirklichkeit wahr sei, doch sie ist es nicht! Die Wahrheit sieht vielmehr so aus, dass wir das von uns heute in unserem Umfeld wahrgenommene kollektive oder individuelle Leid mit unseren verzerrten Gedanken und Überzeugungen projiziert haben. Um diesen Wahnsinn aufzuheben, müssen wir lernen, mit unserer Aufmerksamkeit in den Jetzt-Moment zu kommen, weil uns hier ein wunderbares Gefühl der aufrichtigen Demut und der Ganzheit erfüllt. Keiner der Bezugspunkte aus unserer Vergangenheit hat mehr Bestand, und wir sind im wahrsten Sinne des Wortes frei von jeglicher Begrenzung; für Beurteilungen ist hier kein Raum. Weil das Ego zum Schweigen gebracht ist, ist unser Geist frei und offen für eine neue Perspektive. Wohin wir auch schauen, unser Blick ist nie durch die Vergangenheit oder die Zukunft getrübt. Alles ist frisch und lebendig.

Wenn wir den uns nahestehenden Menschen fortan begegnen, gelingt es uns womöglich, absolut achtsam zu sein und sie außerhalb irgendwelcher alten Bezüge zu betrachten. Womöglich lassen wir dann alle Gedanken und Urteile los und sind einfach offen dafür, dass ihr Eines Selbst uns seine strahlende Reflektion der Wahrheit offenbart, die so oft von unserer verzerrten Wahrnehmung überschattet war. »Wenn du gelernt hast, jeden anzusehen, ohne dich überhaupt auf die Vergangenheit zu beziehen – egal, ob seine oder deine, wie du sie wahrgenommen hast –, dann wirst du fähig sein, von dem zu lernen, was du *jetzt* siehst. [Seine Vergangenheit hat in der Gegenwart keine Wirklichkeit, und deshalb kannst du sie nicht sehen.] ... Das Wunder versetzt dich in die Lage, deinen Bruder ohne seine Vergangenheit zu sehen und ihn dadurch als von neuem geboren wahrzunehmen. Seine Fehler sich sämtlich vergangen, und indem du ihn ohne sie wahrnimmst, befreist du ihn. Und da seine Vergangenheit die deine ist, hast du an dieser Befreiung teil.«[45] Und wenn wir voll und ganz ins Jetzt kommen, erleben wir »... das Öffnen der Schranken von Raum und Zeit, die plötzliche Erfahrung von Frieden und Freude und vor allem das fehlende Gewahrsein des Körpers ...«.[46]

Der Entschluss zur Veränderung unserer Beziehung

Oft entschließen wir uns, unsere besonderen Beziehungen zu uns nahestehenden Menschen zu verändern, noch bevor diese die Notwendigkeit dazu sehen oder den Wunsch dazu haben. Wenn wir uns in dieser Situation befinden, ist es ratsam, Geduld zu haben. Üben wir in irgendeiner Weise Druck aus, stärkt das nur den Widerstand des anderen und macht ihm Angst. In Wahrheit können wir nichts anderes tun, als unsere innige Sehnsucht nach einer Einheitsbeziehung an die universale Inspiration zu übergeben. In dem Augenblick, da wir um Ganzheit bitten, wird unser Wunsch erhört und der Transformationsprozess eingeleitet. Jede Beziehung hat ihre eigene Art, sich ein gemeinschaftliches Ziel zu setzen, auf das sich die Einheitsbeziehung hin entwickeln kann. Ist es uns ernst mit der Veränderung, arbeiten wir an uns selbst, erforschen unsere destruktiven Gedanken und einschränkenden Überzeugungen und machen uns daran, gewissenhaft alle Blockaden aufzulösen, die uns den Zugang zur allgegenwärtigen Liebe verschließen. Lasst uns in Geduld üben und das Ganze als Gelegenheit betrachten, Liebe und Akzeptanz durch das Vorbild zu lehren. Verändern wir uns positiv, ist dies eine Einladung an unseren

Partner, uns zu folgen und mit uns gemeinsam das vereinte Ziel der unendlichen Liebe zu teilen.

Es kann mitunter geschehen, dass das Bestreben zweier Menschen, ihre Beziehung zur Einheit auszurichten, unerwartete Folgen nach sich zieht. Dass einer oder beide mitten im Transformationsprozess aufgeben und es vorziehen, weiter an der konditionierten Form der besonderen Beziehung festzuhalten, kann natürlich auch passieren. Grund hierfür mag die Unfähigkeit oder mangelnde Bereitschaft sein, das notwendige Engagement aufzubringen, um echte Veränderungen herbeizuführen. In diesem Fall kommt es oft zum Scheitern der Beziehung, und in einer neuen Partnerschaft wird wieder das alte Ziel angestrebt.

Wenn eine romantische Beziehung in die Brüche geht, ist dies oft sehr traurig und schmerzhaft, besonders dann, wenn es Versuche gab, diese auf eine einheitliche Basis zu stellen. In diesem Fall ist es wichtig zu erkennen, dass der Grund für das Scheitern in einem Mangel an wirklicher Liebe zwischen den Partnern zu suchen ist. Wirkliche Liebe lässt sich nur mehren, indem wir sie geben – durch Vergebung (indem wir über Ego-Fehler in uns selbst und anderen hinwegsehen), durch Dankbarkeit, Geduld, bedingungsloses Geben, Zuhören und ehrliche Kommunikation. Und bedingungslos heißt, ohne jeden verborgenen Wunsch, eine Gegenleistung zu bekommen. Wir erfahren das Wunder der bewussten Liebe, wenn wir diese bedingungslos an andere verschenken, und am Anfang des Transformationsprozesses bedarf es dazu bisweilen extremer Geduld und Toleranz.

Nähe

Bei der Neuausrichtung einer Beziehung auf die Einheit ist es hilfreich, sich vor Augen zu halten, dass wir uns mit einer solch radikalen Veränderung auf weitgehend unerforschtes Terrain begeben. In unserem Bestreben, uns dauerhaft und unumkehrbar in eine Form der Liebe hineinzubegeben, die von nichts und niemandem bedroht werden kann, müssen wir daran arbeiten, sämtliche Verteidigungsstrategien unseres Egos hinter uns zu lassen. Das bedeutet Verzicht auf Ausreden, Projektionen, Dementis, Feindseligkeit, Angriff und Bedürftigkeit. Wenn wir uns wirklich nach dieser tiefen, unverbrüchlichen Liebe sehnen, müssen wir bereit sein, an der Beseitigung der Blockaden mitzuwirken, die uns daran hindern, diese Liebe in anderen und auch uns selbst zu sehen. Das geht mit der Erfahrung einher, dass echte Nähe weit über erotische Intimität, physische Berührung und emotionale Verbundenheit hinausgeht.

Authentische Nähe fängt damit an, dass wir anfangen, unsere Verteidigungsstrategien und Abwehrmechanismen aufzugeben. Indem wir uns öffnen und uns trauen, im Umgang mit uns nahe stehenden Menschen ehrlich zu sein und uns in unserer Verletzlichkeit zu zeigen, schließen wir das Tor zur Liebe auf. Auf diese Weise finden wir zu Selbsterkenntnis und Selbstliebe. Wir lernen, uns und der Quelle zu vertrauen. Dauerhafte authentische Nähe entsteht, wenn wir Zugang zu unserem wahren Wesen finden. Viele von uns geraten stattdessen in eine fruchtlose Endlosspirale, indem sie in kurzen Momenten von Sex, emotionaler Verbundenheit oder körperlicher Berührung nach Nähe suchen.

Wir glauben, dass uns andere in einem solchen Austausch das geben können, wonach wir uns sehnen; doch auf Dauer können wir von ihnen nicht bekommen, was nur in uns selbst zu finden ist. Dies ist der Grund, warum so viele von uns glauben, dass die Liebe im Lauf der Zeit vergeht.

Um in unserem Inneren Geborgenheit zu finden, müssen wir ohne jede Gegenwehr Liebe geben. Was immer wir glauben, verteidigen, verstecken oder verleugnen zu müssen, trennt uns letztlich von der Liebe, die wir uns so sehr wünschen. Jett Psaris und Marlena S. Lyons sagen zum Thema Nähe: »Wir möchten die Routine, Leidenschaftslosigkeit oder Konfliktträchtigkeit unserer Beziehungen überwinden, schrecken aber davor zurück, die persönlichen Risiken einzugehen, um aus unseren alten, auf Selbstschutz angelegten Lebensmustern auszubrechen. Stattdessen ziehen wir es vor, in unserer emotionalen Sicherheit und Bequemlichkeit zu verharren und alles unter Kontrolle zu haben. Wir müssen erst erkennen, dass wir mit all unseren Bemühungen, das Verhalten unseres Partners zu ändern oder einen ›besseren‹ zu finden, uns unsere tiefsten Wünsche an eine Beziehung nicht erfüllen konnten. Erst dann nämlich stellen wir uns der *Selbst*erforschung, die Voraussetzung für eine tiefe, für beide Seiten beglückende Beziehung.

Während wir lernen, unsere Ängste auszuhalten, unsere Verteidigungsmechanismen abzulegen und aufzuhören, unseren Partner manipulieren zu wollen, konzentrieren wir uns darauf, unsere Erfahrungen aus einer tieferen Ebene des Gewahrseins heraus zu betrachten. Nähe zu finden fängt damit an, uns selbst zu entdecken und nicht damit, uns selbst und unseren Partner zu korrigieren oder zu kontrollieren. Wir müssen sichtbar werden, um von anderen gesehen zu werden. Wir müssen zugänglich sein, damit unser Herz berührt werden kann. Und bevor wir Nähe empfinden können, müssen wir präsent sein. Wenn es uns gelingt, unsere Masken fallen zu lassen und anderen mit offenem Herzen zu begegnen, können wir unserem Partner endlich aus unserem authentischen Selbst heraus begegnen und so die ersehnte, unverwechselbare Verbundenheit erleben.«[47]

Konflikte lösen

Um eine besondere Beziehung mit all ihren Einschränkungen in eine Einheitsbeziehung zu verwandeln, sind anfangs bestimmte Weichenstellungen erforderlich, die auf den ersten Blick lieblos erscheinen mögen. Wir sind so sehr an Getrenntheit gewöhnt und um Besonderheit bemüht, dass es uns wie ein Liebesentzug erscheint, wenn wir oder unser Partner eben diese Besonderheit zurückziehen. Wir haben uns so lange mit Pseudo-Liebe überidentifiziert und noch nicht erkannt und gespürt, welche enormen Vorteile es hat, sich in einer Einheitsbeziehung *wahrhaftig* zu begegnen.

Zur Lösung von Konflikten, die auf Feindseligkeit, Ärger und Urteil beruhen, müssen wir völlig andere Wege beschreiten, als wir es früher meist getan haben. Das erste Anzeichen, dass der Friede gestört ist, bietet uns jetzt die Chance zu erkennen, dass wir hier Gelegenheit haben, dem Ziel einer Erneuerung unserer Beziehung näher zu kommen. Anstelle einer untauglichen Reaktion nach altem Muster können wir:

- diesen Verlust des Friedens als bewusste Erinnerung an unser gemeinsames Ziel betrachten. Fragen Sie sich: »Welche Erwartungen knüpfe ich daran? Wozu ist das gut?«;
- uns daran erinnern, dass diese Situation *nur* dazu dient, dass wir über unser Ego hinwegblicken. Wir tun dies, indem wir es nicht zur Wirklichkeit machen und uns bewusst entschließen, weder anzugreifen oder uns angegriffen zu fühlen;
- in die Gegenwart kommen und uns klar vor Augen führen, dass dieser Konflikt keinerlei Schatten auf das Eine Selbst unseres Partners wirft oder unser gemeinsames Ziel in irgendeiner Weise tangiert.

Konflikte können nicht geheilt werden, wenn man auf der Ebene des Egos nach Lösungen sucht. Gehen wir in der üblichen Weise damit um, verschärft das nur die Ursache des Problems. Gefordert ist eine bewusste Verschiebung unserer inneren Haltung noch in dem Augenblick, in dem wir die Anzeichen einer Störung erkennen (siehe Abschnitt »Mögen die Bedingungen weichen, die meine Angst auslösen«). Wir erinnern uns, dass dies eine Gelegenheit ist, unserem Ziel treu zu bleiben, nach Frieden, Einheit und Vergebung zu streben und über Fehler hinwegzusehen. Und wir stellen uns die einfache Frage: »Was will ich? Frieden oder das Chaos, das immer dann entsteht, wenn ich meinem Ego Gelegenheit gebe, sich im Recht zu fühlen?« Wenn wir so vorgehen, können wir:

- jeglichen Konflikt heilen, weil wir bewusst und konsequent daran arbeiten, die Sucht des Egos nach Konflikten zu überwinden;
- uns erinnern, dass alle Konflikte aus unserer eigenen verborgenen Schuld geboren und von uns nach außen projiziert werden;
- unsere erste Reaktion aus dem Persönlichen herausheben und über die trivialen Details der Situation hinwegsehen;
- uns für den Frieden entscheiden in der Gewissheit, dass die wirkliche Quelle des erkannten Problems niemals außerhalb von uns liegt.

Wichtig ist, dass derjenige von beiden, der im Moment des Konflikts den klareren Kopf hat, sich an das Ziel erinnert, ins Jetzt kommt und an diesem Punkt um Transformation bittet. Er tut dies für sich selbst und seinen Partner. Diesen Lösungsprozess müssen wir viele Male durchlaufen, bis unsere Überzeugung aufgehoben ist, dass Trennung und Konflikt außerhalb von uns lägen.

Ziel der Einheitsbeziehung ist es, sich gegenseitig zu befreien. »Befreien« meint hier die gegenseitige Befreiung von der Fehlwahrnehmung, wir seien nichts anderes als dualistische Menschen, die in einem unsicheren Milieu leben. In einer solchen Beziehung lernen wir, unseren Partner als nicht getrennt zu erleben – er oder sie *ist* ich. Indem wir das Ego konsequent ignorieren, überzeugen wir unseren Partner schließlich von der Unendlichkeit und Ewigkeit seines Selbst. Sobald er sich für diese Wahrheit geöffnet hat, kann er die ihm von uns übermittelte Wahrnehmung mit Leben füllen. So lässt uns dieser Mensch, den wir bedingungslos lieben, das Geschenk zuteilwerden, unser eigenes Eines Selbst zu gewahren. Gemeinsam entdecken wir, dass wir *eins* sind.

Sich von vornherein für die Wahrheit entscheiden

Haben Sie bemerkt, dass wir in unserer Interaktion mit anderen das Ergebnis so gut wie immer durch das bestimmen lassen, was gesagt wurde? Was zum Beispiel denken wir, wenn es in einer Diskussion emotional hoch hergeht? Da unser Ego auf die Erfüllung seiner Bedürfnisse pocht, werden wir unsere diesbezüglichen Überzeugungen, Werte und Meinungen schützen. Und was geschieht durch dieses egogesteuerte Verhalten? Das Ergebnis ist immer zufällig. Es scheint gut auszugehen, wenn das Ego seine Bedürfnisse gestillt weiß; andernfalls kommt es zu Angriff, Vorwurf und Schuldzuweisung.

In der Kommunikation verfolgt das Ego stets seine eigenen, insgeheimen Ziele und überlässt es je nach Vorliebe und Abneigung der Situation selbst, wie die Sache ausgeht. Dies führt geradewegs in die Trennung, weil das Resultat unserer Interaktion völlig unkalkulierbar bleibt. Um wirklich miteinander zu kommunizieren, müssen wir diesen Mechanismus des Egos umkehren, indem wir uns zunächst ein positives Ziel für den Umgang miteinander setzen. Vor jedem Gespräch müssen wir uns dieses Ziel, das da lautet *Frieden*, vor Augen halten, und zwar ganz besonders dann, wenn unsere Knöpfe gedrückt werden könnten. Dann können wir vorab bestimmen, wie sich das Ganze entwickelt. Die Situation wird dann für uns zu einer Möglichkeit, Frieden zu *bewirken*!

Lassen wir es nicht zu, dass uns das Ego in Interaktionen hineintreibt, die zum Scheitern verurteilt sind, nur weil es zulässt, dass der von ihm definierte »Inhalt« das Ergebnis bestimmt. Es liegt an uns, uns von vornherein für die Wahrheit zu entscheiden. Und wenn wir dann immer noch scheitern, vergeben wir uns und versuchen es noch einmal.

Den Körper mit der Wahrheit verwechseln

In romantischen Beziehungen stehen wir vor der Herausforderung, unsere Wahrnehmung vom Körper (dem Kokon) hin zum Selbst (dem Schmetterling) zu verschieben. In unserem Kulturkreis liegt das Hauptaugenmerk auf dem Körper. Seine wahre Essenz und Aufgabe bleiben im Schatten. Im Abschnitt über »besondere Beziehungen« haben wir unsere Gier nach dem Gefühl der Besonderheit beschrieben; es liegt in der Natur des Egos, unbewusst nach dem eigenen Vorteil zu suchen, statt bedingungslos zu geben.

Wie das Ego ist auch der Körper eine Illusion, und wenn wir uns fälschlicherweise mit ihm identifizieren, gehen wir weiter in die Trennung und das Chaos hinein. Wie ein Kokon ist der Körper in Wirklichkeit nur eine vergängliche, in stetem Wandel begriffene Hülle. Seine einzige Aufgabe hier in dieser Welt besteht darin, Hilfsmittel zur Kommunikation zu sein, und zwar zu einer von Liebe getragenen Kommunikation. Ihn für Angriff oder Urteil zu gebrauchen, heißt, ihn zu missbrauchen. Den Kokon mit dem Schmetterling zu verwechseln, ist eine schwerwiegende Fehlwahrnehmung; und doch ist genau dies der Grund, warum romantische Beziehungen so oft scheitern.

Wir sind keine Kokons, die miteinander in Beziehung treten. Wir sind aufgefordert, hinter die äußere Hülle zu blicken und den Schmetterling freizulassen – unseren eigenen wie den unseres Partners. In der Tat nehmen wir jeden, dem wir begegnen, entweder in seiner Essenz wahr, oder wir sehen in ihm nur den Kokon. Tagein, tagaus kreuzen unzählige Menschen unsere Wege – auf der Straße, am Arbeitsplatz, im Bus, überall. Keine dieser Begegnungen ist zufällig. Alle sind Gelegenheiten, entweder das Ego oder das Eine Selbst zu gewahren. Was wir sehen, verstärken wir in unserer Wahrnehmung. Erkennen wir hinter der Fassade des Egos die unendliche Vollkommenheit eines jeden Menschen, wird uns die unendliche Vollkommenheit unseres eigenen Einen Selbst zurückgespiegelt. Ein Lächeln, das von Herzen kommt und von unendlicher Liebe erfüllt ist, hat große Wirkung – was wir geben, wird uns gegeben.

Quantenvergebung

Die wohl kostbarste Gabe, mit deren Hilfe wir unsere besonderen Beziehungen in Einheitsbeziehungen verwandeln können, ist die Bereitschaft zu vergeben. Echte Vergebung bedeutet etwas ganz anderes, als wir gemeinhin mit dem Begriff verknüpfen. Die übliche Definition orientiert sich an der Ego-Perspektive: Wir sehen, dass ein Mensch gesündigt hat und Bestrafung verdient. Aber wir vergeben ihm und entlassen ihn aus seiner Schuld. Und weil er der Sünder ist, haben wir das Gefühl, selbst anders und besser zu sein.

Das Problem bei dieser Betrachtungsweise liegt darin, dass der Täter zwangsläufig der Sünde bezichtigt wird und sie dadurch real wird; so erscheinen wir selbst in einem besseren Licht, denn wir stehen als wehrlose, unschuldige Opfer daneben. Auch hier entzweit und urteilt das Ego. Dies ist seine Art der Vergebung. *Quantenvergebung* ist ein Begriff, mit dem der Autor Gary Renard eine neue Form von Vergebung mit immenser transformierender Kraft beschreibt[48]. Sie entfaltet eine wunderbare Dynamik, der die Macht der universalen Inspiration innewohnt. Wenn etwas eine jahrelange, schmerzliche Fehlentwicklung mit einem Mal bereinigen und uns unverzüglich und dauerhaft in die Einheit bringen könnte, dann ist es diese Form von echter Vergebung.

Wenn wir uns in Quantenvergebung üben, tun wir dies in dem Wissen, dass es in unserer Wirklichkeit nur zwei mögliche Reaktionen gibt: den Ausdruck von Liebe und den Schrei nach Liebe. Letzterer äußert sich üblicherweise dadurch, dass jemand in einer Situation zu Urteil oder Angriff greift. Quantenvergebung sieht über diese Ego-Illusion hinweg, schaut nur die Wirklichkeit an und sieht in der so genannten Sünde nichts als einen Schrei nach Liebe, der eine liebevolle Antwort verdient. Voraussetzung hierfür ist die Erkenntnis, dass nie irgendeine Sünde begangen wurde. So etwas wie Sünde gibt es nicht; es gibt nur Fehler, die durch die Ignoranz des Egos entstehen. Die Lösung liegt darin, den Fehler nicht zu verstärken, indem wir ihm Realität verleihen; sondern über ihn hinwegzusehen und die universale

Inspiration zu bitten, sich zwischen uns und mögliche Beschuldigungs- oder Urteils-Fantasien zu stellen, die unser Ego uns auftischen will.

Wenn unser Partner oder ein anderer Mensch ein Urteil über uns fällt, sollten wir stets daran denken: Jedes Urteil, auf das wir reagieren, ist immer nur unser eigenes *Selbst-Urteil*, das durch die antagonistische Anschuldigung eines anderen auf uns zurückgespiegelt wird. Wenn es uns gelingt, über diesen *Ego-Irrtum* des anderen hinwegzusehen, vergeben und sühnen wir damit in Wahrheit unsere *eigene* unbewusste Schuld ebenso wie die seine. Und wenn wir im Urteil des anderen wirklich nur einen Schrei nach Liebe sehen, heilen wir unsere eigene unbewusste Schuld ebenso wie die seine. Und wenn wir unser Ego tatsächlich einen Augenblick lang beiseite schieben können, werden wir sehen, dass es in Wirklichkeit gar keinen *anderen* gibt, denn wir sind *eins*.

Dies ist der Augenblick, in dem wir die Macht des Jetzt-Moments nutzen können. Wir tun dies, indem wir selbst im Angesicht von Ärger und Enttäuschung in einem bewussten *Willensakt* Frieden und Klarheit wählen. Wir legen all unsere bisherigen Gefühle, Gedanken und Überzeugungen ab und wenden uns mit dem Wunsch an die universale Inspiration, diesen Menschen völlig losgelöst von seiner Vergangenheit zu sehen. Wir betrachten ihn als neu und makellos. Dann richten wir unsere Aufmerksamkeit auf Frieden, Liebe und totale Verbundenheit. Und noch im selben Augenblick, indem wir ihn so absolut wertfrei anschauen, werden auch uns Schicht um Schicht der Urteile genommen, die wir auf uns geladen haben. In diesem kostbaren Moment wird uns beiden auf ewig das Geschenk der Befreiung zuteil. Die Erlösung des anderen ist gleichzeitig unsere eigene.

Von einer höheren Warte aus betrachtet, wurde uns diese Beziehung geschenkt mit dem impliziten Ziel, Vergebung zu üben. Es handelt sich hier um eine Art persönliches Klassenzimmer, in dem wir Tag für Tag unsere Lektionen durcharbeiten, um uns so Schritt für Schritt unserem angestrebten Studienabschluss zu nähern. Dies erfordert unsere ungeteilte Loyalität im Hinblick auf das Ziel, das immer Frieden lautet – vor allem dann, wenn wir versucht sind, anzugreifen oder uns angegriffen zu fühlen. Dabei erkennen wir womöglich, dass frustrierende Momente in unseren Interaktionen nie das sind, was sie auf den ersten Blick scheinen. So haben wir die Chance, Fehler neu zu interpretieren und uns für Freude und Frieden zu entscheiden. In Wahrheit nämlich hängen Glück und unsere Freiheit davon ab, dass wir in *jeglicher* Form von vermeintlichem Angriff eine Gelegenheit zur Vergebung erkennen.

Quantenvergebung zu üben heißt, über die Ego-Reaktionen eines anderen hinwegzusehen und die eigene Fähigkeit zu stärken, durch den flüchtigen Schleier des illusorischen Selbst geradewegs hindurchzuschauen. Dabei gilt es aufzuhören, die Dinge persönlich zu nehmen, weil dies ja unser Ego auf den Plan rufen würde, statt die Situation aus dem Einen Selbst heraus zu betrachten. Vergessen wir nicht, dass Illusionen keine Rangordnung kennen und darum das Angreifen wie das Sich-angegriffen-Fühlen als Fehler gleich schwer wiegen.

Wenn wir uns vorgenommen haben, das Ego aufzuheben, bietet uns die Quantenvergebung den schnellsten Weg zum

Ziel. Einen Lebenspartner zu haben, mit dem wir interagieren können, bietet die perfekte Plattform, uns in Vergebung zu üben. An Anlässen hierzu dürfte es sicher nicht mangeln, doch womöglich erleben wir dabei ein weit verbreitetes, frustrierendes Phänomen: Wir üben zwar Vergebung, indem wir über den *Ego-Irrtum* des anderen hinwegsehen, können ihm aber innerlich nicht wirklich verzeihen. Das Ganze fühlt sich irgendwie mechanisch an. Es geschieht allein im Kopf durch die *Absicht* der Vergebung. Und doch ist dies eine Entscheidung, die wir im Einklang mit der universalen Inspiration getroffen haben – ob wir den Akt des Vergebens auf der *emotionalen Ebene* spüren oder nicht, liegt ganz außerhalb unserer Macht. Es kann passieren, dass wir auf den augenscheinlichen Angriff eines anderen mit Quantenvergebung reagieren und uns entsprechend befreit fühlen; nur später stellen wir dann fest, dass Ärger oder Verletztheit doch wieder zum Vorschein kommen. Und vielleicht denken wir sogar, dass unser dargebrachtes Geschenk der Vergebung nicht funktioniert hat. Aber dies ist nicht der Fall. Es hat funktioniert und wird immer funktionieren. Wenn aus unserem Innern Ärger oder Verletzungen aufsteigen, brauchen wir diese nur der universalen Inspiration zu übergeben. Bei unserer bewussten Absicht, Fehler zu übersehen, handelt es sich um einen kontinuierlichen Prozess, und anfangs müssen wir womöglich »so tun als ob«, bis wir es schließlich »richtig hinkriegen«. Seien Sie gewiss, dass Quantenvergebung immer Wirkung zeitigt. Vielleicht spüren wir es in der Situation selbst nicht, doch in dem Maß, wie wir lernen, darauf zu vertrauen, werden wir die wundersamsten Dinge erleben.

Eine hilfreiche Visualisierung

Stellen Sie sich vor, dass Sie irgendwann einmal in einem Zustand der absoluten Ekstase und Glückseligkeit waren, in dem Sie und die Liebe eine untrennbare Einheit bildeten. Dann kam mit explosivem Schlag das Chaos ins Sein, und Sie wurden urplötzlich in eine unbekannte, unsichere, einsame, prähistorische Welt geschleudert, in der die Sprache der Liebe völlig unbekannt war. Die nächsten vierzehn Milliarden Jahre blieben Sie dort und kämpften sich durch den Evolutionsprozess bis an den Punkt vor, an dem Sie heute stehen, jetzt in diesem Moment. Und noch im selben Augenblick ruft ein Geistesblitz eine alte Erinnerung an Ihren glückseligen Urzustand in Ihnen wach, und Sie erkennen, dass Sie sich die ganze Zeit genau danach so sehr gesehnt haben. Und Sie drehen sich um und schauen in ein vertrautes Gesicht und erkennen in diesem Menschen die Verkörperung Ihrer letztendlichen Befreiung in diesem einen Leben hier auf Erden. Unter dem dünnen Schleier des Egos liegt ein strahlendes, unberührtes, unschuldiges Meer von Liebe. Diese Seele hat nur eine einzige Aufgabe hier in dieser Existenz: Sie beide zu befreien.

Um frei zu werden, müssen Sie Wahrheit erblicken, wo vorher Illusion war (Abbildung 4.3) Wie unendlich dankbar können Sie für diesen makellosen Spiegel Ihres Einen Selbst sein, der Ihnen in Ihrem Partner begegnet? »Du und dein Bruder kommt gemeinsam heim nach einer langen und bedeutungslosen Reise, die jeder für sich unternommen hat und die nirgendwohin führte. Du hast deinen Bruder gefunden, und ihr werdet einander den Weg leuch-

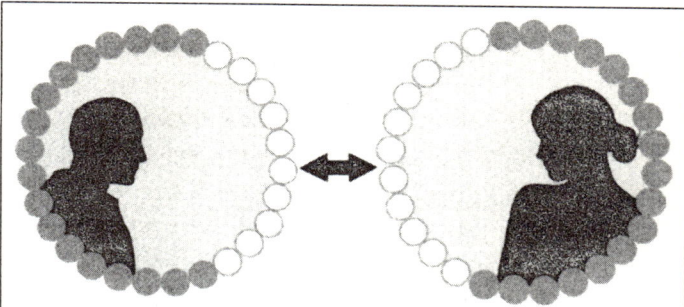

Über Ego-Fehler hinwegsehen: Jedes Mal, wenn wir Vergebung üben, heilen wir damit einen Teil des Ego-Armbands, und eine weitere Perle wird transparent. Licht, Liebe, Frieden und Freude sind das Ergebnis dieser wachsenden Transparenz.

Abbildung 4.3: Das Ego aufheben

ten ... Eine heilige Beziehung ist ein Mittel, um Zeit einzusparen. Ein Augenblick, den du gemeinsam verbringst mit deinem Bruder, gibt euch beiden das Universum wieder ... Zeit ist für dich eingespart worden, weil du und dein Bruder zusammen seid.«[49]

Die Einheitsbeziehung

Um eine Einheitsbeziehung einzugehen, braucht es nur einen Menschen: Sie. Denn diese Beziehung ist *Ihr* Traum. Nur Sie sind der Träumer dieses Traums, und Sie allein haben es in der Hand, sich für die universale Inspiration zu entscheiden. Ihr Partner/Ihre Partnerin muss von Ihrer Entscheidung noch nicht einmal wissen, und Sie müssen niemanden bekehren oder ihn oder sie irgendwie auf den »rechten« Pfad führen. Die ganze Arbeit geschieht in Ihrem Geist, und eine Einheitsbeziehung ist in dem Moment gegeben, wenn Sie sich im anderen erkennen.

Der Anstoß zu einer Einheitsbeziehung kann deshalb in einem einzigen Augenblick geschehen (im kostbaren Jetzt-Moment). Und in eben diesem Augenblick kommt die Energie der universalen Inspiration ins Fließen und macht sich daran, die bestehenden Hindernisse aufzulösen, die das Gewahrsein der Präsenz der allgegenwärtigen Liebe blockieren.

Eine Einheitsbeziehung kann man mit jedem Menschen eingehen, unabhängig von Alter, Haltung und Überzeugung. Als Grundvoraussetzung müssen wir die absolute Bereitschaft aufbringen, eine solche Beziehung einzugehen und uns auf den Veränderungsprozess einzulassen. Und wenn wir wirklich bereit sind, werden uns Mensch und Gelegenheit begegnen. Der andere kann einer unserer Eltern sein, ein Kind, ein Freund, ein Geliebter oder auch ein völlig Fremder. Wenn wir der Initiator sind, kann es sein, dass wir zunächst ausschließlich an unseren eigenen irregeleiteten Überzeugungen arbeiten und lernen, unserem Partner seine Fehler zu verzeihen. Dann kann es so ausschauen, als würden wir den meisten Aufwand alleine leisten, in Wahrheit aber bietet sich uns hier ein Übungsfeld, für das wir dankbar sein können. So wie wir in einer Sportmannschaft regelmäßiges Training brauchen, sollten wir diese Übungsstunden nicht als zusätzliche Mühe ansehen. Wir wissen schließlich, dass wir ohne sie unser Ziel nicht erreichen können. So betrachtet, können wir unsere Aufgabe mit einem Gefühl der

Dankbarkeit verrichten. Wir üben uns im Vergeben, und während wir selbst lernen, lehren wir sie zugleich anderen. Was wir lehren, lernen wir – und was wir lernen, lehren wir durch unser Aufzeigen.

Wenn wir die besondere Beziehung fallen lassen, um uns künftig ganzheitlich zu begegnen, durchlaufen wir oft eine schwierige Anfangsphase, die voller Unstimmigkeiten und Konflikte zu sein scheint. Grund dafür ist, dass das vormals getrennte Ziel der Besonderheit übergangslos durch ein völlig entgegengesetztes, gemeinsames Ziel ersetzt wird. Durch die Veränderung der Beziehungsdynamik gehen unsere bisherigen Rollen verloren, und dies kann zunächst sehr beunruhigend sein. Es wird Zeiten geben, in denen unsere alten, auf Besonderheit ausgerichteten Verhaltensmuster mit unserem neuen, vereinten Ziel kollidieren. Diese Anfangsphase bringt ziemlich radikale Verschiebungen mit sich, die bisweilen als extrem unangenehm erlebt werden. Wir müssen uns immer vor Augen führen, dass das, worauf wir uns eingelassen haben, in diametralem Gegensatz zu unserem Ego-Denken steht und eine Phase der Orientierungslosigkeit folglich unvermeidlich ist. Um mehr über ein gedeihliches Miteinander zu lernen, sei auf Kapitel 6 »Die sechs Stufen zur Wahrheit« verwiesen, hier insbesondere auf die 1. bis 4. Stufe. Mit Erreichen der 4. Stufe haben wir die Einheitsbeziehung entweder bereits etabliert oder sind dabei, sie zu etablieren.

Das Ego im Alleingang aufheben

Der schnellste Weg zur Aufhebung des Egos mag im Eingehen einer Einheitsbeziehung liegen, doch manchmal machen es die äußeren Umstände unmöglich, sich gemeinsam mit einem nahestehenden Menschen in diesen heiligen Prozess zu begeben. Auch wenn Sie aus irgendeinem Grund allein sind, können Sie das einzige Hindernis beseitigen, das dem Frieden im Wege steht: das Ego. Wenden Sie ganz einfach für sich die *PIQ-Formel* an (Präsenz, Innere Erforschung und Quantenvergebung), wann immer Ihr innerer Friede bedroht ist. Sie werden dabei wahrscheinlich feststellen, dass Sie vor allem im Zusammenhang mit der Vergangenheit, Ihrer eigenen Person, Gott oder Ihrer Situation bzw. Ihren Lebensumständen viel Gelegenheit zur Vergebung haben. Vergessen Sie vor allem nicht, dass Sie *niemals* allein sind. Die universale Inspiration ist in sehr wörtlichem Sinne immer präsent. Sie müssen nur hinhören, und Sie werden merken, wie sich Ihre Ängste oder Zweifel auflösen. Dies ist die Wahrheit.

Das allergrößte Geschenk

In unserer körperlichen Existenz in dieser Welt können wir die Quelle wohl kaum unmittelbarer erfahren als in der Balance von Geben und Nehmen, wie sie in einem von absolut bedingungsloser Liebe getragenen Miteinander zweier Menschen erlebbar ist. Wenn wir über eine Ego-Reaktion hinwegsehen und erkennen können, dass die »wirklichen« Bedürfnisse des anderen in Wahrheit unsere eigenen sind, geschieht das Wunder, dass mit einem Mal die Bedürfnisse von uns beiden erfüllt werden. Wir erfahren beide die Aufhebung eines bedeutenden Teils unserer Ego-Sicht, und die Erinnerung an unseren einst makellosen Zustand der Unschuld kehrt zurück. Ein weiteres Hindernis im Gewahren der allgegenwärtigen Liebe ist ausgeräumt.

Viele von uns haben in irgendeiner Weise mystische Erfahrungen gemacht, vielleicht in Form eines visionären Traums oder eines Erwachens in der Meditation; doch solche Erlebnisse führen uns in Wirklichkeit nur in einen vergänglichen »Zustand«. Und solch ein Zustand verändert nur selten das zurzeit erreichte »Stadium« unserer spirituellen Entwicklung. Mit der Fülle an esoterischen Lehren, die an uns herangetragen werden, sind wir zu dem Glauben gelangt, dass es Sinn macht, bestimmte »spirituelle Zustände« anzustreben. Solche spirituellen Erfahrungen mögen uns zwar einen gewissen »Höhenflug« bereiten und das Gefühl geben, etwas erreicht zu haben, doch sie sind nie von Dauer und kaum dazu angetan, uns bei unseren täglichen Lektionen in Sachen Vergebung voranzubringen.

Wir könnten Monate und Jahre in einem dieser »Zustände« verbringen. Doch eines Tages müssten wir trotzdem wieder auf den Boden kommen und die Lernschritte absolvieren, die uns je nach Grad unserer spirituellen Entwicklung abverlangt werden. Es gibt hier keine Abkürzung, auch wenn die Ablenkungstaktiken des Egos uns dies glauben machen; letztlich verzögern sie nur das Unvermeidliche und bringen uns zusätzliches Leid. *Es gibt kein Entrinnen aus dem Kreislauf von Leben und Tod außer durch das Loslassen des*

Egos. Und dies erreichen wir nur, indem wir uns auf die Beziehungen und Situationen einlassen, die das Leben so meisterlich für uns bereitgestellt hat. Es gibt keine Zufälle; es gibt keine Probleme; und wir begegnen niemandem, ohne dass es einen Sinn hätte.

Es gibt nur »*Einen*« in diesem Universum und jenseits davon, und dieser Eine sind Sie, bloß wissen Sie es noch nicht. Damit Sie und das Universum heilen können, müssen Sie konsequent in Anerkennung der Tatsache handeln, dass Sie in jedem einzelnen Menschen, der in Ihr Leben tritt, in Wirklichkeit *sich selbst* begegnen!

Sind Sie wirklich jemals geliebt worden? Geliebt, ohne dass man Erwartungen an Sie gestellt oder Sie in irgendeiner Weise beurteilt hätte? So sehr geliebt, dass Sie Fehler machen konnten, so viel Sie wollten, und man Ihnen dennoch keine Vorwürfe machte? Sind Sie je von einem anderen wirklich gesehen worden? Wirklich als reine Reflektion der makellosen Liebe erkannt worden, wissend, dass es dem anderen genügte, Sie einfach zu lieben, ohne auch nur die geringste Forderung an Sie zu stellen? Wenn Sie ganz ehrlich sind, werden Sie diese Fragen wohl mit »nein« beantworten müssen. Den meisten von uns ist ein solches Maß an bewusster Liebe noch nicht zuteil geworden, und es anderen entgegenzubringen, ist uns ebenso fremd. Genau darum bekommen wir sie nicht: weil wir sie nicht geben!

Das Ego glaubt, wenn wir ohne jeden Hintergedanken »alles geben« und »alles vergeben«, dies für uns einen Verlust bedeutet. Es wäre für uns ein Opfer, und wir müssten sehr viel aufgeben. Angesichts unserer vermeintlichen Getrenntheit würde dabei am Ende ein Minus für uns herauskommen, und schlimmstenfalls bliebe uns nichts, weil wir ja alles verschenkt hätten. Genau hier ist die Gelegenheit zu einer kompletten Kehrtwende hin zu einer völlig anderen Erkenntnis. Wir müssen nur eine einzige Änderung vornehmen, um gemeinsam in den unschätzbaren Genuss der bedingungslosen Liebe zu gelangen, und zwar eine, die immerwährend ist und unserer auf Heilung ausgerichteten Beziehung Halt und Festigkeit verleiht. Diese Änderung muss sich in Ihrem Wahrnehmen vollziehen, damit sich der Wunsch nach einem solchen Maß an Liebe erfüllen kann: Sie müssen nur erkennen, dass da *kein anderer ist*. Es gibt nur Sie. Was immer Sie geben, all die Liebe, Vergebung und Geduld, das Vertrauen, die Großzügigkeit und die Urteilslosigkeit, alles fließt in Ihre Richtung. Weil letztlich jede Ihrer Interaktionen mit anderen immer nur *Sie* widerspiegelt.

Schenken Sie dem Ego auch nicht einen Moment lang Glauben! Wenn Sie es je riskiert haben, »alles zu geben« und »alles zu vergeben«, kennen Sie die ekstatische Glückseligkeit, von einem anderen geliebt zu werden, der wirklich Sie sieht, jenseits der oberflächlichen Ego-Identität. Der liebende Blick desjenigen, dem vergeben wurde, schenkt uns die Gewissheit, dass auch uns vergeben wird und wir mehr geliebt werden, als wir es uns in unseren kühnsten Träumen erhofft haben. Wer sich in dieser bewussten Form »verliebt«, wird sich nie wieder mit der Ersatzliebe des Egos begnügen, und dessen Leben wird auf immer für alle ein Spiegel der bedingungslosen Liebe sein.

Es gibt keine andere Liebe. Was wir geben, geben wir uns selbst, und was wir sehen, stärken wir mit unserem Blick.

Diese Erkenntnis hat das Potenzial, die Aufhebung des Egos zu bewirken und uns in die großartige Allgegenwart der Liebe zurückführen, die unsere Heimat ist. Sie zu erlangen und im Alltag umzusetzen ist der schnellste Weg nach Hause. Möchten Sie wirklich weiter Ihre Zeit verschwenden?

Ihre Einheitsbeziehung ist der wirksamste Katalysator, um sowohl im Persönlichen wie auch im Kollektiven den Himmel auf die Erde zu holen. In dieser Gemeinschaft zweier Geister, die sich beide im Voraus dazu entschlossen haben, im anderen nur die Wahrheit zu sehen, liegt eine mystische Kraft. Jedes erfahrene Leid kann unter dem Einfluss eines solchen Maßes an bewusster Liebe geheilt werden. Mühelos und bereitwillig können wir viele unserer einstigen Süchte und Abhängigkeiten loslassen. Vielleicht sieht es sogar so aus, als würden wir von ihnen losgelassen und nicht umgekehrt.

Vielleicht ist all unser Wünschen, all unser Tun, alles, wofür wir leben, eine einzige gigantische Verschleierung des Einen, das allein alle unsere Bedürfnisse zuverlässig stillen kann. Warum wir hier in dieser Form in der Zeit existieren müssen, wird in der einen Antwort offenbar, die da lautet: Wir sind Liebe. Und dies, so werden wir erkennen, ist das allergrößte Geschenk.

KAPITEL 5

VERTRAUEN ENTWICKELN: DIE ÜBERWINDUNG DES EGOS

Vertrauen in die Quelle ist die wichtigste Voraussetzung, um unser Ziel, zum Einen Selbst zu erwachen, zu erreichen. Am Anfang der spirituellen Entwicklung vertrauen wir noch weitestgehend dem Ego-Selbst. Auf dem Weg zur Ganzheit geht es also darum, das Vertrauen von dort abzuziehen und zur Quelle hin zu lenken. Wie schon erwähnt, wird dies im Laufe der Zeit in mehreren Stufen erreicht.

Wenn wir erkennen, dass spirituelles Wachstum im Wesentlichen darin besteht, auf das Eine Selbst vertrauen zu lernen, fällt es uns leichter, diesen Prozess zu bewältigen. Was immer uns zurückgehalten oder uns den Weg verstellt hat, wird verändert oder beseitigt. Unser Lehrmeister ist hier oft die Gegenüberstellung, die uns den Unterschied zwischen dem wirklich Wertvollen und dem Nichtigen vor Augen führt.

Auf die Quelle zu vertrauen, ist definitiv kein naiver blinder Glaube. Dieses Vertrauen verkörpert eine subtile Balance zwischen persönlicher Verantwortung und absoluter Gewissheit, die sich im Angesicht eines inneren Ego-Konflikts und der Bereitschaft zur Hingabe an die Quelle einstellt, die *immer* unser Bestes im Sinn hat. In Zeiten von

Aufruhr oder Enttäuschung erhellt Vertrauen die Situation, indem es uns erinnert, dass was auch immer geschehen möge, im Sinne unseres höheren Wohls geschieht. Die Weisheit, dass alles immer vollkommen ist, entsteht aus der Gewissheit, dass wir immer bekommen, was wir brauchen, aber nicht unbedingt das, was wir wollen (siehe Abbildung 6.1: Bedürfnisse und Wünsche) Wir dürfen nicht vergessen, dass wir selbst nicht wissen, was zu unserem Besten ist; nur die Quelle weiß es.

Die einzige Möglichkeit, das unglaublich befreiende und absolut sichere Gefühl des Vertrauens zu erleben, besteht in der Aufgabe des Ego-Selbst. Um Vertrauen zu entwickeln, müssen wir uns eingestehen, wie kleine Kinder zu sein, die nicht verstehen, was sie sehen und ständig fragen: »Was bedeutet das?« Während wir so dauernd den Sinn unserer neuen Wahrnehmungen erforschen, müssen wir uns nur daran erinnern, dass die universale Inspiration uns führt und sie immer für uns da ist, wenn wir sie rufen.

Wir wissen nicht, was zu unserem Besten ist, und haben wir dies erst einmal begriffen, müssen wir konsequent darangehen, unser Wohl an unser Eines Selbst zu übergeben. Nur so können wir ohne Widerstand die Stufen zur Wahrheit beschreiten. *Ein Kurs in Wundern*® bietet eine Analogie, die es uns erleichtern soll, unseren Blick weg vom Ego-Selbst hin zum Einen Selbst zu verschieben.

»Kinder nehmen furchterregende Gespenster, Ungeheuer und Drachen wahr, und sie haben schreckliche Angst. Fragen sie aber jemanden, dem sie vertrauen, nach der Bedeutung dessen, was sie wahrnehmen, sind sie bereit, ihre eigenen Deutungen zugunsten der Wirklichkeit loszulassen, so schwindet ihre Angst mit ihren Deutungen zugleich dahin. Hilft man einem Kind, sein ›Gespenst‹ in einen Vorhang, sein ›Ungeheuer‹ in einen Schatten und seinen ›Drachen‹ in einen Traum zu übersetzen, so fürchtet es sich nicht mehr und lacht fröhlich über seine eigene Angst ... Denn die Angst liegt nicht in der Wirklichkeit, sondern im Geist von Kindern, die die Wirklichkeit nicht verstehen. Es ist nur ihr fehlendes Verständnis, das sie erschreckt, und wenn sie lernen, wahrheitsgemäß zu sehen, haben sie keine Angst.«[50]

Ein stufenweiser Prozess

In diesem Abschnitt finden Sie eine Beschreibung der sechs Stufen, in denen wir im Zuge der Ego-Aufhebung Vertrauen entwickeln. Grundlage hierfür sind die Phasen der Vertrauensentwicklung, wie sie in *Ein Kurs in Wundern*®[51] beschrieben sind.

Die sechs Stufen zur Wahrheit sind ein Leitfaden, der zeigt, wie wir durch das Loslassen des Egos Vertrauen aufbauen und die Blockaden beseitigen können, die uns den Zugang zur allgegenwärtigen Liebe verstellen. Sie sollen den Prozess, den wir Ego-Aufhebung nennen, leichter begreifbar machen. Je mehr Ego wir abbauen, desto tiefer wird unser Vertrauen in die Quelle.

Mit jeder der Stufen erlangen wir eine zunehmend weiteren und klareren Blick. Je mehr wir auf unserem Weg voranschreiten, desto weniger kümmern uns Dualitäten wie die Unterscheidung von gut und böse. »Gut« wird alles, was uns der Wahrheit näher bringt, und »böse oder schlecht« alles, was uns von ihr entfernt.

Zwischen den einzelnen Stufen kommt es zu Überlappungen. So können wir zum Beispiel schon Einsichten der 4. Stufe haben, während wir noch mit Einschränkungen der 3. Stufe zu kämpfen haben. Auf den ersten drei Stufen versucht das Ego uns in der Opferrolle zu halten; aus diesem Grund werden wir mitunter im Kreise gehen.

Im Zuge der Ego-Aufhebung ziehen sich Angst, Einschränkung und Chaos zurück. Sie zu überwinden, lässt uns für Wunder erwachen.

Mit jeder weiteren Stufe der Vertrauensbildung, die wir im Zuge der Ego-Befreiung erklimmen, verändert und entwickelt sich unsere Wahrnehmung der Wirklichkeit. Einer, der sich auf der 2. und einer, der sich auf der 5. Stufe befindet, werden darum das gleiche Erlebnis ganz verschieden sehen. Diese differierende Wahrnehmung wird zum Beispiel dann offensichtlich, wenn sich jemand auf der 1. Stufe durch das authentische Verhalten eines, der auf der 5. Stufe steht, angegriffen fühlt. Manchmal werden das authentische Handeln und die wahren Worte eines Menschen, der mindestens die 5. Stufe erreicht und die falsche Bescheidenheit und Opferhaltung bereits überwunden hat, von anderen, die erst am Anfang des Weges stehen, fälschlicherweise als hartherzig, respektlos oder beleidigend eingestuft.

In der spirituellen Weiterentwicklung geht es keinesfalls darum, gut zu sein, sondern ausschließlich um Authentizität. Zu wachsen heißt, durch konsequente Anwendung der PIQ-Formel Selbsterkenntnis zu erlangen.

Die PIQ-Formel

Die PIQ-Formel ist ein einfaches Instrument zur schnellen geistigen »Justierung«, das uns hilft, im Falle von Störungen den inneren Frieden wiederzufinden. In diesem Buch ist verschiedentlich davon die Rede.

PIQ steht für:

- **Präsenz:** Sich in den Jetzt-Moment zurückrufen und gegenwärtig sein. Nur die Gegenwart ist real, und darum ist nur sie für uns von Bedeutung.
- **Inneres Erforschen:** Radikale innere Erforschung, konsequentes Hinterfragen der eigenen Gedanken und stetes sich in Erinnerung rufen, wer der »Ursprung« der unangenehmen Projektion ist. Wie stellt sich die Wirklichkeit im Moment dar? Widersetzt du dich ihr? Warum? Wenn die Störung unseres Friedens auch scheinbar durch andere Menschen, äußere Umstände, Objekte oder Situationen an uns herangetragen wird, sind doch immer unsere eigenen Gedanken die *Ursache* dafür. Übernehmen Sie die Verantwortung für diese Gedanken und übergeben Sie sie zur Neuinterpretation an die universale Inspiration. Auf diese Weise machen Sie sich bewusst, dass die Welt *von Ihnen gemacht* und Ihnen *nicht angetan* wird. Sie haben die Macht, jeden Ihrer Gedanken zu verändern.
- **Quantenvergebung:** Den Fehler des anderen bewusst zu übersehen in der Gewissheit, dass das, was du einem anderen vergibst, auch dir vergeben wird. Du bekommst, was du gibst. In diesem Sinne zu handeln heißt, die Ansammlung unbewusster Schuld zu tilgen und so das Ego aufzuheben.

In dem Maße, wie wir die Anhaftung an das Ego-Selbst verlernen, gewinnen wir an Vertrauen in unser Eines Selbst. Dieser gesamte Prozess ist das genaue Gegenteil dessen, was wir ganz automatisch für wahr und real hielten. Was immer uns in unserer Fähigkeit beschnitten hat, Liebe, Vertrauen, Friede, Freude und Fülle zu erfahren, wird aufgelöst. Es handelt sich hier um einen regelrechten Neuprogrammierungs- und Umerziehungsvorgang, dessen Ziel die Aufhebung der Identifikation mit dem Ego ist. Das Einzige, was uns auf diesem Weg Unannehmlichkeiten bereitet, ist unser Widerstand. Weil wir (auf der persönlichen wie der globalen Ebene) seit endlosen Zeiten in extrem verdichteten, verkehrten Überzeugungen und Haltungen gefangen sind, halten wir unbewusst an dem Gewohnten fest, auch wenn es uns womöglich schadet. Mit anderen Worten: Wir wissen nicht, was zu unserem Besten ist, und so bleibt uns nur, um höhere Führung zu bitten.

Wenn wir uns mit offenem Geist bereitwillig der Erkenntnis stellen, im höchsten, universalen Sinne nichts zu wissen, und aus ganzem Herzen auf den Prozess vertrauen, gelangen wir ohne großen Widerstand durch die Angst hindurch zur Liebe. Leider ist jedoch besonders am Anfang der Ego-Aufhebung Widerstand gang und gäbe. Wenn wir im Voraus wissen, welche Gründe dahinterstehen können, hilft uns dies, Vertrauen zu entwickeln.

Im Folgenden finden Sie eine Beschreibung der sechs Stufen zur Vertrauensbildung. Dieser Leitfaden soll Sie auf Ihrem Weg ermuntern und bestärken.

Die sechs Stufen im Überblick

1. Aufhebung

»Zuerst müssen Sie etwas durchlaufen, das ›eine Phase des Aufhebens‹ genannt werden könnte. Das braucht nicht schmerzhaft zu sein, wird aber gewöhnlich so erfahren. Es scheint, als würden Dinge weggenommen, und anfangs wird selten verstanden, dass lediglich ihr Mangel an Wert begriffen wird. Wie kann ein Mangel an Wert wahrgenommen werden, es sei denn, der Wahrnehmende ist in einer Lage, in der er die Dinge in einem anderen Licht sehen muss? Er ist noch nicht an einem Punkt, an dem er den Wechsel gänzlich im Innern vollziehen kann. Und somit wird der Plan manchmal Veränderungen in dem hervorrufen, was äußere Umstände zu sein scheinen. Diese Veränderungen sind immer hilfreich. Wenn der Lehrer Gottes so viel gelernt hat, geht er zum zweiten Stadium über.«[52]

Die 1. Stufe fängt in der Regel mit einem Weckruf an, der durch eine Enttäuschung ausgelöst wird, beispielsweise das Scheitern einer Beziehung, ein Unfall, ein gravierender beruflicher Misserfolg, eine Lebenskrise oder ein Todesfall. Dadurch gelangen wir an einen Wendepunkt, der uns nach einer Neuausrichtung im Leben suchen lässt. Dies ist die Einladung der universalen Inspiration, uns auf den Aufhebungsprozess einzulassen und unsere Sichtweise zu verändern. Meist erleben wir diese Stufe in Form eines spirituellen Erlebnisses, das die Sinnlosigkeit unseres bisherigen Lebens augenfällig werden lässt und uns so motiviert, auf ein höheres Ziel hinzuarbeiten.

An diesem Punkt bekommen wir eine erste Ahnung von

unserer persönlichen Verantwortung und der Möglichkeit, uns unsere Wirklichkeit selbst zu erschaffen. Gleichzeitig geraten wir in einen inneren Konflikt, denn das Ego-Selbst widersetzt sich unserem neuen Denken.

2. Aussortieren

»Als Nächstes muss der Lehrer Gottes durch eine ›Phase des Aussortierens‹ gehen. Das ist immer etwas schwierig, weil er, da er gelernt hat, dass die Veränderungen in seinem Leben stets hilfreich sind, nun alle Dinge aufgrund dessen entscheiden muss, ob sie das Hilfreiche mehren oder hindern. Er wird feststellen, dass viele, wenn nicht die meisten Dinge, denen er vorher Wert beigemessen hatte, lediglich seine Fähigkeit behindern, das, was er gelernt hat, auf jeweils neue Situationen zu übertragen. Weil er dem Wert beigemessen hat, was wirklich wertlos ist, wird er die Lektion aus Angst vor Verlust und Opfer nicht verallgemeinern. Es bedarf beträchtlichen Lernens, um zu verstehen, dass alle Dinge, Geschehnisse, Begegnungen und Umstände hilfreich sind. Nur in dem Maß, in dem sie hilfreich sind, sollte ihnen irgendein Grad von Wirklichkeit in dieser Welt der Illusion beigemessen werden. Das Wort ›Wert‹ kann sich auf nichts anderes beziehen.«[53]

An diesem Punkt unserer Entwicklung fangen wir an zu begreifen, dass Veränderungen immer hilfreich sind. Wir beginnen, das auszusortieren, was wir als wertlos erkennen und nur das Wertvolle zu behalten, wenngleich wir immer noch Angst vor Verlust und Opfer haben. In dieser Hinsicht kommt es hier zu einer Überlappung mit Stufe 1.

3. Aufgeben

»Die dritte Stufe, die der Lehrer Gottes durchlaufen muss, kann als eine ›Phase des Aufgebens‹ bezeichnet werden. Wenn dies als Aufgeben von Wünschenswertem gedeutet wird, wird es enorme Konflikte erzeugen. Wenige Lehrer Gottes entrinnen völlig dieser Not. Es hat allerdings keinen Sinn, das Wertvolle vom Wertlosen zu trennen, wenn nicht der nächste offensichtliche Schritt getan wird. Deshalb ist es wahrscheinlich, dass die Phase der Überschneidung eine Zeit ist, in der der Lehrer Gottes sich dazu aufgerufen fühlt, das, was zu seinem Besten ist, für die Wahrheit zu opfern. Es ist ihm bis jetzt noch nicht klargeworden, wie gänzlich unmöglich eine solche Forderung wäre. Er kann das nur lernen, indem er das Wertlose tatsächlich aufgibt. Dadurch lernt er, dass er dort, wo er Gram erwartete, statt dessen eine glückliche Unbeschwertheit findet, und dort, wo er dachte, etwas werde von ihm verlangt, eine Gabe findet, die ihm verliehen wird.«[54]

Wenn in dieser Stufe der Gedanke vorherrscht, dass etwas Wünschenswertes aufzugeben sei, kann es zu enormen Konflikten kommen. Wir lernen hier, unsere gestörten besonderen Beziehungen hinter uns zu lassen, und bisweilen haben wir in der Tat das Gefühl, aufgerufen zu sein, für die Wahrheit opfern zu müssen, was (in den Augen des Egos) zu unserem Besten ist.[55] Indem wir uns vom Wertlosen trennen, lernen wir, dass uns anstelle der eigentlich erwarteten Trauer ein Gefühl der Zufriedenheit und Leichtigkeit zuteil wird.

4. Zur Ruhe kommen

»Jetzt folgt eine ›Phase des Zur-Ruhe-Kommens‹. Das ist eine ruhige Zeit, in der der Lehrer Gottes für eine Weile einigermaßen in Frieden ruht. Jetzt festigt er sein Lernen. Jetzt beginnt er den Übertragungswert dessen zu sehen, was er gelernt hat. Dessen Potenzial ist buchstäblich umwerfend, und der Lehrer Gottes ist jetzt in seinem Fortschreiten an dem Punkt angelangt, an dem er darin seinen ganzen Ausweg sieht. ›Gib auf, was du nicht willst, und bewahre, was du willst.‹ Wie einfach ist das Offensichtliche! Und wie leicht auszuführen! Der Lehrer Gottes braucht diese Atempause. Er ist noch nicht so weit gekommen, wie er denkt. Doch wenn er bereit ist, weiterzugehen, geht er mit mächtigen Gefährten an seiner Seite. Jetzt ruht er eine Weile und sammelt sie um sich, bevor er weitergeht. Er wird von hier an nicht alleine gehen.«[56]

Dies ist eine Zeit der Konsolidierung, und wir haben durch tatsächliches Loslassen gelernt, dass dies in Wirklichkeit kein Opfer ist. Wir erkennen die Macht unseres neuen Denkens und sehen kein Hindernis mehr auf unserem Weg. Dies kann eine euphorische Phase sein. Die inneren Konflikte sind beigelegt und Frieden ist eingekehrt. Durch das Etablieren ganzheitlicher (heiliger) Beziehungen gewinnen wir jetzt mächtige Begleiter, die von nun an den Weg gemeinsam mit uns gehen. Leben wir allein, stellen wir womöglich fest, dass uns die universale Inspiration und die Quantenvergebung starke Begleiter zur Seite stellen.

5. Ins Wanken bringen

»Die nächste Stufe ist fürwahr eine ›Phase des Ins-Wanken-Bringens‹. Jetzt muss der Lehrer Gottes verstehen, dass er nicht wirklich wusste, was wertvoll und was wertlos war. Alles, was er bis jetzt wirklich gelernt hatte, war, dass er das Wertlose nicht wollte und dass er das Wertvolle wollte. Doch sein eigenes Aussortieren war bedeutungslos dafür, ihn den Unterschied zu lehren. Die Idee des Opferns, so zentral für sein eigenes Denksystem, hatte es ihm unmöglich gemacht, zu urteilen. Er dachte, er habe Bereitwilligkeit gelernt, doch jetzt sieht er, dass er nicht weiß, wofür die Bereitwilligkeit ist. Und jetzt muss er einen Zustand erlangen, der möglicherweise für eine lange, lange Zeit unerreichbar bleiben wird. Er muss lernen, alles Urteilen wegzulegen und nur um das zu bitten, was er in jeder Situation wirklich will. Würde nicht jeder Schritt in diese Richtung so nachdrücklich verstärkt, wäre es fürwahr schwierig!«[57]

An dieser Stelle lernen wir, *jegliches* Urteilen aufzugeben – auch bezüglich dessen, was wir wollen – und stattdessen die universale Inspiration zu bitten, uns zu offenbaren, was wir wirklich wollen. Ins Wanken kommen wir angesichts der endlosen Zeit, die wir scheinbar brauchen, um dieses Prinzip auf jede einzelne Situation anwenden zu lernen, in die wir hineingeführt werden. Dies geht so lange, bis wir uns schließlich vollständig dem Willen der universalen Inspiration hingeben und jegliche noch vorhandene Verhaftung mit dem Ego-Willen aufgeben. Um diese Stufe zu bestehen, ist große Achtsamkeit gefordert.

6. Vollendung

»Und schließlich gibt es eine ›Phase der Vollendung‹. Genau hier wird das Lernen gefestigt. Jetzt wird das, was vorher als bloße Schatten gesehen wurde, zu einem soliden Gewinn, auf den man in allen ›Notfällen‹ ebenso wie in ruhigen Zeiten zählen kann. In der Tat ist Seelenruhe ihr Resultat: das Ergebnis des ehrlichen Lernens, der Konsequenz im Denken und der vollständigen Übertragung des Gelernten. Das ist das Stadium wirklichen Friedens, denn hier wird der Zustand des Himmels völlig widergespiegelt. Von hier aus ist der Weg zum Himmel offen und leicht, tatsächlich ist er hier. Wer würde irgendwohin ›gehen‹ wollen, wenn der Seelenfrieden bereits vollständig ist? Und wer würde die Seelenruhe gegen etwas Wünschenswerteres einzutauschen suchen? Was könnte wünschenswerter sein als dies?«[58]

Abbildung 5.1 zeigt, wie weit die Ego-Befreiung und das Loslassen der verfehlten Identität auf jeder der Stufen gediehen sind. Je offener das Armband, desto höher die Wahrscheinlichkeit, dass es zu einer Ego-Befreiung gekommen ist.

Wie weit das Armband der verfehlten Identität geschlossen ist, zeigt das Maß ...
- der Getrenntheit unseres Bewusstseins von der Quelle und damit vom Einen Selbst;
- an erlebter Dualität im Positiven wie im Negativen; das Maß an erlebter Projektion;
- unseres Unvermögens, über das Ego-Selbst hinwegzusehen und die vom Ego verursachte Dunkelheit (unbewusste Schuld): Widerstand, Anhaftung und Urteil;

Die sechs Stufen im Überblick

Abbildung 5.1: Sechs Stufen zur Wahrheit

- unseres Vertrauens in das Ego-Selbst und die Illusion (persönliche und globale Identifikation);
- der Dominanz von Ego-Überzeugungen, durch die wir uns als getrennt erleben, die Dinge persönlich nehmen, uns schuldig fühlen usw.;
- an erlebten Einschränkungen und geforderten Opfern (durch die vermeintlich äußere Welt und uns selbst);
- an Mangel im Hinblick auf Finanzen, Liebe, Gesundheit und Vitalität; fehlende Fülle;
- an zufälligem Chaos, Konflikten, Opfern und Kämpfen;
- an Fremdbestimmung durch Zeit, Gedanken, Emotionen und das Haben- und Werden-Wollen;
- an Unsicherheit und Bedürfnis nach Pseudo-Sicherheit;
- unseres Wunsches »Besonders-sein-Wollen«, nach Pseudo-Wertschätzung und einschränkenden Beziehungsmustern;
- an erlebter besonderer Liebe und/oder Hass (an Bedingungen geknüpfte Liebe);
- an Abhängigkeit von anderen oder äußeren Einflüssen, um glücklich zu werden.

Wie weit das Armband der verfehlten Identität offen ist, zeigt das Maß ...
- unseres Vermögens, das Eine Selbst und die Quelle zu erkennen und anzunehmen sowie das Maß unserer Freiheit;
- an Akzeptanz dessen, was ist; an Freude und Begeisterung;
- an persönlicher Verantwortung für das, was wir wahrnehmen (die Wirklichkeit, die wir persönlich und kollektiv erschaffen);

- an Vertrauen in die Quelle und in unser Eines Selbst (Wahrheit);
- unseres Vermögens, über Ego-Fehler anderer hinwegzusehen und Quantenvergebung zu üben;
- an Empfänglichkeit für und Fügung in den Einen Willen (Intuition);
- an Liebe, Frieden, Freude und Fülle in unserem Leben;
- an Befreiung aus Leid, Kontrolle und Planungsbedürfnis;
- an Befreiung aus emotionalem Aufruhr, zwanghaftem Denken und Haben- und Werden-Wollen;
- an Freiheit von Zeitzwängen;
- an Freiheit in jedem Aspekt unseres Lebens;
- unseres Vermögens, als Mit-Schöpfer unserer Realität zu wirken und zur spirituellen Heilung anderer beizutragen;
- der Verwirklichung unserer Lebensaufgabe;
- an Integrität im Hinblick auf die Wahl zwischen echten Bedürfnissen und Ego-Wünschen;
- an Offenheit, Flexibilität, Ehrlichkeit, Sanftmut, Toleranz, Geduld, Wehrlosigkeit, Glauben und Großzügigkeit;
- an Wachsamkeit, Kreativität und Leidenschaft dem Leben gegenüber.

Das Ego aufheben

Bei den meisten von uns nimmt der Prozess der Ego-Aufhebung einige Zeit in Anspruch, denn die Überzeugungen und Konditionierungen, die unser getrenntes Selbst ausmachen, lassen sich nicht auf die Schnelle lösen oder verlernen. Genau dieses Verlernen aber ist eine Voraussetzung, um unser unendliches Eines Selbst zu entschleiern. Wir können kein friedliches oder produktives Leben führen, solange wir manchen Ego-Illusionen den Vorzug vor der Wahrheit geben. »Denn die Wahrheit ist wahr, und nichts sonst ist wahr.«[59] Je mehr von den schwer auf uns lastenden Ego-Begrenzungen wir loslassen, desto mehr bestätigt sich dieser Satz.

In der Einleitung zu diesem Kapitel haben wir diesen Prozess als Aufhebung der Ego-Identifikation beschrieben, in dem wir nach und nach erkennen, dass alle Leiden und Beschränkungen stets ein und denselben Ursprung haben. Auf unserem Weg haben wir meist keine Ahnung, was zu unserem Besten ist, weil unsere Prioritäten bisher vom Ego bestimmt waren und dieses von Natur aus unfähig ist, das Wertvolle zu erkennen. Aus diesem Grund versucht es oft, uns von der Werthaftigkeit des Bedeutungslosen zu überzeugen, weil dies die Idee der Trennung nährt.

Die beste Haltung, die es hier zu kultivieren und konsequent anzuwenden gilt, folgt der Erkenntnis: »Ich nehme nicht wahr, was zu meinem Besten ist. Ich weiß nicht, wozu irgendetwas dient.«[60] Dies ist deshalb so wichtig, weil unsere Ego-Wahrnehmung gegenüber der Wahrheit im wahrsten Sinne Kopf steht: Aus ihrer illusionären Sicht heraus erscheint sie als Realität.

Demut und Offenheit sind kostbare Tugenden. Der Weg der Ego-Befreiung führt uns geradewegs in eine Dimension des Nichtwissens hinein, das genaue Gegenteil dessen also, was das Ego mit seinem zwanghaften Bedürfnis, alles zu wissen und zu kontrollieren, will. Das Ego hat keinen Wahrheitskern, auf den es bauen kann. Es giert nach Trennung und Besonderheit, um seinen Pseudo-Wert zu erhöhen und falsche Sicherheitsgefühle zu schüren. Unser Eines Selbst vertraut vorbehaltlos darauf, dass *jegliche* Form der Veränderung zwangsläufig von Vorteil sein muss, wie unangenehm sie uns auch am Anfang erscheinen mag. Es weiß sich in grenzenloser Sicherheit geborgen und kennt seinen Wert. So bleibt es unbeirrt von unserer Kontrollsucht und unserem Zwang, alles wissen zu müssen. Nur das Nichtwissen, so ist ihm bewusst, schafft den Raum, in dem sich die Wahrheit ausdehnen kann. *Universale Intelligenz* in Form von Wissen wird in dem Maße gewonnen, wie wir unser Ego loslassen. Dies ist ein Paradoxon, das wir erst dann wirklich akzeptieren können, wenn wir uns auf das Nichtwissen und das Jetzt-Moment-Gewahrsein einlassen; dann offenbart sich uns die Wahrheit, und die höhere Erkenntnis enthüllt sich im Kontext der *Unendlichkeit*.

Nicht zu wissen ist eine Voraussetzung für wahre Erkenntnis, denn 99,9 Prozent dessen, was wir für wahr hielten, ist absolut unwahr. Die folgende Analogie bringt es auf den Punkt: Quantenphysiker haben den Nachweis erbracht, dass 99,9 Prozent der festen Materie, d. h. der menschliche Körper ebenso wie Möbel, Autos und Gebäude, aus leerem Raum bestehen. Es handelt sich hier in Wirklichkeit um schwingende Energie und ganz und gar nichts Festes! Und doch gaukelt uns unsere Konditionierung das Gegenteil vor, und so sind wir völlig von der Substanzhaftigkeit von uns selbst und allem, was in unserem Universum sonst noch existiert, überzeugt.

Dieses Beispiel zeigt, wie viel wir im Prozess der Ego-Befreiung verlernen und von unseren Identifikationen aufgeben müssen. Das soll Sie allerdings nicht entmutigen, es ist schlichtweg wahr: Am Anfang unseres Weges wissen wir so gut wie gar nichts, und je offener wir uns dies eingestehen, desto leichter kommen wir voran. Mit dieser Einstellung bauen wir einen Großteil unserer Widerstände ab und vertreiben damit gleichzeitig unsere Ängste und Zweifel.

Auf zwei äußerst wertvolle Instrumente können wir in dieser Zeit zurückgreifen: Da ist zum einen die PIQ-Formel (Präsenz, Inneres Erforschen und Quantenvergebung) und zum anderen das Enneagramm (siehe Kapitel 3, »Das Enneagramm als Instrument zur Selbsterkenntnis«), das uns verrät, in welcher besonderen Weise wir unsere Realität sehen und auf sie reagieren und wie wir die Problemstellungen überwinden können, die unser Potenzial begrenzen. Mit zunehmender Übung richten wir uns immer vertrauensvoller auf unser Eines Selbst aus.

Mögliche Symptome

Wie wir bei der eingehenden Betrachtung der sechs Stufen noch sehen werden, kann die Ego-Befreiung mit zahlreichen Konflikten einhergehen. Dies gilt besonders für die erste und zweite Stufe. Dass dies so ist, hat vor allem mit der Errichtung eines neuen Gedankensystems zu tun, welches im Widerspruch zu dem des Egos steht. Wenn wir im Sinne unseres Einen Selbst zu denken beginnen, wehrt sich das Ego, und der sich daraus ergebende Konflikt ist oft nicht nur innerlich spürbar, sondern wird uns auch von außen zurückgespiegelt.

Eine der ersten Veränderungen in unserem Leben stellt sich in unserem Verhältnis zu nahestehenden Menschen ein und wird durch den Wandel von einer besonderen hin zur ganzheitlichen oder bedingungslosen Beziehung ausgelöst. Hierbei ergeben sich am Anfang Verunsicherung, Missverständnisse, Projektionen, Vorwürfe und Schuldgefühle. Zunächst scheint die Angst zu wachsen, doch in dem Maße, wie sich Verständnis und Vertrauen vertiefen, lösen sich die Unstimmigkeiten auf. Damit dies geschehen kann, bedarf es der Hingabe und Toleranz, der Geduld und Liebe.

Die Ego-Befreiung kann für jeden, der sich dem spirituellen Wandel stellt, zu einer echten Herausforderung werden, doch dies muss nicht unbedingt der Fall sein. Bei diesem Prozess geht es nicht darum, sich von der Welt und all ihren Ablenkungen abzukehren, sondern darum, deren Werte im Einzelnen und insgesamt neu einzuschätzen und zu gewichten. Wir begeben uns auf diesen Weg, um unser grenzenloses Potenzial ausschöpfen zu können.

Im Christentum wurde die Ego-Befreiung früher oft als mystischer Tod beschrieben, den die großen Heiligen und Mystiker aus eigener Erfahrung kannten. Mittlerweile aber sind wir in eine Phase des beschleunigten Bewusstseinswandels eingetreten, und die Verantwortung für die Rettung der Menschheit und unseres Planeten liegt bei der Allgemeinheit und nicht mehr bei wenigen Auserwählten. Vor diesem Hintergrund ist es zwingend erforderlich, dass wir uns auf den Pfad der Ego-Befreiung begeben und so uns und unsere Erde heilen. Dabei werden wir erkennen, dass unser einziger Daseinszweck spiritueller Natur ist. Den Weg heim zu unserem unendlichen Wesen – unserem Einen Selbst – zu finden, ist das Wirkungsvollste und Förderlichste, was ein Mensch im Leben vollbringen kann. Selbstverwirklichung heißt, befreit zu sein und ein Dasein in Freude, Liebe, Frieden und Fülle zu führen. Wenn dies erreicht ist, ist alles möglich, denn wenn alle im Geiste miteinander verbunden sind, können Wunder geschehen.

In diesem Transformationsprozess geht es um Befreiung. Es geht darum, das Endliche und Begrenzte aufzulösen und alles loszulassen, was unser Potenzial einengt. Ohne die Aufhebung des Egos kann niemand ganz und vollkommen werden. Viele haben versucht oder versuchen immer noch, eine Abkürzung zu finden, die ein Loslassen des Egos erspart. Jeder von uns begibt sich manchmal auf Umwege, doch irgendwann holt uns das Leid doch wieder ein, und Demut lässt unseren Widerstand gegen die Erfahrung weichen. Und wenn wir uns dann erneut auf den Weg machen, tun wir es mit einem tieferen Verständnis für das, was von Wert ist und was nicht.

Im Prozess der Ego-Befreiung gewinnen wir ...

- die Erkenntnis der Wahrheit;
- die Fähigkeit, das Wertvolle vom Wertlosen zu unterscheiden;
- die Herrschaft des Einen Selbst über all unsere Gedanken, Gefühle und Taten: Statt zu reagieren, werden wir selbst aktiv;
- das Ende der Dualität im Sinne von Gut und Böse;
- die Überwindung unserer zwanghaften sensorischen Begierden auf der physischen, mentalen und emotionalen

Ebene: Der Kreislauf von Glücksstreben und Schmerzvermeidung wird durchbrochen;
- die Integration von Sein und Tun: Frieden wird das Ziel;
- die Berufung zu lebendigen Mit-Schöpfern.

Der Prozess der Ego-Aufhebung konfrontiert uns mit vielen Prüfungen und Aufgaben, die uns helfen, unsere bisherige Ausrichtung auf das illusionäre Ego-Selbst aufzugeben. In dem Augenblick, in dem wir uns mit der Bitte um mehr Licht in unserem Leben an die universale Inspiration wenden, werden wir erhört und unsere Reise zur Aufhebung des Egos beginnt.

Jetzt lernen wir, die Überzeugungen und Anhaftungen aufzugeben, die uns in unserer Wahrnehmung und unserem Potenzial so sehr behindert haben. Jede untaugliche Überzeugung wird auf den Prüfstand gestellt. Jede Fehlidentifikation mit bestimmten Objekten, Menschen, sozialen Stellungen oder Orten drängt ans Licht, um transformiert zu werden. In diesem Prozess kommt es zu einer immer schnelleren und umfassenderen Neustrukturierung, und es kann hilfreich sein, sich vor Augen zu führen, wie wichtig diese Phase ist, um tief sitzende Verletzungen sichtbar zu machen, die unser bisheriges Leben steuerten. Die Zeit ist gekommen, Abwehr, Leugnung und alte Vermeidungstaktiken aufzugeben und die Wahrheit anzunehmen. Jeglicher emotionaler oder mentaler Ballast, bewusst oder unbewusst, tritt jetzt zutage, um zur Kenntnis genommen und transformiert zu werden. In aller Regel fungieren dabei Menschen oder Umstände als Auslöser, die in uns Gefühle wach rufen, die mit unserer Urwunde in Verbindung stehen. Der Eindruck, angegriffen, verraten, verlassen, erniedrigt oder abgewertet zu werden oder wertlos zu sein, ist in dieser Phase gang und gäbe.

Besonders wenn wir uns einsam und verlassen fühlen, sollten wir uns den größeren Sinnzusammenhang vor Augen führen und uns erinnern, dass sich Widrigkeiten oft als Segnungen entpuppen. Wenn uns irgendein anderer, eine Sache oder ein Umstand stören, ist das nichts als eine Einladung, anders mit der Situation umzugehen, als wir es früher taten. Es lehrt uns, die Dinge zu sehen, wertzuschätzen und angemessener damit umzugehen.

Wann immer wir merken, dass wir Widerstand aufbauen, ins Leugnen oder Urteilen verfallen oder zu vergleichen beginnen, kehren wir mit unseren Gedanken zu unserem Prozess zurück und analysieren Schritt für Schritt, welche Wahrheit sich hinter der jeweiligen Situation verbirgt. An welchen Überzeugungen halten wir fest, und welchen Einfluss haben diese auf unsere Gefühle und Verhaltensweisen? Wir brauchen jetzt nur eines zu tun: uns neu entscheiden. Bereits an anderer Stelle wurde erwähnt, wie ungemein hilfreich es in diesem Zusammenhang ist, unsere Achtsamkeit für den Jetzt-Moment zu schulen und unsere Gedanken und Emotionen zu beobachten.

Wann immer wir in unserem Streben und Suchen einen Rückschlag erleben, ist dies ein Zeichen dafür, dass das Ego wieder einmal glaubt, »die ganze Arbeit allein machen« zu müssen. Jegliche Mühe ist Ego und Ego ist Illusion. Wir lassen uns auf den Prozess ein, alle Blockaden zu beseitigen, die uns am Gewahren der allgegenwärtigen Liebe hindern. Dies ist kein Streben nach Erleuchtung. Es ist wichtig zu begreifen, dass jedes Streben Druck bedeutet und Druck zum Ego gehört. Unser Eines Selbst ist bereits in makelloser Perfektion verwirklicht. Alles, was wir hier tun, ist, die Schichten abzutragen, die das Selbst überlagern. Um das Risiko weiterer Ego-Identifikation zu reduzieren, sollten wir uns immer wieder daran erinnern, dass es unsere tägliche Aufgabe ist, der Quelle zu dienen, und nicht Erleuchtung zu erlangen.

Gefragt ist die Bereitschaft zur Demut eingedenk der Gewissheit, dass Ego-Wissen eine Falle ist, die uns in unserer Beschränktheit hält. Das Ego zu überwinden heißt, das Bekannte loszulassen, um die Wahrheit zu sehen. Wir brauchen nicht nach der Wahrheit zu streben, sie zu erwerben oder zu erreichen. Sie ist schon da. Wir müssen nur aufhören, uns gegen sie zu wehren, und unseren Widerstand gegen das, *was ist*, aufgeben. In dem Maße, wie wir uns vom Bekannten und Endlichen abkehren, zeigt sich uns die Wahrheit. Und wenn wir sie sehen, fangen wir an, sie zu leben; und damit gelangen wir zu der Erkenntnis, *dass wir selbst die Wahrheit sind*.

Das Einsetzen der Ego-Befreiung zeigt sich oft in Form einer spirituellen Heilungskrise. Es kommt zu einem Auflösungsprozess, der uns drängt, aus dem Massenbewusstsein, der kollektiven Konditionierung und unseren eigenen, langjährigen Selbstbeschränkungen auszubrechen. Gewissermaßen handelt es sich dabei um ein Heraustreten aus dem Bekannten und Begrenzten, um uns dem Unbekannten, Uneingeschränkten oder Absoluten zu öffnen. Statt in der Ego-Illusion der Sicherheit zu verharren, lernen wir, auf die vollkommene Freiheit des Nichtwissens zu vertrauen.

Wie viel Freiheit wir gewinnen, wenn wir uns diesem Auflösungsprozess hingeben! Indem wir uns dem Nichtwissen stellen, erhalten wir Zugang zu echter Erkenntnis, die sich von Augenblick zu Augenblick neu entfaltet. In dieser Phase lernen wir, das Nichtwissen und das Ungeplante zu schätzen. Da wir den Zustand des Nichtwissens jedoch als schwer aushaltbar erleben, neigen wir dazu, uns ihm zu widersetzen. Anfangs ist dieser Widerstand am größten, und dies scheint noch einmal die mit der Veränderung und Transformation einhergehenden unangenehmen Gefühle zu verstärken. Widerstand schafft immer innere Konflikte, die auf die Stimmung drücken. Wenn wir uns in dieser Zeit niedergeschlagen fühlen sollten, ist dies eher auf eine spirituelle Heilungskrise zurückzuführen und nicht als Depression im klinischen Sinne zu deuten.

Diese Art von Heilungskrise ist insofern anders, als wir uns in diesem Prozess nicht als Opfer erleben und darum nicht hilflos sind. Im Grunde unseres Herzens wissen wir, dass wir die Wahrheit und Liebe in unser Leben eingeladen haben. Es ist uns bewusst, dass dies zu Veränderungen führen kann, die uns bisweilen vor echte Herausforderungen stellen. Wir erkennen, dass wir uns im Prozess der Ego-Befreiung befinden und Vertrauen gefragt ist, wenn sich unsere Stimmung verdüstert. Wir brauchen Zuversicht und Mut, um nicht dem Ego-Gefühl der Hilflosigkeit anheimzufallen. Vergessen wir nicht, dass sich in der ganzheitlichen Ordnung die Wahrheit offenbart. Wir müssen dazu bloß unseren Teil beitragen, sprich: uns selbst gegenüber ehrlich und im Jetzt-Moment präsent sein und unser Ziel beharrlich verfolgen.

Gesellschaftliche Isolation – Ursache und Wirkung

Inzwischen wissen wir, dass spirituelles Wachstum bedeutet, die persönliche Verantwortung für all unsere Gedanken, Emotionen und Handlungen zu übernehmen. Wir begreifen, dass wir selbst die Ursache unseres Lebens sind – von unserem ersten Gedanken bis hin zu unserer letzten Tat. Wir sind verantwortlich dafür, wie wir die Welt sehen. Und es ist uns bewusst, dass alle Wirkungen ihre Ursache in unserer Wahrnehmung haben. Nur wenn uns dies alles klar ist, können wir auf unserem Pfad zur spirituellen Erleuchtung voranschreiten. Wenn wir uns weigern, wie die breite Masse zu denken, die keinerlei persönliche Verantwortung übernimmt, führt dies in die gesellschaftliche Isolation. Die meisten Menschen bleiben im Grunde Opfer äußerer Einwirkungen, weil sie keinerlei Ahnung von den eigentlichen Ursachen haben und gar nicht auf die Idee kommen, diese zu hinterfragen. Es scheint, als wären sie in den Bann eines Massenbewusstseins geraten, das sie glauben macht, alles Übel wäre aus dem zufälligen Chaos geboren und alles Gute sei ein zufälliger Lohn.

Die Vorstellung, dass jeder von uns sich seine Wirklichkeit selbst projiziert, wir also deren Ursache sind, ist relativ neu und kann auf viele Menschen bedrohlich wirken. In den ersten Phasen des Aufhebungsprozess treten im zwischenmenschlichen Umgang und in Alltagsgesprächen oft eklatante Widersprüche im Hinblick auf Überzeugungen und Werte zutage. Vielleicht stellen wir fest, dass wir angesichts des vollzogenen Wandels nicht mehr über Belanglosigkeiten reden mögen, die uns nicht weiterbringen und bei ehrlicher Betrachtung reine Zeit- und Energieverschwendung sind. So erklärt sich der Wunsch, uns in dieser Zeit zunehmend aus solchen sozialen Kontakten zurückzuziehen.

Im Umgang mit uns nahestehenden Menschen kann eine mögliche Herausforderung darin bestehen, unser Miteinander so zu verändern, dass es unserem neuen, ganzheitlichen Denksystem der Achtsamkeit und Authentizität mehr entspricht. Wenn wir bislang in einer an Bedingungen geknüpften Beziehung lebten, geht es jetzt darum, der Wahrheit Geltung zu verschaffen, ohne jeden Angriff, Urteil oder Schuldzuweisung. Manchmal mag der andere dabei den Eindruck haben, dass wir ihm unsere Liebe entziehen. Die meisten von uns sind süchtig nach »Ego-Streicheleinheiten« und verwechseln diese mit Liebe. Sie dem anderen vorzuenthalten, kann große Unsicherheit auslösen, die sich meist in Ärger und Projektion ausdrückt. Wenn »nichts Wirkliches bedroht werden kann«, wird sich die durch unsere neue authentische Form der Begegnung ausgelöste Transformation nur positiv auswirken. Wenn der andere sich weigert, sich zu verändern, war die Beziehung von Anfang an nicht von genügend Respekt und wirklicher Liebe getragen.

Wenn wir den Eindruck haben, die meiste Zeit mit unserem neuen, mündigeren Denken allein dazustehen und von anderen wenig Unterstützung zu erhalten, fangen wir am Ende an, uns und unsere scheinbar so befremdlichen Überzeugungen ernstlich zu hinterfragen. Für diesen Fall können wir Sie nur ermuntern, an Ihrem ursprünglichen Ziel festzuhalten und sich klarzuwerden, dass Sie zu einer Art Pionier der Spiritualität geworden sind. Hätten Sie nicht alle Voraussetzungen, diesen Weg zu meistern, hätten Sie den *inneren Weckruf* nicht gehört. Unsere Freiheit hängt davon ab, diesem Ruf konsequent zu folgen und die Erinnerung an das Eine Selbst in uns wach zu halten.

Beruf, Karriere und persönliche Interessen

Es gibt immer wieder Momente im Leben, in denen wir wichtige Weichenstellungen im Hinblick auf unsere berufliche Weiterentwicklung vornehmen müssen. In dem Maße, wie wir vermehrt Authentizität aus unserem Einen Selbst schöpfen, werden wir mit Prüfungen konfrontiert, die die Anhaftung des Egos an die scheinbaren Vorteile des sich Aufopferns und Pflegens der Besonderheit infrage stellen. Wenn uns im Rahmen unserer Berufstätigkeit ein ungesundes Maß an Opfer und innerem Konflikt aufgebürdet wurde, sind hier mit Sicherheit Veränderungen zu erwarten, doch diese werden auf jeden Fall positive Kreise ziehen. Es gehört mit zu diesem Lernprozess, innere Konflikte auszumachen und uns im Alltag mit allen daraus resultierenden Themen auseinanderzusetzen.

Wir werden auf sämtliche Lebensbereiche aufmerksam gemacht, in denen die Angst dominiert, damit wir sie neu bewerten. Bisweilen verlieren auch unsere bisherigen Hobbys, Interessen oder sogar Leidenschaften an Bedeutung. Wenn dies der Fall ist, bringt uns das meist weiter, doch wie viel Weisheit darin steckt, wird sich uns erst viel später offenbaren. Was immer uns ein falsches Identitäts- oder Sicherheitsgefühl gegeben hat, bedarf der Transformation oder Elimination.

In den fortgeschrittenen Phasen der Ego-Befreiung dürfte es schwierig sein, an einer normalen beruflichen Tätigkeit festzuhalten, die nicht im Einklang mit unseren neuen Bedürfnissen steht, da diese beiden Wirklichkeiten nicht miteinander vereinbar sind. Am besten ist es, diese intensive Zeit mit gleichgesinnten Menschen zu verbringen, die den immensen Wert dieses Prozesses respektieren und verstehen.

Der Körper

Es kann vorkommen, dass unser Körper mit Krankheit auf die Abkehr vom Ego-Selbst reagiert. Ist dies der Fall, hilft es zu wissen, dass der Körper nur auf die Weisungen des Egos anspricht, selbst wenn dies auf einer unbewussten Ebene geschieht. Wann immer wir körperliches Leid empfinden, empfiehlt es sich, achtsamer für den Jetzt-Moment zu werden und das Eine Selbst zu fragen: »Was will mir mein Körper sagen? Um welchen inneren Konflikt geht es hier, und wie kann ich meinen Frieden wiederfinden?«

Bitten Sie um Klarheit und lassen Sie sich nie von dem kollektiven Ego-Glauben blenden, dass Krankheit etwas Zufälliges sei. Im körperlichen Leid steckt ein hohes Maß an Weisheit, und wir können sehr viel daraus lernen, solange wir diese Art von Erfahrung noch brauchen. Wie schon an anderer Stelle erwähnt, können wir in allen Bereichen, in denen wir eine übermäßige Ego-Identifikation pflegen (zum

Beispiel mit dem Körper und seinen Freuden und Süchten) Transformation erwarten. In einer Heilungskrise kann Krankheit positive Folgen haben, beispielsweise dass wir das Rauchen aufgeben, Gewicht reduzieren oder uns ein für allemal zu einer gesunden Lebensweise entschließen. In dem Maß, wie unser Vertrauen in unser Eines Selbst wächst und wir uns mehr und mehr von unserem Ego lossagen, lernen wir die Perfektion und Ganzheit eines jeden Menschen jenseits aller körperlichen Einschränkungen zu sehen.

Wer sind unsere besten Lehrer?

Angesichts seines unablässigen Drangs, lustvolle Erfahrungen zu suchen und Schmerz zu vermeiden, wird unser Ego-Selbst uns immer einzureden versuchen, dass unsere besten Lehrer die seien, von denen wir Liebe und Unterstützung bekommen. Wer uns herausfordert und uns in die Abwehr oder den Angriff treibt, würde von ihm nie in dieser Rolle gesehen, wie wir an unseren Reaktionen ablesen können, die von Verlegenheit über Rechthaberei bis zur Verärgerung reichen. Und doch lernen wir am meisten von denen, die uns enttäuschen, wütend machen, verletzen, verunsichern oder uns im Stich lassen, ganz gleich, ob es sich dabei um den Partner oder irgendein Familienmitglied handelt, um Freunde oder Kollegen, Eltern, Kinder oder völlig Fremde. Sie alle können uns aus der Bahn werfen und zu einer Reihe von Reaktionen nötigen. Diese »irritierenden« Zeitgenossen, die uns bisweilen massiv zusetzen, halten die Schlüssel zu unserer persönlichen Freiheit in der Hand. Ohne ihr provokantes Verhalten könnte es sich unser Ego herrlich bequem machen und würde mit der Zeit zu einem gigantischen Monster heranwachsen, das einzig unsere Auslöschung im Sinn hat. Ohne diese großartigen Lehrer wäre es weitaus schwieriger, sich der Existenz des Egos überhaupt bewusst zu werden. Mit ihrem »aggressiven« Verhalten bieten sie uns ein Kontrastprogramm, und daraus können wir so viel lernen. Während wir auf unserem Weg mit zunehmender Bewusstheit weitergehen, wird uns immer klarer, welchen Wert solche Menschen in unserem Leben haben.

Viele unserer besten Lehrer geben uns unsere Lektionen in Form von Konflikterfahrungen, doch es gibt auch solche, die mittels Liebe lehren. Hierbei handelt es sich um außergewöhnliche Menschen, die uns bewusst vergeben und über unsere Fehler hinwegsehen. Sie sind diejenigen, die uns ungeachtet all unserer menschlichen Fehler lieben und immer lieben werden.

Unsere besten Lehrer aber sind wohl die, die uns bedingungslose Liebe entgegenbringen. Unbeirrbare Liebe, die an keinerlei Ego-Bedingungen geknüpft ist, wird uns nur sehr selten zuteil. Wir alle wünschen uns bedingungslose Akzeptanz und Vergebung. Und wir alle wissen, wie ungemein befreiend es sich anfühlt, wenn uns verziehen wird. Der Akt der Vergebung wird sowohl vom Gebenden als auch vom Empfangenden als äußerst positiv empfunden. Über die Fehler anderer hinwegzusehen, ist wohl das größte transformative Geschenk: Es lehrt die Liebe in ihrer reinsten Form. Sie wirkt, indem sie die Blockaden beseitigt, die dem Gewahren der allgegenwärtigen Liebe im Wege stehen. Im tiefsten Inneren wünscht sich jeder Mensch, bedingungslos geliebt zu werden. Mit dem Ego-Selbst und seinen Werten aber ist das nicht möglich.

Um ein Wunder zu bewirken, genügt es, wenn nur ein Mensch über das Ego-Selbst hinauswächst und den Zweifel aufhebt, indem er den Fehler eines anderen übersieht. Das Wunder der Vergebung ist das großartigste Lernmittel von allen, und doch scheint es vom Standpunkt des Ego-Selbst aus am schwersten anzunehmen. Große Lehrer sind jene, die wenig Widerstand leisten und sehr viel geben. Sie verteidigen nichts, und sind doch der Wahrheit verpflichtet. Sie bieten Führung, ohne zu kontrollieren, zu kritisieren oder um Anerkennung und Loyalität zu buhlen. In der Gewissheit, dass »nichts Wirkliches bedroht werden kann«[61], gibt es für sie nichts zu verteidigen oder zu beschützen, und so bestärken sie uns in unserem eigenen Einen Selbst und unserer Vollkommenheit.

Viele der einst Suchenden und heute Lehrenden haben den Weg zur Wahrheit beschritten – vom Moment des Erwachens bis an die Schwelle der Ego-Aufhebung. Und hier am Tor bleiben sie stehen. Weil sie es als enormes Opfer empfinden, das Ego auf Dauer loszulassen, leisten sie Widerstand und verharren lange Zeit in relativ begrenztem, kontrolliertem Zustand vor dieser Pforte.

Es gibt Hunderte, ja sogar Tausende solcher spirituellen Lehrer, die nicht bereit sind, die Schwelle ihres persönlichen Ego-Todes zu überschreiten, und doch jede Menge Wissen über die Geheimnisse der Transformation zum Besten geben. Der Klarheit halber sei an dieser Stelle darauf hingewiesen, dass bei Lehrern, die ihr eigenes Ego nicht überwunden haben, immer mit Störungen seitens des Ego-Selbst zu rechnen ist. Für die Weiterentwicklung ihrer Schüler ist dies meist hinderlich.

Hat sich ein Lehrer befreit und sein Ego völlig losgelassen, zeigt sich dies in seiner demütigen Haltung. Er lehrt am eigenen Beispiel und ist über jede Versuchung erhaben, weil er sein Ego mit konsequenter Achtsamkeit im Blick hat. Er ist wie ein makelloser Spiegel, der nur noch das absolute Vertrauen reflektiert, das es zu geben und anzunehmen gilt.

Der Typus des warmherzigen, milden und ermutigenden Menschen ist das, was sich die meisten Suchenden als idealen Lehrer vorstellen. Als perfektes Lernumfeld wünschen wir uns einen von überirdischer Schönheit durchdrungenen Ort, der eine glückselige Stimmung und erbauliche Bedingungen bietet. Die meisten von uns brauchen jedoch am Anfang der Ego-Aufhebung radikale, ja manchmal sogar schreckliche Situationen und Menschen, die ihnen mit dem einen, einzigen Ziel begegnen, das Ego-Selbst so lange zu schütteln und zu rütteln, bis es freiwillig seinen schraubstockartigen Griff auf uns und unsere Wahrnehmungen löst.

Es bedarf oft extremer, ja schockierender Personen und Umstände, um die meisten Ego-Illusionen zu knacken! Das Ego-Selbst verlangt bisweilen nach radikaler Konfrontation an vielen Fronten, bis seine Sichtweise der echten weicht. Es hält uns in einem sedierten Schlafzustand, in dem wir tagein tagaus von Albträumen verfolgt werden. Seine von uns selbst und unseren Mitmenschen geschaffene Sicht der Lebensbedingungen, der Gesetze und alltäglichen Sorgen schränkt uns massiv ein. Sie umhüllt uns wie ein dichter, schwerer Nebel, in dem wir auszuharren und zu überleben versuchen. Meist bemerken wir diesen dichten Nebel nicht einmal und nennen dies »Leben«. Nur wenn wir die Identifikation mit dem Ego durchbrechen, können wir neu in ein Leben außerhalb des Dämmerschlafs der Ego-Existenz hineingeboren werden. Diese größte aller Herausforderungen und wohl einzige Grundbedingung für unsere Freiheit ist das, was wir mit Aufhebung des Egos meinen. Sie ist das Höchste, was der Mensch erreichen kann. Durch sie werden wir zu großartigen Mit-Schöpfern und siegreich in unserer Fähigkeit zu wundersamer Transformation.

Vielleicht erahnen wir bereits, dass die Transzendierung des Egos der Grund ist, warum wir überhaupt geboren wurden, und unser Leben so lange ein Kreislauf von Illusionen bleiben muss, bis wir sie erreicht haben. In dem Augenblick, in dem diese Erkenntnis zu uns durchdringt, begreifen wir, dass Widrigkeiten und strenge Lehrer wertvolle Vehikel des Lernens sind. Aus dieser Haltung heraus können wir den Widerstand zurücknehmen und unseren eigenen Transformationsprozess beschleunigen. Bis wir die Ego-Sicht aufgeben, stehen wir unter einem Bann, der im wahrsten Sinne des Wortes unser komplettes Leben bestimmt – von unseren Gedanken, Überzeugungen und Gefühlen bis hin zu deren Manifestation in Unfällen, Konflikten und Zerstörung.

Ziel der Ego-Auflösung ist, die Liebe in vollem Umfang kennen und wertschätzen zu lernen. Um dies zu erreichen, müssen wir uns endgültig aus unserer Angst- und Schuldbesessenheit und all den damit einhergehenden Illusionen lösen. Nur dann sind wir bereit für die umfassende Erfahrung der Liebe. In diesem Wandlungsprozess bricht der Samen unseres Einen Selbst die harte Schale des Egos auf und wird frei. Der Spross schießt durch die Erdoberfläche hindurch und wird in eine Welt aus Licht und Schönheit hineingeboren. Erst jetzt, wo der Samen von der Schale des Egos erlöst ist, kann er wachsen und gedeihen und so sein ganzes Potenzial entfalten.

Der Prozess der Ego-Aufhebung bringt uns dahin, absolutes Vertrauen in die Stimme der universalen Inspiration, in unser Eines Selbst also, zu entwickeln. Wir lernen, dass nur sie uns Trost spenden kann. Wir richten all unsere Gedanken und Absichten auf diese Kraft aus, und wenden uns nicht nur tagtäglich, sondern von Minute zu Minute ratsuchend an sie. Dies geschieht völlig mühelos.

Wenn wir im Fluss des Einen Selbst bleiben, wird unser Leben zu einem wunderbaren Spiegelbild dieser Ausrichtung. Es liegt tiefer Frieden in der Erkenntnis, dass alle Menschen, Dinge und Umstände ebenfalls unter dem Einfluss dieser ganzheitlichen Ausrichtung stehen. Das Aufgeben des Ego-Selbst ist kein Opfer. Wie könnte sie es auch sein? Wenn wir die Hölle gegen den Himmel auf Erden eintauschen, würden wir das als Opfer bezeichnen?

Jetzt, wo wir bereit sind, können wir folgendes Gebet sprechen: »Befreie mich aus der Illusion und führe mich zur Rechtgesinntheit.« Stellen wir diese einfache Bitte mit großer Aufrichtigkeit und Leidenschaft, wird sie uns erfüllt. Mit diesem Gebet ist unser Ziel abgesteckt, und wir können in wirklich jeder Minute unseres Heimwegs mit Beistand rechnen. Haben wir die Ego-Aufhebung erst einmal verwirklicht, empfangen wir wunderbare Gaben, ohne an ihnen anzuhaften. Alles, was wir zu verlieren glaubten, wird uns rein und frei von früheren Illusionen zurückgegeben.

Die Ego-Illusion von der Selbstachtung

Die treibende Kraft hinter unserem Bedürfnis nach Selbstachtung ist leider das Ego. Wie bereits an anderer Stelle erwähnt, giert dieses illusorische Selbst nach Trennung und Besonderheit. Alle Lebensbereiche, die von dieser Pseudo-Besonderheit beherrscht sind, verlangen nach Neubewertung und Korrektur. Alle schädlichen Elemente, die unserem Ego als Klebstoff zur Sicherung seines Zusammenhalts dienen, müssen beseitigt werden.

»›Selbstachtung‹, wie das Ego sie versteht, heißt nichts anderes, als dass das Ego sich dahingehend irregeführt hat, seine Wirklichkeit zu akzeptieren und deshalb vorübergehend weniger räuberisch ist. Diese ›Selbstachtung‹ ist immer anfällig für Krisen, ein Begriff, der sich auf jede wahrgenommene Bedrohung der Existenz des Ego bezieht ... Das Ego ist die Überzeugung des gespaltenen Geistes, dass er völlig auf sich gestellt ist ... [das Ego] nimmt ... wahr, dass es von etwas Größerem als es selbst zurückgewiesen wird. Deshalb muss Selbstachtung im Sinne des Ego wahnhaft sein.«[62]

Andrew Cohen bezeichnet Erleuchtung als das größte Geschenk, das der Welt zuteil werden kann, doch diese Tatsache wird in unserer modernen Welt der kommerzialisierten Spiritualität allzu oft übersehen: Im Namen der spirituellen Transformation investieren viele von uns in die Arbeit am eigenen Selbst sehr viel Zeit und Aufmerksamkeit, ohne zu hinterfragen oder auch nur darüber nachzudenken, ob die Weltsicht, die den Rahmen für diese »Selbst-Verbesserung« bildet, überhaupt irgendeine Gültigkeit hat.[63]

Das Ego-Selbst sucht immer nach Möglichkeiten, sich zu verbessern, zu erweitern und Befriedigung zu verschaffen. Zweck dieses Unterfangens ist, an Pseudo-Selbstwert zu gewinnen und sich in eine imaginäre Aura von Wichtigkeit und Bedeutsamkeit zu hüllen. Doch es ist eben nur eine imaginäre Aura und ganz gewiss nicht die Wahrheit, denn die besagt, dass *nichts Wirkliches bedroht werden kann.*[64] Was real ist, bedarf darum nie der Verbesserung, Erweiterung oder Befriedigung. In dieser unserer Welt der Ego-Illusion kommt unserem Einen Selbst nur eine Aufgabe zu: das Ego loszulassen. Lasst uns restlos aufhören, uns mit dem Ego zu identifizieren; dann wird sich uns der wahre, Eine Wille zeigen und wir erkennen, dass es unser eigener ist.

Den Zweifel am Ego-Selbst schüren

Üblicherweise kommen sämtliche Ego-Bereiche, für die wir uns engagiert haben, auf den Prüfstand und werden transformiert. Der Fokus richtet sich dabei auf die Wandlung und Neuausrichtung aller Ego-Eigenschaften, die mit Talenten und Fähigkeiten, Beziehungen, materiellen Gütern, Status und dem physischen Körper zu tun haben. Eine Grundvoraussetzung für die Ego-Befreiung ist, dem Selbstzweifel auf allen Ebenen Raum zu geben: Skepsis ist gegenüber sämtlichen illusionären Aspekten unseres Lebens, unserer Überzeugungen und Werte angebracht. Je öfter wir »ich weiß nichts« sagen können, desto näher sind wir unserem Einen Selbst. Auch der Satz »Ich erkenne nicht, was zu meinem

Besten ist«[65], ist eine ausgezeichnete Affirmation, die uns sehr helfen kann. Der einzige Zweifel, der um jeden Preis zu vermeiden ist, ist der am Einen Selbst. Was hier gemeint ist, ist der Zweifel an der Quelle, das Fehlen des universalen Vertrauens darauf, dass alle Menschen und Umstände hilfreich sind, weil sie uns lehren, was wertvoll und was nichtig ist.

Durch die Erfahrung der Ego-Befreiung lernen wir, dass Selbstachtung absolut bedeutungslos ist und das Streben danach uns nur von der Wahrheit ablenkt. Zu dieser Erkenntnis gelangen wir durch das unmittelbare Erleben des Verlusts oder der Transformation von allem, was dem Ego lieb und teuer war. Selbstachtung, so wie wir sie kennen, scheint im Prozess der Ego-Befreiung in existenzieller Gefahr. Haben wir erst einmal sämtliche Stützen und Krücken des Egos einschließlich der falschen Selbstachtung beiseitegelegt und unsere Identifikation mit unseren Illusionen aufgegeben, werden wir neu geboren. Jetzt haben wir inneren Frieden gefunden, unendliches Vertrauen geschöpft und auf wundersame Weise ganz neue Eigenschaften errungen.

Vergessen wir eines nicht: Von unserem Entschluss, das Ego loszulassen, werden aller Wahrscheinlichkeit nach auch die uns besonders nahestehenden Menschen tangiert. Da das Ego-Selbst Veränderungen als bedrohlich erlebt, müssen wir mit dem Widerstand der anderen rechnen. Er ist allgegenwärtig. Aus dem kollektiven Denken auszubrechen, kann uns hilfreiche Einsichten in viele unserer Beziehungen bescheren, und manche dieser Einsichten rufen nach Neuausrichtung.

So kann es sein, dass ein Mensch, mit dem wir seit vielen

Jahren befreundet sind, sich immer wieder als Opfer der Umstände erlebt, und wir erkennen, dass wir ihn ungewollt entmündigt haben, indem wir sein Ego-Bild gestützt haben. Sie/er muss sich jetzt entscheiden, was ihr oder ihm wichtiger ist: die Freundschaft zu Ihnen oder die Opferrolle.

Sich auf den Prozess der Ego-Befreiung einzulassen, kann sich auf nahezu jeden Bereich unseres Lebens auswirken. Vorübergehend kommt es in dieser Phase oft zu einer gesellschaftlichen Isolation, weil wir die Überzeugungen und Werte der breiten Masse nicht mehr mitzutragen vermögen.

Kapitel 6

DIE SECHS STUFEN ZUR WAHRHEIT

Im Zuge der Veränderungen, die sich im Prozess der Ego-Aufhebung in unserem Leben ergeben, durchlaufen wir sechs klar definierte Stufen, die in diesem Kapitel beschrieben werden. Diese Ausführungen sollen Ihnen in der Zeit der Transformation als Orientierungshilfe dienen und Ihnen zeigen, mit welchen Erfahrungen Sie in diesem Zusammenhang zu rechnen haben. Auch möglichen Zweifeln an der Richtigkeit dieses Weges sollen sie entgegenwirken. Und Sie erfahren, welche Veränderungen in Ihnen selbst und in Ihren Beziehungen zu anderen auftreten können.

1. Stufe: Aufhebung des Egos

Die 1. Stufe wird oft durch ein enttäuschendes Erlebnis ausgelöst. Manchmal stellt sich im Verlauf einer durch Verlust oder Veränderung ausgelösten Krise ein Gefühl der Übersättigung mit der Ego-Identifikation ein, zum Beispiel:

- Überidentifikation mit dem eigenen Status in Beruf, Familie oder Gesellschaft;
- Überidentifikation mit materiellem Wohlstand oder Besitztümern;

- Überidentifikation mit Image, Körper, Persönlichkeit;
- Überidentifikation mit romantischen oder familiären Beziehungen;
- eine gesundheitliche Krise oder persönliche Tragödie;
- eine Depression oder ein lang anhaltendes Stimmungstief.

Es ist mehr als wahrscheinlich, dass diese erste sich über die 1. und 2. Stufe erstreckende Phase als eine Art Weckruf erlebt wird, der uns zur Veränderung auffordert. Es geht darum, uns wach zu rütteln und in uns den Drang zu entfachen, unsere Werte zu hinterfragen und uns auf die Suche nach dem wahren Zweck unseres Daseins zu begeben. Meist gehen wir relativ unbewusst durchs Leben, und Enttäuschungen, Verluste und Krisen – so extrem sie bisweilen sein mögen – sind oft die einzige Möglichkeit, unsere Erstarrung zu durchbrechen und uns zu sinnvollem Handeln und zur Veränderung zu motivieren.

In dieser Anfangszeit haben wir meist noch nicht erkannt, dass unsere Loyalität dem falschen Ziel gilt. Bisher war unsere Weltsicht auf Trennung ausgerichtet, und wir bezogen all unsere Antworten aus unserem Ego-Selbst. Jetzt suchen wir nach einer anderen Betrachtungsweise. In dieser Phase der Desillusionierung erwacht in uns die Sehnsucht nach einem tieferen Sinn im Leben. Gerade in dieser ersten Zeit scheinen Unsicherheit und Chaos unsere Ängste noch zusätzlich zu schüren. Und doch begegnet uns hier eine große Chance. Nur wenn wir uns bedroht, am Boden zerstört und verletzlich fühlen, wenden wir uns der Quelle und universalen Inspiration zu. Dann erst fangen wir an, unsere Seele zu ergründen, und wir suchen den Beistand einer höheren Instanz. In dem Augenblick, in dem wir unser Ego-Selbst vorübergehend zur Seite schieben und ernsthaft um Wahrheit bitten, wird unsere Verletzlichkeit zu unserer Stärke.

Der erste Schritt

In der 1. und 2. Stufe unternehmen wir den ersten Schritt hin zur Verwirklichung des Selbst. Um ihn zu tun, bedarf es unserer Bereitschaft …

- anzuerkennen, dass wir im Hinblick auf die Wahrheit nichts wissen, und jedes uns von ihr trennende Hindernis zu beseitigen;
- so gut wie alles zu *verlernen*, was wir bisher für Realität hielten, einschließlich unserer eigenen begrenzten Identität;
- die volle Verantwortung für unsere Vergangenheit und die von uns tagtäglich neu erschaffene Wirklichkeit zu übernehmen; es gibt keinen Platz für Hilflosigkeit;
- zu akzeptieren, dass die Anfangsphase des Prozesses viele Ängste auslösen kann, die es zu konfrontieren, statt zu vermeiden gilt;
- zu erkennen, dass *jede* Veränderung in Richtung Selbst-Verwirklichung von Vorteil ist, auch wenn sie uns unbequem sein mag.

Interessant ist hier vielleicht die Feststellung, dass viele, wenn nicht die meisten spirituell Suchenden und Lehrenden den ersten Schritt noch nicht getan haben. Mag sein, dass sie ein erstaunlich umfangreiches Wissen zu diesem Thema angehäuft haben; doch ihr Ego ist immer noch intakt. Die Winkelzüge des Egos sind absolut verblüffend. Es entwickelt sofort eine Möglichkeit, erleuchtet zu wirken, indem es jede Menge Informationen zu spirituellen Themen sammelt. Es kann so viel davon zusammentragen, dass es so gut wie jeden, einschließlich den Betreffenden selbst, hinters Licht führen und glauben machen kann, es zur Erleuchtung gebracht zu haben. Dabei hat das »erleuchtete« Ego den Aufhebungsprozess noch nicht einmal eingeleitet. Im Gegenteil! Es ist in die völlig entgegengesetzte Richtung unterwegs und eifrig damit beschäftigt, sich immer noch mehr Überzeugungen anzueignen, die erst wieder abgebaut werden müssen.

Mit dem ersten Schritt wird der Prozess der Ego-Aufhebung und des Verlernens eingeleitet. Ziel ist es, die Schichten der Selbsttäuschung eine nach der anderen abzutragen, bis wir schließlich zur Wahrheit vordringen und erkennen, wer wir sind. Vergessen wir nie, mit welcher Zwanghaftigkeit das Ego im Äußeren nach Weisheit sucht. Diese aber wird uns in der *Aufhebung* offenbart und nicht in der Anhäufung von immer mehr intellektuellen Informationen.

Langsam lernen wir, was in Wahrheit wertvoll und was nichtig ist. Es kommt zu einer Neugewichtung unserer Überzeugungen, Werte, Wahrnehmungen und Beziehungen. Gleichzeitig erhaschen wir erste Einblicke in die *universale Ordnung* unseres Lebens, und wir werden gedrängt, auf die Veränderungen zu vertrauen, die diese *universale Intelligenz* für uns bereithält. Es ist hier kein Platz für Hilflosigkeit oder Opferhaltung; uns solchen Gefühlen hinzugeben hieße, uns der Gelegenheit zu berauben, ins Vertrauen zu kommen.

1. Stufe: Aufhebung des Egos

Ein Ziel dieser Phase ist, unseren Glauben an die Tatsache zu stärken, dass Veränderungen immer hilfreich sind, selbst wenn sie uns bisweilen noch so unbequem erscheinen mögen. Wir sollten uns stets vor Augen führen, dass wir uns gerade in einem Auflösungsprozess befinden, der uns der Freiheit und dem innerem Frieden ein Stück näher bringt.

Es ist wichtig zu wissen, dass das Passieren dieser Stufen mit hoher Wahrscheinlichkeit innere Konflikte mit sich bringt. Diese werden in vielerlei Hinsicht umso heftiger, je weiter wir auf unserem Weg voranschreiten, weil hier zwei einander diametral entgegengesetzte Denksysteme – die des Ego-Selbst und die des Einen Selbst – aufeinanderprallen. Wir haben uns hinter einem Wall von Hilflosigkeit, Begrenztheit und Urteilen verschanzt, den wir durch jahrelange Pflege unseres Ego-Selbst aufgetürmt haben, und jetzt führen wir auf einmal eine völlig neue Weltsicht ein, die die bisherigen Fundamente unserer Existenz zu unterminieren scheinen. Das Ego-Selbst ist außer sich, weil wir uns ausgerechnet die Position seines Erzfeindes zu Eigen machen und die volle Verantwortung für die Erschaffung unserer eigenen Realität übernehmen. Können Sie sich vorstellen, wie abwehrend es reagiert? Es bezieht doch seinen Lebenssaft aus unserem Glauben an die Illusion, Opfer der Welt zu sein, so wie wir sie sehen: dass andere Menschen uns angreifen können; dass Schuld und Bestrafung gerechtfertigt sind; dass wir beim Geben etwas weg-geben. Wenn wir das nächste Mal also im Fernsehen die Nachrichten anschauen und der übliche Schwall von Katastrophenberichten über uns hereinbricht, sehen wir das Ganze vielleicht mit anderen Augen an. Vielleicht sehen wir die Betroffenen nicht mehr als Opfer scheinbarer Täter, sondern begreifen, dass sie ohne Bewusstheit leben und sich infolgedessen ihre unglückliche Wirklichkeit selbst erschaffen.

Mag sein, dass das Ego-Selbst diese Idee sogar annimmt, weil sie seine Identität nicht unmittelbar bedroht. Doch schauen wir uns ein anderes Szenario an, das eine größere Herausforderung birgt: Nehmen wir an, Ihr Partner stürmt eines Tages grußlos zur Tür herein. Er ist eindeutig wütend. Sie wundern sich und fragen verunsichert oder unwirsch: »Was ist denn mit dir los?« Die Antwort lautet: »Lass mich in Ruhe. Ich will jetzt nicht reden!« Inzwischen sind Sie garantiert beunruhigt und Sie beziehen Ihre Gedanken aus der Angst: »Was habe ich bloß gemacht?«, »Liebt er mich etwa nicht mehr?«, »Bloß weg hier!«, »Wir müssen unbedingt reden! Jetzt!«. In einer dramatischen Situation wie dieser halten wir kaum inne, um uns unsere Gedanken bewusst zu machen, ihnen Einhalt zu gebieten und Klarheit zu suchen; meist bleiben wir auf der vertrauten Spur unserer Angst-Gedanken, die uns zu Angst-Reaktionen führen.

Unser neues Denksystem würde uns dazu bringen, die Opferrolle zu verlassen und alles daranzusetzen, die Position des Beobachters einzunehmen. Es würde von uns verlangen:

- unser reaktives Denken und Fühlen zu beobachten;
- zu akzeptieren, *was wirklich ist*. In Wirklichkeit befindet sich nämlich unser Partner gerade in einem Konflikt. Wenn unsere Gedanken mit dieser Realität in den Clinch gehen, verstärken wir sie dadurch noch;
- uns vor Augen zu führen, um wessen Angelegenheit es

hier geht: die des Partners. Respektieren wir also seine Wünsche und pflegen wir keine Gedanken, die uns nichts angehen, weil sie Sache des anderen sind.

Wer den störenden Gedanken nicht ohne Weiteres widerstehen kann, möge »The Work« von Byron Katie[66] nutzen, zu Papier und Stift greifen und sich die vier Fragen mit den entsprechenden Umkehrungen stellen (siehe Anhang I).

In der ersten Stufe sind wir zwar offen für diese neue Weltsicht, aber häufig nicht auf die damit einhergehenden anfänglichen Herausforderungen vorbereitet. Vielleicht können wir mental nachvollziehen, dass jeder von uns sich seine Wirklichkeit selbst erschafft. Stellen sich aber in unserem Leben Probleme ein, die unsere wichtigsten Beziehungen, materiellen Besitztümer oder Überzeugungen infrage stellen, neigen wir unbewusst dazu, diese aus unserer neuen Wahrnehmung auszublenden. Immer wieder wird unsere Erkenntnis auf die Probe gestellt, dass unsere Schwierigkeiten – etwa in der Partnerschaft oder im Beruf – nicht von anderen Menschen oder äußeren Umständen verursacht werden. Innere Konflikte sind hier unausweichlich, denn unser Ego-Selbst predigt beharrlich, dass Probleme von jeher und bis in alle Ewigkeit einzig und allein von *irgendwo da draußen* kommen. Dann aber kommen wir wieder zur Besinnung und erinnern uns an die einzige Wahrheit, dass unsere Probleme allein in unserem Denken und keinesfalls außerhalb von uns liegen. Und wir machen uns klar, dass das, was wir *im Außen* sehen, eine bloße Reflektion unserer Gedanken und Überzeugungen ist, und so heilen wir die illusionäre Wahrnehmung, die all unseren Schwierigkeiten zugrunde liegt. Jetzt können wir unsere Aufmerksamkeit darauf verwenden, nicht die Welt an sich, sondern unsere Wahrnehmung von der Welt zu verändern.

Überzeugungen sind die mentale Annahme, dass etwas wahr oder wirklich ist. Aber wir entwickeln nur zu bestimmten Dingen tiefe Überzeugungen, während wir andere Aspekte unseres Daseins außer Acht lassen. »Wir glauben vielleicht an vergangene Leben, aber an gestern glauben wir nicht. Mit anderen Worten, wir machen uns einen Glauben über Dinge, von denen wir aus direkter Erfahrung nichts wissen. Warum? Weil wir nicht bereit sind, im Zustand des Nichtwissens zu bleiben ... Wir brauchen den Glauben, weil wir uns von einer tiefen Verbindung zu dem, was real ist, abgeschnitten fühlen. Tiere, kleine Kinder und transluzente [erwachte] Menschen brauchen nichts zu glauben, weil sie dem treu sind, was sie sind.«[67] Unsere unhinterfragten Überzeugungen sind verantwortlich dafür, welche Formen unsere Welt annimmt und wie wir uns selbst und anderen Menschen begegnen.

Jetzt begreifen wir allmählich, was mit der Aussage gemeint ist, dass unsere Gedanken und Überzeugungen unserem *Willen* entspringen; wir projizieren sie nach außen, damit sie uns unsere eigene Wirklichkeit zurückspiegeln. An dieser Stelle können wir den Projektionszyklus durchbrechen, indem wir Verantwortung für unsere eigenen Gedanken übernehmen und ihre Macht erkennen, dass diese die Realität erschaffen, so wie wir sie sehen. Wenn uns dann jemand zu nahe tritt, können wir uns entschließen, die Wahrheit zu sehen und nicht in Angriff oder Verteidigung über-

1. Stufe: Aufhebung des Egos

zugehen, was wiederum nur zur weiteren Verstärkung unserer Projektion beitragen würde.

Wenn wir den Wechsel unserer Weltsicht weg von einer von fremden Einflüssen gesteuerten hin zu einer von unseren eigenen Wahrnehmungen geschaffenen Realität vollziehen, lassen sich unangenehme Gefühle kaum vermeiden. Ein Leben lang haben wir die Ursache für alles, was uns widerfuhr, irrtümlicherweise im Außen gesucht und damit unsere Anhaftung an Trennung, Angriff und Verteidigung gerechtfertigt. Bei jeder Bedrohung sahen wir uns automatisch im Visier von etwas, das getrennt von uns war und außerhalb von uns lag, und so fochten wir die Wirklichkeit an und projizierten Schuld nach außen. In Wahrheit aber gibt es keine Schuld, weder außerhalb von uns noch in uns; und doch sind wir jetzt ernstlich versucht, unsere Vorwürfe nach innen, gegen uns selbst, zu richten. Darum ist es so wichtig zu begreifen, dass niemandem Schuld zu geben ist – auch nicht uns selbst. Wenn wir uns von unserem Hang zur Projektion verabschieden, kann es gut sein, dass wir von einer Welle der Selbstkritik und Selbstverurteilung überrollt werden, weil wir zum ersten Mal in unserem Leben unseren Anteil an unseren Misserfolgen und gescheiterten Beziehungen sehen und begreifen, dass wir nicht das Opfer sind, das wir zu sein glaubten.

Ein weiteres Symptom dieser anfänglichen Wandlungsphase ist ein akuter innerer Konflikt, weil unser Geist Einheit braucht. Solange wir auf ein bestimmtes Denksystem ausgerichtet sind, wie dies bei den meisten von uns bisher der Fall war, läuft alles einigermaßen rund. Führen wir dann aber auf einmal Gedanken ein, die denen der Ego-Wirklichkeit widersprechen, kann uns dies in erheblichen inneren Aufruhr stürzen. Dies ist die Phase, in der sich das Ego-Selbst am intensivsten zur Wehr setzt. Es bedrängt uns mit dem Argument, dass es vor dem Eindringen dieses höheren Gedankensystems gelegentlich auch Zeiten von Leichtigkeit und kleine Fluchten gegeben habe. Im Lichte der Erkenntnis, dass wir nunmehr selbst für unser Leben verantwortlich sind, versucht es, uns zur Rückkehr in die gute alte Zeit der Ignoranz zu bewegen. Und wenn das nicht funktioniert, wird es garantiert alles daransetzen, die Schuld für die momentanen Störungen unseres inneren Friedens auf die Quelle oder andere Menschen zu schieben. Es wird mit dem Finger auf unseren Job, unsere Familie oder unsere finanzielle Situation zeigen und uns weiszumachen versuchen, dass sie es seien, die uns nicht zur Ruhe kommen lassen. Mit Sätzen wie »Wenn ..., dann ...« und »Es wird mir besser gehen, sobald ...« verbrämt es seine Taktik, uns vom Jetzt-Moment fernzuhalten und uns in eine illusionäre Zukunft zu projizieren.

Auch in der Vergangenheit sucht das Ego-Selbst nach Gründen für unseren Mangel an innerem Frieden, und stets findet es dort irgendjemanden oder irgendetwas, der oder das für unser derzeitiges Unglück verantwortlich ist. All diese Taktiken sind Illusionen. Solange wir ihnen auf den Leim gehen, jonglieren wir unentwegt mit Hoffnung auf zukünftigen Frieden und Schuldzuweisung für vergangene Friedensstörungen und übersehen dabei, dass der Friede im Jetzt zu finden ist – in jedem einzelnen Augenblick. »Sind wir innerlich uneins? Wenn wir innerlich uneins sind, gibt es keinen Weg, weder im Himmel noch in der Hölle, dass

1. Stufe: Aufhebung des Egos

wir morgen nicht auch eine Welt haben, die uneins ist. Egal, ob wir die besten Absichten im Universum haben; was wirklich zählt, ist der Zustand, von dem aus wir handeln.«[68]

Wissen wir Bescheid und kennen die wichtigsten Strategien, mit denen sich das Ego-Selbst der Weiterentwicklung widersetzt, können wir uns diese Zeit der inneren Konflikte erleichtern. Wenn wir merken, wie wir den unten dargestellten Gedankengängen oder Überzeugungen folgen, können wir sicher sein, auf die falsche Stimme zu hören:

- *Ich würde in Frieden und glücklich sein ...*
  ... wenn er/sie mich mehr lieben würde;
  ... wenn sich meine finanzielle Situation verbessern würde;
  ... wenn ich nicht mehr so viel zu tun hätte;
  ... wenn ich meine Lebensaufgabe gefunden hätte;
  ... wenn ich neue Freunde gefunden hätte;
  ... wenn ich ab- oder zugenommen hätte und/oder richtig fit geworden wäre;
  ... wenn ich endlich die Anerkennung, Zustimmung oder Wertschätzung bekäme, die ich brauche.

In diesen Fällen verschieben wir Frieden und Glück auf eine *Zukunft,* wie wir sie uns vorstellen; das ist **unsere Angelegenheit**, also unsere Verantwortung.

- *Die Vergangenheit macht mich krank und unglücklich ...*
  ... weil meine Kindheit schwer war;
  ... weil mein Partner mich verlassen hat und ich mich ungeliebt, verlassen und wütend fühle;

... weil ich meinen Job verloren habe;
... weil dieser Streit mir die Laune verdorben hat.

Hier glauben wir, dass die Gründe für das Fehlen von Frieden und Glück in der *Vergangenheit* liegen. Auch das ist ***unsere Angelegenheit*.**

- *Ich bin fassungslos ...*
  ... meine Mutter treibt mich in den Wahnsinn.
  ... mein Kollege ärgert mich mit seiner übellaunigen, fordernden Art.
  ... mein Partner sollte mich mehr lieben.
  ... die Kinder lenken mich dauernd ab.
  ... der Nachbar redet zu viel und ist zu laut.

Hier meinen wir, *jemand anderes* hätte unseren Konflikt verursacht. Die Gedanken und Verhaltensweisen anderer sind ***die Angelegenheit eines anderen*.**

- *Mir geht es schlecht ...*
  ... weil meine Gebete nie erhört werden;
  ... weil die Welt so chaotisch ist, dass ich nicht sein kann, wie ich bin;
  ... weil mir das Universum ein finanziell sorgenfreies Leben verweigert;
  ... weil mich Gott so geschaffen hat, kann ich mich um meine spirituelle Entwicklung nicht intensiver kümmern.

1. Stufe: Aufhebung des Egos

Hier klagen wir *Gott* oder *die Welt* (unser Umfeld, die Umstände) für unsere Probleme an. Dies ist ***die Angelegenheit der Quelle***.

- *Ich bin über mich unglücklich …*
  … ich bin nicht liebenswert.
  … ich falle überall aus dem Rahmen.
  … mir gelingt einfach gar nichts.
  … ich bin selbst mein schlimmster Kritiker.
  … ich bin wertlos, ein Verlierer, ein Taugenichts.
  … ich bin nicht attraktiv genug, jung genug, schlank genug usw.

In diesen Fällen sind wir selbst unser schlimmster Kritiker, hier haben wir uns auf den *Trip von Selbstvorwürfen und Schuldgefühlen* begeben: **unsere Angelegenheit**.

Bei all diesen Argumenten handelt es sich in Wirklichkeit um nichts anderes als unhinterfragte Überzeugungen. Unser Ego-Selbst drischt mit einer endlosen Litanei von falschen Beschuldigungen auf uns ein, um sein gestörtes Denksystem aufrechtzuerhalten und weiter zu stärken. Sobald derartige Gedanken oder Überzeugungen in uns aufsteigen, können wir auf eine Methode zurückgreifen, die uns sofort den inneren Frieden zurückbringt: Byron Katies vier Fragen mit den entsprechenden Umkehrungen aus »The Work« (Anm. 69 und Anhang I). Um langwierige, unangenehme Prozesse zu vermeiden, müssen wir lernen, unsere Konflikte zu erkennen und zu bearbeiten, denn wenn wir versuchen, uns ihnen zu widersetzen, ihnen aus dem Weg zu gehen, sie zu leugnen oder zu bemänteln, geraten wir sofort in Schwierigkeiten. Frieden finden wir nur, wenn wir alle inneren – oder scheinbar äußeren – Konflikte lösen, indem wir mutig nach der Wahrheit forschen.

Laut EKIW® sind die drei Grundannahmen des Ego-Selbst: »… dass du angegriffen worden bist, dein Gegenangriff gerechtfertigt ist und du in keiner Weise dafür verantwortlich bist«.[70] Die Antwort der universalen Inspiration steht dazu in direktem Gegensatz, denn sie lautet: »Du kannst nicht angegriffen werden, für Angriff gibt es keine Rechtfertigung, und du bist für das verantwortlich, was du glaubst.«[71] In Wahrheit kann nur etwas, das nicht wirklich ist, zerstört werden. Alles Wirkliche ist immer absolut unzerstörbar.

Zusammenfassend kann gesagt werden, dass wir in diesem Leben nur dann auf Erlösung hoffen können, wenn wir die Illusion des Angriffs überwinden. Wir lehren uns gegenseitig am eigenen Beispiel und kraft unserer Überzeugungen; und die anderen unterstützen uns ihrerseits, indem sie unsere Überzeugungen bekräftigen. Um dies zu begreifen, müssen wir perfekte Immunität vorleben. Dies lässt sich nicht erreichen, indem wir diese Vorstellungen allein mit dem Intellekt zu erfassen suchen. Um zu einem persönlichen Verständnis der Wahrheit *(alles Wirkliche ist absolut unzerstörbar)* zu gelangen, gibt es nur einen gangbaren optimalen Weg:

1. Im Falle des vermeintlichen Angegriffen-Werdens (Beleidigt-, Betrogen-, Beschimpft-Werdens) ohne Verteidigung oder Gegenangriff zu reagieren.

Wenn wir erkennen, dass der Angriff des anderen lediglich ein verdeckter *Schrei nach Liebe* ist und es keine andere Wahrheit als diese gibt, werden wir einen nie erahnten Frieden finden. Und im selben Moment beginnen wir, uns zur Ganzheit hin zu entwickeln.

Das Gift der Projektion

Bereits an anderer Stelle haben wir gesehen, wie es im Augenblick der Trennung zu einer Spaltung unseres Geistes kam und das Ego-Selbst unter dem Eindruck der Schuld wegen der Ablösung von der Quelle danach strebt, seine gespaltene Existenz zu rechtfertigen. Sein wichtigstes Mittel, um die Illusion der Getrenntheit von allem und jedem aufrechtzuerhalten, ist der Trick der Projektion. Es ist in der Tat so, dass alles, was wir in uns verdrängen, abspalten oder ablehnen von unserem Ego-Selbst nach außen auf andere Menschen, Situationen und Dinge projiziert wird. Begegnet uns also in einem anderen Menschen eine Eigenschaft wie Faulheit oder Übellaunigkeit, verurteilen wir das sofort und betrachten den anderen als getrennt von uns. Was auch immer uns in anderen frustriert oder ärgert, sind stets verborgene, nicht integrierte Anteile unserer eigenen Psyche oder Persönlichkeit. Das Maß, in dem wir andere ablehnen, ist das Maß, in dem wir uns insgeheim selbst ablehnen – und damit die Wahrheit unseres Selbst, die Selbst-Liebe, zurückhalten. Je mehr Hässlichkeit wir in anderen sehen, desto mehr halten wir insgeheim an der Hässlichkeit in uns selbst fest. So können wir uns nicht befreien! »Was du projizierst, das erkennst du nicht als zu dir gehörig an, und daher glaubst du auch nicht, dass es dein ist.«[72]

Die unglaubliche Wahrheit hinter all unseren Projektionen ist, dass wir zwar andere im Außen zu beurteilen *scheinen*, in Wirklichkeit aber nur uns selbst verurteilen. Jedes Mal, wenn wir uns ärgern, Widerwillen empfinden und frustriert sind, greifen wir uns selbst an. Das ist der Grund, warum wir uns bei Konflikten zum Beispiel im Beruf, in der Partnerschaft oder in der Familie so niedergeschlagen, so lust- und energielos fühlen. Ohne es zu wissen, ziehen wir uns jedes Mal Lebenskraft ab, wenn wir an negativen Urteilen über andere festhalten und diese rechtfertigen. Welch düstere Aspekte des anderen wir auch immer als störend empfinden, stets handelt es sich dabei um verborgene Anteile von uns selbst. Diese in anderen anzugreifen heißt, weiter in die Trennung zu gehen und nicht ganz werden zu wollen. Der einzige Zweck der Projektion liegt darin, die Illusion von Getrenntheit und Chaos aufrechtzuerhalten.

Wenn wir über andere urteilen, reden wir uns ein, dass wir selbst unschuldig sind, und versuchen die Tatsache zu verschleiern, dass wir selbst zuerst angegriffen haben. Ärger, egal ob gegen andere oder gegen uns selbst, ist nur möglich, wenn es eine Projektion gegeben hat. Dies ist die Art und Weise, in der das Ego-Selbst unsere ursprüngliche Wahrnehmung vom anderen und von uns selbst ein für allemal zerstört. Wenn wir uns die Zeit nehmen, das Phänomen der Projektion logisch zu durchdenken, wird uns klar, wie wahnsinnig es ist. Zuerst fängt es damit an, dass wir etwas leugnen und unterdrücken, was in uns ist, was wir aber nicht haben wollen. Dann übertragen wir diesen abgespaltenen Teil von uns auf einen anderen dergestalt, dass wir uns von ihm getrennt und das Ganze als einen von außen kommenden Angriff erleben. Und wenn wir glauben, dass die Projektion von Schuld zwar meist schädlich, unser Ärger manchmal aber gerechtfertigt sei, dann irren wir. Projektion ist *immer* eine destruktive Illusion und der wesentliche Grund unseres *ganzen* Unglücks. Sie ist die Wurzel allen scheinbaren Chaos in dieser Welt. Wann immer wir glauben, in der Welt einer Form von Disharmonie zu begegnen, greifen wir uns selbst an und trennen uns von anderen. Es gibt hier absolut keine Ausnahmen. Projektionen gleich welcher Art sind immer eine Lüge, und je schneller wir lernen, sie fallen zu lassen, desto schneller finden wir den Weg zu echtem Frieden.

Wenn wir bei jedem Urteil oder Angriff gegen andere klar erkennen könnten, dass wir in Wirklichkeit uns selbst angreifen, würden wir damit aufhören. Es ist, als würden wir mit jeder Projektion auf andere eine Dosis Gift in unsere eigenen Venen injizieren, bis wir irgendwann vergiftet zu Boden sinken. Die meisten von uns sind, ohne es zu wissen, ganz und gar mit diesem Gift durchtränkt, und doch zeigen sie weiter mit dem Finger auf andere und fragen sich, warum sie emotional oder physisch im Sterben liegen. Unser Körper wäre und bliebe sicher sehr viel und anhaltender gesünder, wenn wir freiwillig auf das Gift der Projektion verzichten würden. Da der Körper durch den Geist gesteuert ist, wird er durch Projektion unweigerlich stark in Mitleidenschaft gezogen. Wenn wir dies erkennen, ist uns ein wunderbares Instrument zur inneren wie äußeren Heilung an die Hand gegeben.

Die Abwesenheit von Schuld

Eine weitere Form von Trennung und Angriff, die uns vergiftet, ist Schuld. In den frühen Stadien der Vertrauensbildung scheint sie sich aufzublähen, weil wir anfangen, die Verantwortung für das von uns geschaffene Leben zu übernehmen. Hören wir auf, Schuld auf andere Menschen oder Dinge zu schieben, wirft uns das Ego-Selbst Ignoranz, Trägheit oder Schlechtigkeit vor. Dies ist ebenso schädlich, wie anderen Schuld zuzuweisen.

Jede Schuld kommt aus dem Ego-Selbst, denn sie verstärkt Angst und Trennung. Wir gehen aus der Liebe und Verbundenheit heraus, wenn wir in der Schuld stehen. Die Quelle hat nur Liebe erschaffen. Alles, was nicht Liebe, Friede und Freude ist, kommt aus unserem gespaltenen Geist. Weil nicht die Quelle, sondern wir das Leid gemacht haben, haben wir auch die Macht, es zu heilen – nicht irgendwann in der Zukunft, sondern jetzt, in dieser Minute. Wie das gehen soll? Indem wir erkennen und akzeptieren, dass wir uns in jedem Augenblick entweder für das Ego-Selbst oder das Eine Selbst entscheiden müssen. Welche Art von Gedanken hegen wir? Wenn wir unbarmherzige Urteile über andere oder uns selbst gefällt haben, übergeben wir sie einfach der universalen Inspiration. Alles was wir in diesem Moment tun müssen, ist, den tiefen Wunsch in uns zu hegen, frei von Urteilen zu sein und dadurch dem Gift zu entfleuchen, das sonst permanent in uns injiziert wird.

Fällt es uns zu schwer, das Urteilen aufzugeben, dann sind wir vielleicht süchtig danach, Recht zu haben. Unserem Ego-Selbst liegt sehr viel daran, Recht zu haben. Unbedingt möchte es die Oberhand über andere gewinnen. Es will als der Beste und Klügste dastehen. In die ersten Stufen der Vertrauensbildung einzutreten heißt vor allem, in jedem einzelnen Augenblick dem Frieden absolute Priorität einzuräumen. Hierzu ist es nötig, unsere Gedanken im Zaum zu halten, Beobachter zu werden und uns bei jeder Herausforderung für Frieden zu entscheiden. Nehmen wir an, ein Arbeitskollege benimmt sich uns gegenüber ausgesprochen arrogant, damit wir ihm Recht geben und damit seine Überlegenheit bestätigen. In diesem Falle haben wir zwei Möglichkeiten.

1. Das Ego-Selbst betrachtet dies als einen feindseligen Übergriff von außen. Es drängt uns, in die Verteidigung zu gehen und dem anderen begreiflich zu machen, dass *wir* Recht haben und ihm überlegen sind, weil sein Standpunkt falsch und er weniger wert ist.
2. Unser Eines Selbst würde über die offensichtliche Feindseligkeit hinwegsehen und uns daran erinnern, dass sich hinter der arroganten Art des anderen in Wirklichkeit einfach ein versteckter Schrei nach Liebe oder Ganzwerdung verbirgt.

Wenn wir auf den Ego-Wahn des anderen mit Konfrontation reagieren, verstärken wir damit zugleich den Angriff und die Spaltung in uns selbst. Wir injizieren noch mehr Gift in unsere Venen. Beschließen wir aber, über den Irrtum unseres Kollegen hinwegzusehen und die Wahrheit hinter der Illusion zu erkennen suchen, erfahren wir damit tiefe Heilung. Vielleicht ist uns nicht bewusst, dass wir in diesem einen Akt nicht nur Ursache und Wirkung vertauscht, sondern auch zur geistigen Ganzwerdung eines anderen beigetragen haben. Dies mag sich nicht sofort offenbaren; vielleicht erleben wir unseren Kollegen weiterhin als scheinbar irrational und arrogant, doch letztlich setzt sich die Liebe immer durch. Wenn wir Beharrlichkeit zeigen, kommt es zu einer wunderbaren Wandlung, die unsere innere Transformation widerspiegelt. Probieren Sie es aus, es funktioniert!

Wenn Sie das nächste Mal versucht sind zurückzuschlagen, fragen Sie sich: »Was will ich? Recht haben (also die Illusion aufrechterhalten und mich vergiften) oder Frieden (sprich Befreiung und wahres Glück)?«

Wenn unser Ego-Selbst in uns bisweilen den Eindruck zu erwecken versucht, dass in unserer Beziehung immer wir derjenige sind, der über alles hinwegsieht, der alles vergibt und den Ärger meidet, und wenn wir denken: »Das ist nicht fair. Warum muss immer ich der Großzügigere sein?«, dann liegt es daran, dass wir über die größere geistige Klarheit verfügen. Unser Grad an Bewusstheit reicht aus, um uns für die Rechtgesinntheit zu entscheiden. Wir wissen, dass wir die Wahl haben und es in unserer Verantwortung liegt, die einzig richtige zu treffen: die der Liebe. Es könnte sein, dass viele der Menschen in Ihrem Umfeld noch nicht erkannt haben, dass sie zwischen Ego und ganzheitlichem Selbst wählen können. Wenn dies so ist, nehmen Sie es zunächst als gegeben hin. Vielleicht wird Ihnen dabei bewusst, welch wunderbare Gelegenheit sich Ihnen hier bietet, diese Prinzipien vorzuleben und so am eigenen Beispiel zu lehren. Streben Sie nicht nach Anerkennung von außen. Lernen Sie, sich selbst wertzuschätzen; andernfalls werden Sie irrtümlicherweise Widerwillen gegen einen anderen aufbauen, der Ihnen vorenthält, was Sie zu brauchen meinen. In diese Falle stolpern viele in den ersten Stufen. Wenn wir uns über etwas ärgern oder Groll in uns tragen, ist es darum so wichtig, Papier und Stift zur Hand zu nehmen und das jeweilige Thema mittels »The Work« von Byron Katie[73] zu bearbeiten (siehe Anhang I). Auf diese Weise finden wir unseren Frieden wieder und kehren zur reinen Wirklichkeit zurück.

Manchmal melden sich zwei Stimmen in uns zu Wort: Die erste und lautere kommt von unserem Ego-Selbst. Die zweite, die leisere ist die unseres Einen Selbst, aus der auch die universale Inspiration spricht. Mit zunehmender Übung lernen wir, automatisch letzterer Gehör zu schenken. Vergessen wir nicht, dass die Stimme des Ego-Selbst projiziert, während die Stimme des Einen Selbst sich verströmt. Die eine ruft Angst und Trennung auf den Plan, die andere Frieden.

Es gibt nur einen *einzigen* Weg zu echtem Glück in dieser Welt: Wir müssen lernen, anderen zu geben, was wir selbst tief im Inneren über uns wissen müssen: wer wir *wirklich* sind. Und was ist das für ein Wissen? Wir müssen nicht gesagt bekommen, dass wir fehlerhaft, unvollkommen, tückisch, bösartig, selbstsüchtig, schwach, inkompetent, nutzlos, unzulänglich, unsauber, pervers, obdachlos, undiszipliniert, unsensibel, ungesund, ignorant, arglistig, unehrlich, gefühlskalt, bedürftig, unwürdig, hilflos, dumm, doppelzüngig, egomanisch oder Verräter sind. Und doch fallen uns solche Aspekte sehr schnell in unserem Partner oder Verwandten, Freunden und Kollegen auf. Selbst beim Zeitunglesen oder Fernsehschauen tun wir nichts lieber, als Urteile über Menschen und Situationen zu fällen, die uns überhaupt nichts angehen. Dauernd sehen wir in anderen irgendetwas Hässliches, das wir ihnen dann insgeheim oder öffentlich um die Ohren schlagen. Begreifen wir nicht, welch absolut lächerlichem, überflüssigem Zeitvertreib wir uns da hingeben? Wir sagen, dass wir uns nach Liebe, Akzeptanz, Verständnis und Vergebung sehnen. Und doch verlieren wir uns darin, im Außen danach zu suchen. Und zusätzlich sammeln wir all dieses Gift in uns an, in dem wir der Negativität durch Projektion auf andere freien Lauf lassen. Wir weigern uns, anderen in aller Offenheit und ohne Fragen zu stellen das zu geben, was wir uns selbst sehnlichst wünschen: bedingungslose Liebe, Verständnis, Akzeptanz und Vergebung.

Die schnellste Möglichkeit zu erfahren, wer und was wir sind, ist, in anderen danach zu suchen. Bedingungslose Liebe, Freude, Friede, Akzeptanz, Verständnis und Vergebung – das ist es, was unser Wesen ausmacht! Wir werden dies erst erkennen, wenn wir begriffen haben, dass jeder einzelne Mensch ein Teil von uns ist; er ist nur scheinbar in Raum und Zeit getrennt. Um diese fühlbare Illusion zu überwinden, müssen wir über den Irrtum hinwegsehen und anderen das geben, wonach wir uns selbst im tiefsten Inneren sehnen. Indem wir dies in konkretes Handeln umsetzen, lernen wir unser wahres Wesen kennen und erfahren tiefe Liebe und Freude. Wenn wir aufhören, da draußen Hässlichkeit zu sehen, wird uns die Wahrheit in allem Seienden offenbar: die Liebe.

Geben ist Empfangen – das Konzept des »Bekommens« auflösen

Jetzt fangen wir an zu lernen, was in unserem Leben wirklichen Wert hat. Bisher konnten wir es nicht wissen, weil wir die Liste mit den Dingen, die wir für wertvoll hielten und nach deren Verwirklichung wir strebten, vom Ego-Selbst bezogen. Unter dem Etikett »wertvoll« rangieren Beziehungen, Menschen, der Körper, Besitztümer und materielle Güter, Überzeugungen, Ansehen oder Identität, Beruf, Gesundheit, Wohlstand.

EKIW® lehrt eine einfache Formel, die – so wir sie mit reiner Absicht und konsequenter Beharrlichkeit umsetzen – *zwangsläufig* zu einem Leben in überschwänglicher Freude und grenzenlosem Frieden führt. Entwicklungstechnisch bietet sie den wohl schnellsten Weg zur Erleuchtung, der derzeit in unserem Raum-Zeit-Kontinuum bekannt ist.

Der erste Schritt lautet »*Damit du hast, gib allen alles.*«[74] Dies ist eine vorbereitende Übung, weil die meisten von uns es noch nicht wirklich begriffen oder im Leben konsequent umgesetzt haben und uns der Gedanke deshalb fremd erscheinen mag. Das Konzept vom Bekommen und Behaltenwollen aufzulösen heißt zu lernen, dass »... Haben auf Geben beruht, nicht auf Bekommen.«[75] Wann immer wir geben, bekommen wir, und was wir geben, betrachten wir als etwas, das wir haben. Wir erhalten stets das Gute, das wir geben, und wenn wir aus ganzem Herzen vergeben, wird auch uns vergeben.

Das Ego-Selbst lehrt, dass wir *verlieren*, was wir geben, und es bezieht seine Gewissheit aus dem Bekommen und Behaltenwollen. Es erkennt nicht, dass alles, was wir ausschließlich für uns begehren, uns irgendwann verloren geht, weil sich das wirklich Wertvolle nur mehren lässt, indem wir es teilen (sprich: weggeben). Alles, ganz gleich ob Objekt, Mensch oder Geld, ist vom Wesen her nichts als Energie. Was es so besonders für uns macht, ist nur unsere jeweilige Wahrnehmung. Wenn wir aus dem Ego-Konzept vom Bekommen und Behaltenwollen heraus agieren, wählen wir uns unsere Trophäe, erbringen für sie unser Opfer und drohen allem und jedem, der sie uns rauben will. Um Verlust oder Diebstahl vorzubeugen, investieren wir alles in die Verteidigung. Wir haben noch nicht erkannt, dass Dinge, die der Illusion des Bewahrens und Schützens bedürfen, nur wertlos sein können.

Die universelle Wahrheit lautet, dass alles, was in dieser Welt von *wirklichem* Wert ist, sich nur mehren lässt, indem wir andere daran teilhaben lassen. Geben wir Liebe, Mitgefühl, Vergebung, Verständnis und Akzeptanz, vervielfältigen wir damit diese Eigenschaften in uns selbst, in unserem Leben und im Leben unserer Mitmenschen. Der Gebende bekommt, was er gibt. Dies gilt selbst dann, wenn der andere das, was wir aus ganzem Herzen geben, scheinbar nicht zu würdigen weiß. Der Akt des Gebens ist unendlich und nicht an irgendwelche Zeiten gebunden, um Wunder zu bewirken. Lassen Sie sich niemals entmutigen, wenn Sie das Gefühl haben, Ihre Gabe würde zurückgewiesen oder bliebe unbemerkt. Denken Sie immer daran, dass Ihr Tun sofort jenseits von Zeit und Raum eine Resonanz auslöst und immerfort schöpferisch weiterwirkt und sich ausdehnt. Sie können nie wissen, wie viele Menschen von Ihrem einen Akt des Gebens berührt werden, weil sich sein Widerhall der Liebe durch das gesamte Universum ausbreitet. Neale Donald Walsh findet treffende Worte, um zu beschreiben, was geschieht, wenn wir nach dem Leitsatz »*Haben beruht auf Geben, nicht auf Bekommen*« leben.

»Wenn ihr wisst, dass genug da ist, hört ihr auf, mit anderen zu konkurrieren. Ihr hört auf, um Liebe oder Geld oder Sex oder Macht oder was auch immer ihr meintet, dass nicht genug da wäre, zu konkurrieren.

Der Konkurrenzkampf ist vorbei.

Das verändert alles. Statt mit anderen zu konkurrieren, um zu bekommen, was ihr wollt, fangt ihr nun an, das wegzugeben, was ihr wollt. Statt um mehr Liebe zu kämpfen, beginnt ihr nun mehr Liebe wegzugeben. Statt um Erfolg zu ringen, beginnt ihr sicherzustellen, dass alle anderen erfolgreich sind. Statt nach Macht zu grapschen, beginnt ihr andere zu befähigen.

Statt nach Zuneigung, Aufmerksamkeit, sexueller Befriedigung und emotionaler Sicherheit zu streben, stellt ihr fest, dass ihr selbst die Quelle davon seid. Ja, ihr versorgt jetzt alle anderen mit allem, was ihr einst je wolltet. Und das Wunder daran ist, dass ihr so wie ihr gebt, empfangen werdet. Ihr werdet plötzlich *mehr* von all dem haben, was ihr weggebt.

Der Grund dafür ist klar. Er hat nichts damit zu tun, dass das, was ihr getan habt, ›moralisch richtig‹ oder ›spirituell erleuchtet‹ oder der ›Wille Gottes‹ ist. Er hat mit einer ganz einfachen Wahrheit zu tun: Da ist niemand anderes im Raum.

Es gibt nur einen von uns.«[76]

Die Aufhebung unseres Ego-Selbst hängt letztlich davon ab, dass wir lernen »Geben ist Empfangen« und nach diesem Motto leben. Dies ist das feste Fundament, auf dem wir stehen, das unserem Befreiungsprozess den notwendigen Elan verleiht. Für das Ego-Selbst ist die Überwindung des Konzepts vom Bekommen und Behaltenwollen eine der schwierigsten Aufgaben. Sein Überleben hängt weitgehend, wenn nicht komplett davon ab, dass wir das »Bekommen-Konzept« nähren. Fangen wir an, nach dem Geben-ist-Nehmen-Prinzip zu leben, wird uns das Ego-Selbst seine Empörung deshalb auf den verschiedensten Ebenen spüren lassen.

Irgendwann stoßen wir auf die Wahrheit, dass es in unserem Leben nur um eines geht: zu erkennen, dass wir schon alles *sind* und alles *haben*, was wir brauchen. Sinn und Zweck der Ego-Auflösung ist, die Blockaden auf dem Weg zur reinen Wirklichkeit zu beseitigen, die das Wissen verströmt, wonach wir eine endlose Fülle von Liebe, Friede, Freude und Überfluss *sind* und *haben*. Am besten lernen wir dies durch die Praxis des Gebens und Teilens, ohne Gegenleistungen zu erwarten. Die vergleichende Gegenüberstellung ist hier ein guter Lehrmeister: Auf unserem Weg durch die Stufen gewinnen wir ein hohes Maß an Einsicht beim Zurückschauen und Betrachten dessen, was jetzt wertvoll für uns ist und was wir früher für bedeutungslos hielten. Wir gewinnen an Reife durch die Erkenntnis, wie viele unserer alten Anhaftungen nicht nur wertlos, sondern regelrecht zerstörerisch waren. Zu schauen, wie es früher war, ist einer der Wege, auf dem uns die universale Inspiration in die Freiheit geleitet.

1. Stufe: Aufhebung des Egos

Schauen wir uns die in unserer Gesellschaft weit verbreitete Sucht nach dem »Bekommen« und »Haben-« bzw. »Besitzenwollen« einmal genauer an. Haben wir uns je gefragt, wie wir es mit dem Geben halten? Tief in unserem Ego-Selbst ist die Überzeugung verankert, dass wir erst etwas *bekommen* müssen, um es *haben* oder *besitzen* zu können. Und um es zu bekommen, bedarf es eines gewissen Grads an Manipulation. In Beziehungen tritt dies am augenscheinlichsten zutage. Hier setzt das Ego-Selbst Liebe mit einem Geschäft gleich und gesteht dem anderen stets so viel Liebe zu, wie es ihm als Gegenwert angemessen erscheint. Kommt unser Partner beispielsweise zu spät, ohne uns anzurufen oder eine Erklärung abzugeben, enthalten wir ihm Liebe vor, weil wir dies als einen Angriff werten, auf den wir mit Kälte (einer Art von Gegenangriff) reagieren. Kommt er hingegen früher als geplant nach Hause und überreicht uns ein Überraschungsgeschenk, sind wir beglückt und überschütten ihn mit »Liebe«.

Wir zeigen unsere Zuwendung, wenn unsere Bedürfnisse gestillt werden, und wir hassen es, wenn sie bedroht werden oder unerfüllt bleiben. Welches Beispiel geben wir damit? Wenn wir dem anderen im einen Moment Liebe, im nächsten aber Wut und Hass entgegenschleudern, zeigen wir, dass Liebe und Hass parallel zueinander existieren können; dass Liebe etwas Flüchtiges ist, das je nach dem Grad der Bedürfniserfüllung Schwankungen unterliegt. Unbewusst sind wir süchtig danach zu bekommen, und dies führt unweigerlich zu Enttäuschung und Unglück. Das Ego-Selbst strebt stets nach seinem Vorteil, indem es dauernd irgendwelche Ränke schmiedet. Selbst in der Liebe sucht es Gewinn, indem es Zuwendung an Bedingungen knüpft. Zu bekommen, was wir nicht zu haben glauben, hat immer seinen Preis.

Die meisten romantischen Beziehungen basieren unbewusst auf Mangel. Das Gefühl, Aufmerksamkeit, Anerkennung, Wertschätzung, Bestätigung und Liebe von außen zu brauchen, lässt uns automatisch wütend oder frustriert sein, wenn uns jemand eben dies verweigert, sprich: uns unser wahrgenommenes Bedürfnis nicht erfüllt. Und wie reagieren wir, wenn wir meinen, unsere Bedürfnisse nicht von unserem Partner gestillt zu bekommen? Wir verweigern ihm unsere Aufmerksamkeit, Anerkennung, Wertschätzung, Bestätigung und Liebe. Erst fühlen wir uns angegriffen, dann gehen wir zum Gegenangriff über.

Ein andermal sind wir womöglich bereit, sehr viel für unseren Partner zu tun. Dabei opfern wir uns für ihn auf und gehen über uns selbst hinweg. Aber was ist schon ein kleines Opfer, wenn wir dafür ein bisschen Anerkennung bekommen! Doch das Ganze wendet sich gegen uns, wenn unser Partner nicht wie gewünscht reagiert. Weil uns das ärgert, ziehen wir unsere Liebe zurück und gehen vorübergehend auf Distanz. Wie ist das möglich? Wir sind in dem Glauben erzogen, dass sich Liebe wie ein Wasserhahn an- und abstellen lässt. In Wahrheit aber kann Liebe niemals wanken, versiegen, sich zurückziehen oder schrumpfen – sie verströmt sich immer, immer ist sie in uns und um uns herum. Wir können sie nicht sehen, weil unser Ego-Selbst sich wie eine finstere Wolke vor die Sonne schiebt. Die Sonne selbst verschwindet nicht, doch im Wechselspiel der Bewölkung wird alles in mal mehr, mal weniger Dunkelheit getaucht. Wie dicke Wolken blockiert das Ego-Selbst unsere Wahrnehmung für die allgegenwärtige Liebe. Wann immer wir Mangel empfinden, bedürftig sind oder von einem Menschen oder dem Leben bestimmte Dinge wollen oder fordern, behindern wir den Fluss der Liebe, so dass sie weder in uns noch in unser beider Leben wirken kann.

Die ersten Schritte auf unserer Reise zur Ganzheit zielen darauf ab, die Blockaden zu beseitigen, um ins Gewahrsein der allgegenwärtigen Liebe zu kommen. Wenn wir Täuschungen erlegen sind, müssen wir bereit sein, diese durch unsere Erfahrungen zu enttarnen. Dies gilt für das Wertlose ebenso wie das Wertvolle. Dabei erkennen wir, dass unsere altvertraute Methode des »Aussortierens« auf Angst beruhte und nicht auf Liebe, Frieden und Fülle.

Die Umgestaltung unserer Beziehungen

Wir werden in dieser frühen Phase der Vertrauensbildung feststellen, dass sich auch unsere Beziehungen zu nahestehenden Menschen verändern werden. An die Stelle unseres Ego-gesteuerten Denksystems tritt eine vollkommen andere und neue Art der Begegnung mit der Welt. Wir lernen, dass wir die Welt, die wir sehen, selbst erschaffen und dass wir im Geben etwas empfangen. Unsere bisherigen Beziehungen beruhen auf dem Prinzip von Geben und Nehmen, so dass es im Zuge unserer Neuausrichtung zu einem radikalen Wandel kommen wird. EKIW® erklärt, dass die Beziehung in dieser frühen Phase der Transformation »gestört, disparat und sogar ziemlich qualvoll« erscheint.[77]

Dass dieser Wechsel ausgerechnet in Beziehungen so massiv zum Tragen kommt, liegt daran, dass das ursprüngliche

Ziel des persönlichen Gewinns bzw. Gebens um des Bekommens willen sich schlagartig ins Gegenteil verkehrt und durch das Ziel von Geben und Empfangen ersetzt wird. Frustration, Verwirrung, Ärger und andere Schwierigkeiten können in dieser Phase eskalieren, weil sich nicht nur die Richtung, sondern auch das Fundament der Beziehung verändert.

Viele von uns fragen jetzt vielleicht: »Warum muss der Anfang dieser Reise so schwierig sein?« EKIW® begründet dies so: »Es wäre nicht freundlicher, das Ziel langsamer zu ändern, denn dann würde der Kontrast verschleiert, und dem Ego würde Zeit gegeben, jeden langsamen Schritt nach seinem Gutdünken umzudeuten. Nur ein radikaler Wechsel des Zweckes der Beziehung kann einen vollständigen Geisteswandel darüber herbeiführen, wozu die ganze Beziehung da ist. Während diese Veränderung sich entwickelt und schließlich vollendet wird, gestaltet die Beziehung sich zunehmend wohltuend und froh. Aber am Anfang wird die Situation als sehr prekär erlebt.«[78]

Wir dürfen nie unterschätzen, wie sehr uns das Ego-Selbst unbemerkt täuscht. So wie wir nur einen kleinen Teil des Eisbergs über dem Wasser sehen, können wir kaum erahnen, wie enorm die Ego-Masse ist, die sich in den Schichten unseres Unbewussten unserem Blick entzieht. Um das Denksystem des Egos aufzulösen, müssen wir nicht nur die offensichtlichen Teile davon umstürzen, sondern, was noch viel wichtiger ist, den gigantischen Berg all dessen, was sich unserem Bewusstsein entzieht. Dies ist eine Phase der extremen Gegensätze, so dass sich uns ausreichend Gelegenheit bietet, die Unterschiede zwischen unserem Ego-Selbst und dem Einen Selbst zu erfahren. Leider erleben wir das in der Regel in Form intensiver Konflikte, die in uns den massiven Wunsch nach absoluter Veränderung unseres Denkens und unserer Werte wach rufen. Wir sehen schnell, was wir in unseren Beziehungen *nicht* wollen, und dies motiviert uns für einen Wandel zum Besseren.

Die wohl schwierigste Herausforderung bietet die anfängliche Umgestaltung von bestehenden romantischen Beziehungen, die wir auch als *besondere Beziehungen* bezeichnen (siehe Kapitel »Liebesbeziehungen«, besonders Abschnitt »Was ist eine ›besondere Beziehung‹?«). Weil unser Ziel so radikal ist, verändert sich auch unsere Art des In-Beziehung-Tretens, und das löst Misstrauen, Angst und Unsicherheit aus. Weil wir vergessen, dass wir unsere Ängste projizieren, heizen wir den Konflikt weiter an, indem wir ihn in unserem Partner sehen und auf vermeintliche Angriffe reagieren.

Wenn wir wissen, welch stürmische Phase wir hier zu erwarten haben, sind wir entsprechend vorbereitet und können uns für Achtsamkeit und Präsenz entscheiden. Wenn uns Konflikt und Chaos begegnen, können wir zum Beobachter unserer Emotionen und Gedanken werden, statt uns zu verlieren und dadurch unsere Beziehung aufs Spiel zu setzen. Wissen wir um die Unvermeidbarkeit dieses anfänglichen Chaos, können wir uns vor Augen führen, dass es einzig der Umgestaltung unserer Beziehung dient. »Viele Beziehungen sind an diesem Punkt abgebrochen worden, und das Streben nach dem alten Ziel [zu geben, um zu bekommen, wie es das Ego fordert] ist in einer anderen Beziehung wiederaufgenommen worden.«[79]

Jetzt merken wir, wie groß die Versuchung ist, eine Beziehung aufzugeben, die sich im Chaos zu verlieren scheint. Bei genauerem Hinsehen aber durchschauen wir den Trugschluss. Wenn wir uns zu diesem frühen Zeitpunkt zum Gehen entschließen, werden wir aller Wahrscheinlichkeit nach zu unserer vertrauten, gestörten Denkform zurückkehren. Wir durchlaufen hier eine Phase der Anpassung, der wir mit Offenheit begegnen sollten, statt uns ihr zu widersetzen. Ungute Gefühle stellen sich immer nur dann ein, wenn wir dem, *was im Augenblick ist*, Widerstand entgegenbringen.

Wenn sich unsere Partnerschaft in dieser Phase besonders schwierig gestalten sollte, tröstet es uns vielleicht zu wissen, dass eine Beziehung das wohl schnellste Vehikel ist, um in diesem Leben Erlösung zu erfahren. *Ein Kurs in Wundern*® führt aus, dass jahrelange Meditation und Kontemplation, wie sie in den östlichen Traditionen üblich sind, oder Konzentration auf die Bekämpfung der Sünde, wie sie in den westlichen Religionen im Vordergrund steht, sowohl zeitaufwendig als auch zukunftsfixiert sind. Sie wollen uns glauben machen, dass wir erst einen langwierigen Läuterungsprozess durchlaufen müssen, um irgendwann den Lohn zu ernten. »Dieser Kurs versucht nicht, mehr zu lehren, als sie in der Zeit lernten, aber er zielt auf Zeitersparnis ab. Vielleicht versuchst du, einen sehr langen Weg zum Ziel zu gehen, das du akzeptiert hast. Es ist extrem schwierig, die SÜHNE zu erreichen, indem man gegen Sünde kämpft. Enorme Mühe wird bei dem Versuch aufgewendet, das heilig zu machen, was man hasst und verachtet. Auch ist ein Leben der Kontemplation und langer Phasen der Meditation, die auf Loslösung vom Körper abzielen, nicht notwendig. All diese Versuche werden letztlich von Erfolg gekrönt sein, um ihres Zieles willen. Doch sind die Mittel mühsam und sehr zeitaufwendig, denn sie sind alle auf die Zukunft ausgerichtet, um die Befreiung von einem Zustand gegenwärtiger Unwürdigkeit und Unzulänglichkeit zu erlangen.

Dein Weg wird ein anderer sein, nicht was das Ziel, sondern was die Mittel betrifft.«[80]

Wenn wir also entschlossen sind, zur reinen Wirklichkeit zu finden und unser Ziel von Liebe, Frieden und Freude in diesem Leben zu erreichen, sollten wir uns vor Augen führen, wie wertvoll uns, wenn auch bisweilen herausfordernd, unsere Beziehungen auf dem Weg zur Erlösung sind. Haben Sie Vertrauen zu sich und zu Ihrem Partner bei diesem ersten Richtungswechsel, denn wie schon erwähnt, ist dies die rauste Phase auf dem ganzen Weg. Haben wir die anfängliche Verunsicherung erst hinter uns gelassen, stellen wir auf einmal fest, welch sichere, reiche und facettenreiche Form von Liebe wir zueinander entwickelt haben – eine Form von Liebe, die wir nie für möglich gehalten hätten.

Am Anfang dieses Kapitels haben wir Ihnen eine Reihe von Beispielen an die Hand gegeben, die Ihnen bei der Neuorientierung helfen. Symptome dieser kritischen Anfangszeit können vom Zerbrechen von Beziehungen über Identitätskrisen, Arbeitsplatzverlust und persönlichen Tragödien bis hin zu gesundheitlichen Rückschlägen reichen. All dies kann uns an den Wendepunkt führen, weil sie uns den Impuls liefern, unsere Geisteshaltung und unser Leben zum Besseren zu verändern.

In der 1. Stufe geht es um die Aufhebung des Egos, und so dauert es in der Regel eine Weile, bis wir sie überwunden haben. Oft sehen wir eine Zeitlang nur das Negative in unseren Erfahrungen. Bis sich etwas ändert, können Monate, manchmal sogar Jahre vergehen. Doch irgendwann dringt das Licht der Erkenntnis zu uns durch, und es dämmert uns, dass all die Veränderungen – so schmerzlich sie sein mochten – zu unserem Vorteil waren. Im Laufe unseres Weges werden wir mehr und mehr zu der Einstellung gelangen, dass »jede Veränderung hilfreich ist«. Mit der Zeit gelingt es uns, die Wahrheit zu erkennen, dass alles was geschieht, einem höheren Zweck folgt, und mit dieser Erkenntnis sind wir bereit für die 2. Stufe: »Das Aussortieren«.

Ego-Auflösung – Bedürfnisse und Wünsche

In der Phase der Entwicklung von Vertrauen werden wir höchstwahrscheinlich feststellen, dass Welten zwischen unseren Wünschen und Bedürfnissen liegen, und dies trifft auch in vielerlei Hinsicht zu (Abbildung 6.1).

Bedürfnisse enthalten Lektionen, die uns den Wert von Vergebung, Akzeptanz, Großzügigkeit, Vertrauen und Liebe lehren. *Wünsche* hingegen treten vor allem als Ego-Anhaftungen zutage, z. B. in Form unserer begrenzten Überzeugungen, Meinungen und Konditionierungen. Was wir bewusst wertschätzen und wünschen, entspringt großteils dem Ego-Bedürfnis, die Kontrolle zu behalten. Die Auflösung des Egos erfordert einen Prozess der Aufhebung und des Verlernens. Der Eine Wille gewinnt in unserem Leben an Einfluss und übernimmt in dem Maße die Führung, wie wir uns von der Kontrolle durch das Ego verabschieden.

1. Stufe: Aufhebung des Egos

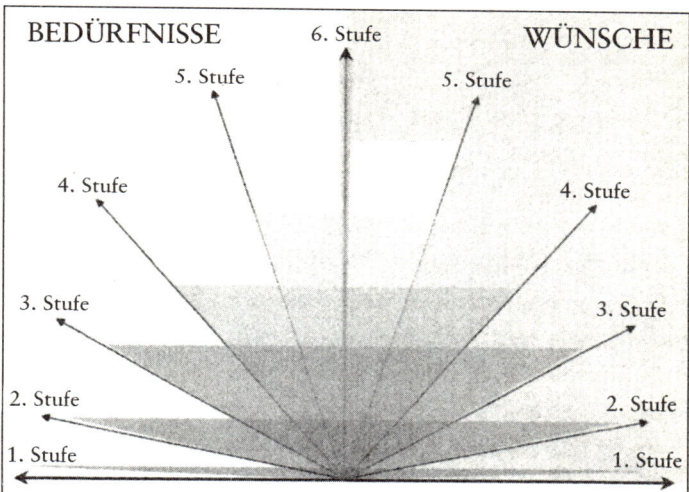

Bedürfnisse enthalten Lektionen, die uns den Wert von Vergebung, Akzeptanz, Großzügigkeit, Vertrauen und Liebe lehren.
Wünsche treten vor allem als Ego-Anhaftungen in Form unserer begrenzten Überzeugungen, Meinungen und Konditionierungen zutage.

1. Stufe: Die Schere zwischen Bedürfnissen und Wünschen geht am weitesten auseinander.
2. Stufe: In dem Maß, wie wir voranschreiten, erkennen wir erste Ähnlichkeiten zwischen Bedürfnissen und Wünschen.
3. Stufe: Mit zunehmender Übung gelingt es uns, Bedürfnisse und Wünsche bereitwillig zu integrieren.
4. Stufe: Angesichts des großen inneren Friedens, den wir hier spüren, fällt es uns leicht, die Übereinstimmung von Bedürfnissen und Wünschen zu erkennen.
5. Stufe: Bedürfnisse und Wünsche sind weitgehend auf einer Linie, während wir unsere letzten Ego-Anhaftungen loslassen.
6. Stufe: Hier wissen wir, dass der Eine Wille unser Wille ist und unsere Bedürfnisse und Wünsche eins sind. Es gibt keinen Konflikt mehr.

Abbildung 6.1: Bedürfnisse und Wünsche

Während der Veränderungen, die sich im Laufe der 1. bis 3. Stufe in unseren Lebensumständen ergeben, kann in uns durch mangelndes Vertrauen der Eindruck entstehen, dass unsere Bedürfnisse nicht erfüllt werden, obwohl wir uns doch neuerdings auf dieses neue Denksystem eingelassen haben. Doch wir täuschen uns. Wir wissen ja nicht, was zu unserem Besten ist, wie könnten wir da erkennen, welches unsere eigentlichen Bedürfnisse sind? Unser Ego fordert die Erfüllung seiner Wünsche, und wenn dies nicht geschieht, meldet es seinen Widerstand in Form von emotionalen, physischen und/oder mentalen Konflikten an; und so widersetzen wir uns dem, *was ist* und hadern *wieder* mit der Wirklichkeit! Gehen Sie in solchen Situationen sofort in die Beobachterrolle und schauen Sie sich den Konflikt oder die Enttäuschung an. Betrachten Sie Ihre Gedanken oder Gefühle, die Sie als Opfer der Realität erscheinen lassen. Bedenken Sie, dass Ihr momentaner *Wunsch* womöglich nicht Ihrem momentanen *Bedürfnis* entspricht und es gute Gründe für all dies gibt, auch wenn Ihr Ego die Dinge jetzt klären und ändern will. Wenn Sie nicht bekommen, was Sie zu brauchen glauben, bitten Sie die universale Inspiration um Führung und darum, dass sie Ihren Eindruck korrigiere, damit Sie Ihren Widerstand gegen das, was ist – oder was Sie jetzt brauchen –, aufgeben können.

Auf der 1. Stufe stehen die Wünsche unseres Egos mit hoher Wahrscheinlichkeit in diametralem Gegensatz zu dem, was zu unserem Besten ist. So kann es zum Beispiel passieren, dass eine auf *Besonderheit* gegründete langjährige Freundschaft an den Rand des Zerbrechens gerät oder ein sicherer, aber langweiliger und deprimierender Job verloren

1. Stufe: Aufhebung des Egos

geht. Unser Ego *wünscht* sich immer noch, die Freundschaft oder den Job zu bewahren, weil es keine Ahnung von der Wahrheit hat. Wenn wir in den ersten Phasen mit dem konfrontiert werden, was unsere eigentlichen *Bedürfnisse* sind, können wir dies womöglich noch nicht als segensreich erkennen.

An alle, die sich als Opfer der Umstände fühlen, richtet Jacquelyn Small folgende Worte: »Wenn wir uns vor Augen führen können, dass wir als spirituelle Wesen hierher gekommen sind, um zu lernen, Mensch zu sein, ... können wir das, was mit uns geschieht, gar nicht mit dem verwechseln, wer wir sind. Stattdessen lassen wir uns intensiv auf das Leben ein, so schmerzlich es auch bisweilen sein mag, und wir fragen uns: ›Welche Lektion wird mir hier geboten?‹ und ›Welche Absicht verfolgt meine Seele in dieser Situation?‹ Auf diese Weise erklimmen wir eine höhere Stufe auf der Leiter der Evolution. Wir können lernen, uns über den Sturm zu erheben und die Dinge von oben zu betrachten, während wir mitten hindurchgehen. Diese Art zu leben eignet sich wunderbar für leidenschaftliche Seelen. Welche Freude ist es, sich auf die Suche nach dem heiligen Sinn in eigentlich banalen irdischen Erfahrungen zu begeben. Es gibt uns das Gefühl, mit unserer Quelle verbunden zu sein. Wenn wir aufhören, uns von unseren Lebensumständen definieren zu lassen, kann es passieren, dass wir uns in den Weg selbst verlieben.

Wir mögen uns manchmal noch so sehr an den Felsen angekettet fühlen, und doch treibt uns der göttliche Funke unaufhaltsam zu unserer vollkommenen Entfaltung hin.«[81]

2. Stufe: Aussortieren

In dieser Phase geht es darum zu lernen, dass nicht nur manche, sondern *alle* Veränderungen hilfreich sind. Wir sind aufgerufen, all die Dinge, Menschen, Situationen, Gewohnheiten und Verhaltensweisen anzuschauen, die wir womöglich loslassen oder transformieren müssen. Da das Ego-Selbst aber immer noch an seiner Überzeugung festhält, dass dies ein Verlust sei, neigen wir dazu, uns dem vermeintlichen Opfer zu verweigern, obwohl dies in Wirklichkeit eine Fehleinschätzung ist. In dieser Phase erkennen wir in der Regel, dass manche unserer derzeitigen Laster eindeutig nicht mit unserer neuen Ausrichtung auf die Wahrheit in Einklang stehen. Wenn wir den Verzicht darauf als Opfer empfinden, kann dies schmerzvoll sein.

Identifizieren wir uns beispielsweise zu sehr mit unserem Beruf oder unserer Rolle als Eltern und vermischen unsere Identität unbemerkt damit, geraten wir womöglich in eine Verlust- oder Identitätskrise, wenn auf einmal unser Arbeitsplatz wegbricht oder unsere Kinder aus dem Haus gehen. Haben wir in der 2. Stufe die anfängliche Krisenzeit erst einmal überstanden, können wir erkennen, dass dieser scheinbare Verlust in vielfacher Hinsicht hilfreich war. Vielleicht diente der Job nur als Maske für einen vom Ehrgeiz Getriebenen oder Perfektionisten, der ständig im Außen nach Anerkennung suchte. Nun findet er seine Bestätigung im Inneren und fühlt sich womöglich mehr seiner Familie verbunden. Vielleicht erwacht jetzt, wo die Ablenkung und der Stress weggefallen sind, eine neue Form von Kreativität, und es ergibt sich eine wesentlich erfüllendere Aufgabe. Um dieser folgen zu können, ist jedoch eine gründliche Neuausrichtung nötig.

Die anstehenden Veränderungen werden in der 2. Stufe in aller Regel als Opfer empfunden. Erst wenn wir sie tatsächlich angehen und spüren, welche Vorteile sich daraus ergeben, fangen wir an zu begreifen, dass *jede* Veränderung hilfreich ist. So wächst unser Vertrauen, und wir sehen den Wandel in einem neuen Licht.

Auch dieser mündigeren Haltung begegnet das Ego-Selbst mit Widerstand, neue Herausforderungen scheinen sich vor uns aufzubauen. Wir könnten versucht sein, uns hoffnungslos und hilflos zu fühlen und die Quelle für unsere missliche Lage verantwortlich zu machen. Widerwillen und Opfergefühl sind Zeichen, dass das Ego-Selbst uns ins Wanken bringt.

Ziel dieser Stufe ist es, tief im Inneren zu begreifen, dass wir die von uns wahrgenommene Realität uns mit unseren Gedanken selbst erschaffen. Wir selbst haben die Zügel in der Hand und sind nicht das Opfer anderer Menschen, Umstände oder Dinge. Wenn wir nicht glücklich sind, müssen wir die Verantwortung dafür übernehmen und entweder die Situation oder unser Denken ändern.

»Ich bin verantwortlich für das, was ich sehe.
Ich wähle die Gefühle, die ich erfahre, und ich entscheide
mich für das Ziel, das ich erreichen möchte.
Ich bitte um alles, was mir zu widerfahren scheint, und ich
empfange, wie ich gebeten habe.«[82]

An dieser Stelle begreifen wir allmählich, dass all das Leid einzig durch unsere eigenen Gedanken verursacht wird. Wir müssen die hundertprozentige persönliche Verantwortung für sie übernehmen und im Bewusstsein halten, dass es unsere Absicht ist, dieses Ziel zu erreichen. Dieser Prozess, uns nicht nur manchmal, sondern *immer* als Schöpfer dieser Wirklichkeit zu sehen, nimmt einige Zeit in Anspruch. Und zunächst werden wir dies in gewissen Teilbereichen unseres Lebens realisieren, während andere Bereiche scheinbar weiterhin von äußeren Einflüssen diktiert werden, für die wir keine Verantwortung übernehmen.

Unsere inneren Konflikte entstehen einzig daraus, dass wir uns in zwei entgegengesetzten Denksystemen bewegen. Viele der Illusionen des Ego-Selbst halten wir immer noch für real; und doch leben wir in mancherlei Hinsicht bereits aktiv aus unserem Einen Selbst heraus. So haben wir es vielleicht endlich geschafft, in unserer Beziehung Frieden einkehren zu lassen, verlieren dann aber die Nerven, weil wir uns beim Einkaufen schlecht bedient fühlen. Wir wissen, dass Frieden schenken uns Frieden bringt, haben aber noch nicht gelernt, dieses Prinzip in allen Situationen anzuwenden.

Wir müssen uns daran erinnern, dass wir uns das Konzept »Geben ist Empfangen« erst seit kurzer Zeit angeeignet haben. Unser Ego-Selbst beharrt konsequent auf seinem Argument, dass *Haben das Gegenteil von Geben* ist. »Wie kann ich durch *Geben* etwas bekommen?«, fragt es. Wir haben zwei miteinander kollidierende Denksysteme im Kopf. Manchmal gelingt es uns, nach »Geben ist Empfangen« zu agieren und die entsprechenden Früchte zu ernten;

ein andermal bannt unser Ego-Selbst die Wahrheit, indem es sie zum Wahnsinn erklärt. Wir sind also hin- und hergerissen zwischen zwei entgegengesetzten Überzeugungen, und der Konflikt in unseren Gedanken führt zu Konflikten in unserem Leben. Es handelt sich hier aber um ein vorübergehendes Dilemma. Sobald wir das Denken der universalen Inspiration verinnerlicht haben und konsequent praktizieren, wird Frieden einkehren. All dies erfordert jedoch Zeit und Disziplin.

Es ist wichtig, sich immer wieder vor Augen zu führen, dass Enttäuschungen und Konflikte in unserem Leben nichts anderes sind als die äußere Manifestation dieses inneren Zwiespalts. Unter dem Eindruck von Gefühlen der Schuld, Unzulänglichkeit und Frustriertheit können wir versucht sein, der Konfrontation zeitweise auszuweichen, sie zu leugnen, vor ihr wegzulaufen oder uns mit sinnlosem Zeitvertreib abzulenken. Hier ist der beste Rat immer, sich solche Ausweichmanöver mutig einzugestehen. Wann immer innere oder äußere Konflikte zutage treten, nehmen Sie am besten Papier und Stift zur Hand und bearbeiten Sie das Thema mit den vier Fragen aus Byron Katies »The Work«[83], um zu geistiger Klarheit und innerem Frieden zurückzufinden. Die PIQ-Formel – Präsenz, Innere Erforschung, Quantenvergebung – ist in solchen Momenten ebenfalls hilfreich. Und wenn wir einfach die universale Inspiration bitten, uns zur Rechtgesinntheit zurückzuführen, kann auch dies Wunder bewirken.

Mögen die Bedingungen weichen, die meine Angst auslösen

Im Abschnitt »Die Angst und das Jetzt« wurden zwei Formen von Angst vorgestellt. Einer davon begegnen wir heutzutage nur noch selten – der so genannten Realangst, die bei plötzlich auftretenden, unmittelbaren Gefahren den »Kampf- oder Fluchtimpuls« auslöst. Viel vertrauter ist uns die tägliche Flut von psychischen Ängsten, die sich oft auf Vergangenes oder Zukünftiges richten. Das Ego investiert in diese Sorgen und Bedenken, um unseren Geist aus dem Jetzt-Moment, dem angstfreien Raum, fernzuhalten. Auf diese Weise behält es die Kontrolle und kann nicht enttarnt werden.

Beinahe alle Sorgen, Befürchtungen, Konflikte und Ängste, die uns begegnen, entstehen aus der Unsicherheit des Egos heraus. Da es keinen wahren Kern hat, muss es sich andauernd verteidigen, indem es ständig alle möglichen Bedrohungen wachsam im Auge behält. Alles, was seine Besonderheit, Anhaftungen, Überzeugungen und Werte infrage stellen könnte, wird von ihm gemieden, bekämpft, unterdrückt, angegriffen, manipuliert oder versteckt. Dieses ständige Kontrollieren und Verhindern der Enttarnung ist eine Aufgabe von ungeheurer Dimension. Das Ego meint, immer alle Fäden in der Hand zu halten – in jeder Sekunde, Minute und Stunde, vierundzwanzig Stunden am Tag, sieben Tage die Woche, unser ganzes Leben lang. Die einzigen Augenblicke, in denen es eine Pause einlegt, sind die, in denen wir zum aktiven Beobachter werden und unsere eigenen Gedanken und Reaktionen korrigieren; in denen wir das Denken einstellen und mit unserer Achtsamkeit im Jetzt-Moment ankommen.

Haben wir ausreichend Vertrauen entwickelt, können wir akzeptieren, dass unsere Freiheit darin besteht, die Kontrolle durch das Ego zu überwinden.

Ist das Ego Ursache unserer psychischen Ängste (Sorgen, Befürchtungen, Kontrollbedürfnis, Widerstand gegen das, was ist), muss es folglich auch die Ursache *all* unserer Ängste und Konflikte sein. Für die Quelle und die universale Inspiration gibt es keine Illusion, und Angst ist die perfekte Illusion. Weil wir so daran gewöhnt sind zu glauben, dass Angst real ist, bitten wir meist, dass entweder sie selbst oder was immer wir als Bedrohung für unseren Frieden empfinden, uns genommen werden möge. So ist vielleicht ein Freund erkrankt, und wir bitten, dass seine Krankheit geheilt werden möge. Oder wir stehen vor einer Herausforderung, die uns Angst macht, und bitten, dass sie verschwinden oder sich einfacher gestalten möge. In beiden Fällen steckt der Wunsch nach Verleugnung hinter unserem Gebet. Die Bitte, dass etwas, das uns Angst macht (Krankheitssymptome, ein Verlust, eine Herausforderung) beseitigt werden möge, *kann* uns nicht erfüllt werden, weil die Angst selbst eine Illusion ist und damit auch die von uns wahrgenommene Ursache dafür eine Illusion sein muss. Illusionen können weder kuriert noch beseitigt werden, indem ihnen Wirklichkeit verliehen wird. Wenn wir ernsthaft wünschen, von der Angst befreit zu werden, müssen wir zunächst zu der Einsicht gelangen, dass die Grundursache *immer* in unseren Gedanken und niemals außerhalb von uns liegt. Jeder Mensch, jede Sache oder Situation, die uns Angst macht, ist Symptom einer tieferen Angst-Ursache. Haben wir erst einmal anerkannt, dass wir von den Bedingungen befreit sein wollen, die unsere Angst auslösen, können wir deren Symptome an die universale Inspiration übergeben. Die wird sich dann darum kümmern.

Angst zu haben, ist ein sicheres Zeichen dafür, dass wir in den Bann unserer Ego-Gedanken geraten sind. Um sie zu überwinden, müssen wir also in dem Augenblick, in dem wir die Störung feststellen, bewusst darum bitten, zur Rechtgesinntheit zurückgeführt zu werden. Dann kann unser Eines Selbst die Zügel in die Hand nehmen und die eigentliche Ursache der Angst beseitigen:

»Wenn du angsterfüllt bist, hast du dich falsch entschieden. Das ist der Grund, weshalb du dich dafür verantwortlich fühlst. Du musst anderen Geistes werden, nicht dein Verhalten ändern, und das *ist* eine Frage der Bereitwilligkeit. Du brauchst keine Führung außer auf der Ebene des Geistes. Die Berichtigung gehört nur auf die Ebene, auf der Veränderung möglich ist. Veränderung bedeutet nichts auf der Ebene der Symptome, auf der sie nicht wirksam sein kann.

Für die Berichtigung der Angst *bist* du verantwortlich. Wenn du um Befreiung von der Angst bittest, sagst du damit, dass du es nicht bist. Statt dessen solltest du in jenen Umständen [Falschgesinntheit] um Hilfe bitten, die die Angst verursacht haben.«[84]

Wenn wir von der Angst befreit werden wollen, müssen wir um Rechtgesinntheit bitten und darum, dass die Bedingungen, die unsere Angst ausgelöst haben, ans Licht gebracht und beseitigt werden mögen. Jeder Konflikt hat immer eine tiefere Ursache. In welcher Form er uns begegnet, ist unerheblich. Alle Konflikte entstehen, wenn das Ego eine Sache oder ein Ergebnis anstrebt, das Eine Selbst aber ganz genau weiß, was wir brauchen und uns dorthin führen will. Diese widerstreitenden Ziele sind die Basis für den Angst auslösenden Konflikt. Einfach gesagt: Wenn wir nicht im Einklang mit unserem Einen Willen stehen, können wir keine Erfüllung und Zufriedenheit finden. Das ist der tiefere Konflikt hinter all unseren Ängsten.

Konflikte entstehen auf zweierlei Weisen: Entweder wir entscheiden uns, unvereinbare Dinge gleichzeitig oder nacheinander zu tun. Oder wir verhalten uns so, wie wir glauben, uns verhalten zu *sollen*, ohne aber wirklich dahinterzustehen. Im ersten Fall ist unser Geist zwischen zwei unterschiedlichen Wünschen hin- und hergerissen und verursacht darum widersprüchliches Verhalten. Im zweiten Fall tun wir zwar das, was wir meinen tun zu müssen, doch gegen die eigene Wahrheit zu handeln ist immer sehr belastend. Beide Male sind wir nicht ehrlich oder authentisch. Dies führt in die Angst. Wie dem auch sei, ein Konflikt ist immer ein Zeichen dafür, dass wir Gedanken hegen, die der Liebe entbehren; und die Lösung besteht darin zu bitten, zur Rechtgesinntheit zurückgeführt zu werden.

Zeit, Gedanken und Gefühle

Während unseres Weges durch die 1. bis 3. Stufe kann es besonders hilfreich sein, uns sowohl im Hinblick auf uns selbst als auch auf scheinbar externe Faktoren immer wieder Realitäts-Checks zu unterziehen. Hierzu können wir mit einer Methode arbeiten, mit der sich unsere so genannte Wirklichkeit auf der inneren wie auf der äußeren Ebene sehr schnell überprüfen lässt. Besonders bei Ängsten und Konflikten bietet sich dieser Prozess an, der uns hilft:

- Wir machen uns die Störung des inneren oder äußeren Friedens bewusst.
- Wir erkennen diese Störung ehrlich. Sofort wenden wir uns mit der Bitte um Beseitigung der Angst auslösenden Bedingungen an die universale Inspiration. Dies führt uns zur Rechtgesinntheit zurück.
- Wir entscheiden uns, welche Handlungsweisen den Frieden/die Liebe wiederherstellen können und folglich der Wahrheit entsprechen; und welche auf Angriff/Verteidigung setzen und darum Wahnsinn und Ego-Schutz sind.
- Wir tun, was zu tun ist.

In seinem faszinierenden Buch *Himmel und Erde umarmen* spricht Andrew Cohen von den »drei grundlegenden, doch sehr verwirrenden Aspekten der menschlichen Erfahrung: die Bewegung der Zeit, das Entstehen von Gedanken und die Gegenwart von Gefühlen«. Und er führt aus: »Es ist unsere abhängige und zutiefst zwanghafte Beziehung zu diesen drei grundlegenden Komponenten unserer Erfahrung, die das qualvolle Gefängnis der Illusion erzeugt, die das Ego ist.«[85]

Wenn wir uns zu irgendeinem Zeitpunkt verloren, wütend oder traurig fühlen, liegt das daran, dass wir eine gestörte Beziehung zu Zeit, Gedanken oder Gefühlen haben.

Zeit
Wenn wir uns in der Zeit verfangen haben, leben wir in unseren Gedanken und Gefühlen in Erwartung auf die Zukunft. Wir investieren in das Morgen in dem Glauben, dass es besser sein wird als das Heute. Gleichzeitig gehen wir

dem Hier und Jetzt aus dem Weg und sind dadurch immer ein Stückweit entfernt von den Dingen, die gerade jetzt passieren. Weil wir nicht wirklich präsent sind, sind wir auch abwesend gegenüber uns selbst, anderen, unserer Umgebung und der höheren Führung.

Wenn wir also Sorgen oder Ängste spüren, springen wir ins Warten auf die Zukunft, wo es uns besser gehen wird, und erkennen nicht, dass wir damit die reine Wirklichkeit vermeiden, die uns jetzt – nicht später – zugänglich ist. Die Herausforderung ist erkennbar, dass das Jetzt, was immer uns darin begegnen mag, immer Chancen bietet, die wir nutzen sollten. Wir werden unseren Lohn nur in der Gegenwart ernten, wenn wir bewusst im Hier und Jetzt gegenwärtig sind. In diesem einen kostbaren Augenblick sind alle Antworten verfügbar. Wir haben immer alles, was wir jetzt gerade brauchen, in jedem einzelnen Jetzt-Moment. Nur unser Ego-Selbst sieht Mangel oder Angst und sagt uns, dass momentan nicht der richtige Zeitpunkt und erst später alles besser ist.

Gedanken

Wir sind nicht, was wir denken. Wir selbst geben unseren Gedanken die ganze Bedeutung, die sie für uns haben, doch wir existieren unabhängig von ihnen. Frei von Konflikten zu sein heißt, uns beim Denken zu beobachten und uns nicht mit unseren Gedanken zu verwechseln.

»Wie Bilder in einem Fotoalbum, wenn man sie objektiv betrachtet, werden Gedanken an und für sich als nichts weiter als abstrakte Wiedergaben historischer Ereignisse erkannt. Zu glauben, Denken sei von sich aus real, ist der zentrale Fehler. Diesen Fehler nicht mehr zu begehen, offenbart augenblicklich die Wahrheit – das, was wir sind, war immer frei vom Denken und vor dem Bewusstsein des Denkens da. Diese grundlegende Entdeckung ist die Geburt eines radikalen Erwachens aus dem endlosen Traum der Unwissenheit und Unerleuchtetheit, von dem so vieles im menschlichen Leben Ausdruck ist … Im Denken und dem Entstehen der Gedanken verloren und hilflos davon beunruhigt, verbringen die meisten von uns ihr ganzes Leben ihrer eigenen Tiefe entfremdet, und als Folge davon erfahren sie ein verwirrendes Gefühl des Getrenntseins von der Welt, in der wir leben.«[86]

Wenn wir es zulassen, uns in zwanghaften Gedankengebäuden zu verlieren, stehen wir unter der Kontrolle des Ego-Selbst, das auf diese Weise unser Eines Selbst ausschalten will. Es ist interessant festzustellen, dass fast alle unsere Gedanken irgendeine Form von *Urteil* enthalten. Denken wir, funktionieren wir in einer Art Bewertungsmodus, in dem wahrgenommene Daten gefiltert werden, um Schlussfolgerungen zu ziehen, die so gut wie immer darauf abzielen, das Ego-Selbst zu nähren oder zu verteidigen. Beobachten Sie einmal drei Minuten lang Ihre Gedanken, oder besser noch: Schreiben Sie sie auf. Wie oft kamen darin die folgenden Worte oder deren Sinngehalt vor: sollte, sollte nicht, wollen, brauchen, müssen, mehr, weniger, besser, schlechter? Wie viele einengende Überzeugungen haben wir aus solchen illusorischen Gedanken bezogen?

Und wie viele unserer Gedanken basierten auf Bewertungen von uns selbst und anderen, von Umständen oder Dingen? In Gedanken fällen wir tagtäglich Millionen von Mini-

Urteilen; und doch sind sie so gut wie alle falsch. Wir denken; dann projizieren wir unsere Gedanken nach außen, und die *Ego-Realität* spiegelt uns ein Bild unserer Annahmen zurück, die den Tatsachengehalt unserer Projektionen zu bestätigen scheinen. Doch nichts davon trifft zu. Die einzige Wahrheit ist die Liebe, das Aufgeben des Urteilens und das Überlassen aller Bewertungen an unser Eines Selbst. Vergessen wir nicht: »Ich nehme nicht wahr, was zu meinem Besten ist.«[87] Bitten wir also darum, zur Rechtgesinntheit zurückgeführt zu werden. Unser Eines Selbst wird stets eine Antwort finden, die uns Frieden und nie Konflikte beschert, weder im Inneren noch im Äußeren. Der Mechanismus der vom Ego-Selbst kontrollierten Gedanken hat noch nie ein Problem gelöst und wird dies auch in Zukunft nicht tun, weil er selbst die Wurzel des Übels ist.

Gefühle

Um ein vertretbares Maß an unpersönlicher, also objektiver Wahrnehmung zu erreichen, müssen wir zunächst begreifen, was Gefühle wirklich sind. Unsere Emotionen sind wie das Wetter: Sie sind völlig unvorhersehbar und ändern sich ohne Vorwarnung. Wenn wir uns zum Beispiel morgens beim Aufwachen schrecklich fühlen, nehmen wir alles, was an diesem Tag passiert, durch die verzerrte Linse der Depression wahr. Ärgern wir uns über jemanden, ist es eine verzerrte Linse des Zorns und der Wut. Wir sind dazu erzogen, unseren emotionalen Reaktionen zu folgen und erkennen nicht, dass Gefühle wie Gedanken unabhängig sind von dem, der wir wirklich sind. Wenn wir uns ernsthaft bemühen, in diesem Leben Befreiung zu erlangen, müssen wir zunächst lernen, uns unserer Gefühle voll bewusst zu werden und sie im Gewahrsein zu halten. Wir sind nicht unsere Gefühle, wie real und intensiv sie auch sein mögen.

Wenn wir uns unsere Reaktionen von unseren Gefühlen diktieren lassen, verlieren wir unsere Macht. Frei zu sein heißt, sich voll und ganz für die Heilung unseres gespaltenen Geistes zu engagieren. Dies ist unsere erste Priorität: Frieden. Wenn unsere Gefühle diesen Frieden stören, können wir innehalten, zum Beobachter dessen werden, was ist, und uns mental durch die Erfahrung führen. Es erfordert große Disziplin, mit Gefühlen zu arbeiten und durch sie hindurchzugehen. Haben Sie also Geduld! Byron Kathies »The Work«[88] ist ein unverzichtbares Instrument, um Überzeugungen zu korrigieren, die schmerzliche Emotionen in uns wach rufen. Auch das Enneagramm[89] und die »PIQ-Formel« können in diesem Prozess wertvolle Hilfe bieten.

Wenn wir feststellen, dass wir uns als Opfer fühlen und in Gefühlen festhängen, deren Ursache in der Vergangenheit zu liegen scheint, ist es für unsere Heilung unabdingbar, sie dem Licht der Wahrheit, der universalen Inspiration, auszusetzen. In diesem Stadium muss alles, was uns Kraft zu rauben scheint, ausgegraben und neu bewertet werden, damit wir klar sehen können, dass wir nie das Opfer waren, das wir zu sein glaubten. Dieser Prozess (der sich am besten mit Papier und Stift und Byron Katies »The Work«[90] bewältigen lässt) lässt uns die unhinterfragten Überzeugungen erkennen, die uns so viel Leid verursacht haben, ohne dass wir zu Schuldzuweisungen greifen oder uns Schuldgefühle machen müssten.

Wir können unser Maß an Vertrauen daran ablesen, inwieweit sich unsere Wahrnehmung zum Positiven verändert und wir aufhören, die Dinge persönlich zu nehmen. Im Laufe des Prozesses werden wir auf liebevolle Weise unpersönlicher und urteilen weniger. Diese grundlegende Veränderung bringt uns immer mehr Frieden und Freude.

Eine unpersönliche Betrachtungsweise

Woran denken wir bei dem Wort *unpersönlich*? Die meisten von uns deuten es wohl im Sinne von distanziert, kalt, unnahbar und herzlos. Doch in Wahrheit ist damit das genaue Gegenteil gemeint.

Wir sind in unserer Gesellschaft heutzutage so sehr darauf erpicht, besonders, einzigartig, berühmt, unübertroffen, jung usw. zu sein. Doch dies ist die Falle, die uns in die Trennung führt. Sie macht uns glauben, dass wir alle verschieden sind. Es ist ein Trick, der die Ego-Realität in Klassen von Über- und Unterlegenheit einteilt und dem Ego-Selbst immer neue Rechtfertigungen zur Aufrechterhaltung seiner Fehlurteile liefert. Dies tut es, indem es uns selbst, andere, Situationen, Vergangenes und Zukünftiges beurteilt und uns in Begrenztheit und Getrenntheit gefangen hält.

Das Ego-Selbst will etwas Besonderes und der Schöpfer der Wirklichkeit sein. Sein Katalysator ist sein Glaube und seine Hingabe an das Persönliche, und sein Vehikel ist die zwanghafte Kontrolle, mit der es unser Leben und unsere Reaktionen auf die Wirklichkeit manipuliert. Die Bedeutung von *persönlich* im Sinne des Ego-Selbst umfasst: getrennt, anders, einzigartig, unterlegen, überlegen, ausschließlich, meins und deins.

Wenn wir uns persönlich angegriffen fühlen, lehnen wir den anderen sofort ab und gehen, um sein Tun zu ahnden, sofort zur Verteidigung oder zum Gegenangriff über. Nehmen wir die Dinge persönlich, sperren wir uns damit in eine kleine, dunkle Welt ein, in der der Zyklus von Trennung, Urteil und Vergeltung uns wie ein schrecklicher Schatten überallhin folgt.

Die wahre Bedeutung von *unpersönlich* ist: allumfassend, ganz, ungeteilt, liebevoll, urteilsfrei, akzeptierend, großzügig, sich ausdehnend und verströmend. Wenn wir lernen, das Leben ohne Urteil zu akzeptieren und die Dinge nicht persönlich zu nehmen, werden wir objektiver und weniger kritisch. Die Ebene des Persönlichen hinter sich zu lassen heißt, einen Schritt zurückzutreten und zu beobachten, wie sich der große Plan entfaltet. In diesem neu gewonnenen Raum können wir unsere Ich-zentrierten, selbstzentrierten Impulse loslassen und inmitten von Chaos und Unsicherheit unser Gleichgewicht bewahren. Wir erhalten eine unerschütterliche Stabilität, die sich selbst trägt und für andere, die womöglich unsere Hilfe brauchen, durch und durch zuverlässig ist.

Die Versuchung zu leugnen und zu vermeiden

Eine der größten Versuchungen, denen wir auf der 1. und 2. Stufe begegnen, ist die des Leugnens und Vermeidens. Da uns unsere neue Denkform zu Offenheit und Gemeinsamkeit einlädt, fühlt sich unser Ego-Selbst zutiefst bedroht. Angesichts der Herausforderung, uns allem zu stellen und nichts aus dem Weg zu gehen, treibt es unsere Ängste auf immer neue Höhen.

2. Stufe: Aussortieren

Das Ego-Selbst strebt nach Trennung, das Eine Selbst hingegen nach Einheit und Ganzheit. Wenn wir uns gerade erst auf den Weg der Befreiung begeben haben und zu begreifen beginnen, wo überall unser Ego-Selbst uns mit seinen Wahrnehmungen in die Irre geleitet hat, wird es mit großer Wahrscheinlichkeit zu einem erneuten Aufflammen der Angst kommen. Das Ego-Selbst muss dieser ersten Überprüfung um jeden Preis standhalten, und um dies zu erreichen, setzt es die Angst gegen uns ein. Das Letzte, was es will, ist, dass wir uns nach innen wenden und dort im Verborgenen die Säulen von Schuld und düsteren Urteilen entdecken, die wir vor unserem Bewusstsein vergraben haben.

In diesem Prozess gelangen wir zwangsläufig an einen Punkt, an dem uns das ganze Ausmaß unserer Projektionen und Leugnungen klar wird. Wir winden uns in der Erkenntnis, wie süchtig unser Ego-Selbst darauf ist, unsere unbewusste Schuld auf andere zu projizieren. Nur zu gern würden wir dies wieder verdrängen. Und doch sind wir dringend gefordert, genau das Gegenteil zu tun, nämlich all unsere Fehler der universalen Inspiration zur Neubewertung zu übergeben. In dem Maße, wie uns dies gelingt, gewinnen wir an Vertrauen und erfahren, dass das Konzept der Sünde einzig in dem Irrglauben des Ego-Selbst existiert, das an die Anziehung von Schuld glaubt.

Wir stehen hier an einem Scheideweg: Entweder wir entscheiden uns dafür, an unserer Trennung festzuhalten und das Überleben unseres Ego-Selbst zu sichern oder unsere finstersten Ängste ins strahlende Licht der Wahrheit zu stellen. Wir sind in dem Moment frei, in dem wir es wagen, die

Motive für unsere Entscheidungen zu hinterfragen. Oft sind wir erschrocken über das, was wir da herausfinden und würden es nur zu gern von uns weisen. Doch wirklich frei werden wir nur durch konsequente Entschlossenheit, die verdeckten Täuschungen, die bisher all das Chaos in unser Leben getragen haben, Schicht für Schicht abzutragen.

Angesichts der Versuchung zu leugnen und zu vermeiden, kommt es vor allem darauf an, uns unsere tiefe Entschlossenheit vor Augen zu führen, aus ganzem Herzen für die Wahrheit einzustehen. Gilt unsere ganze Leidenschaft dem Streben nach höchster Freiheit – also Frieden –, sind wir es uns schuldig, bewusst auf jeden Impuls zur Vermeidung oder Verleugnung zu achten. Nur dann können wir unsere inneren Reaktionen konstruktiv beobachten und den arglistigen Zwang dahinter erkennen. Wenn wir unsere eigenen Projektionen und Ängste entdecken, reagieren wir üblicherweise mit Selbstvorwürfen. Wir merken nicht, dass wir dabei die Schuld nur von außen nach innen verlagern, was ebenso destruktiv ist. Die volle Verantwortung für uns selbst, unsere Wahrnehmungen und unsere Realität zu übernehmen, führt uns in einem riesigen Sprung auf Distanz zu unserem Ego-Selbst, doch geht damit immer eine Phase vermehrter Schuldgefühle einher. In Wirklichkeit handelt es sich hier um all die Schuld, die wir bislang unbewusst auf andere projiziert haben. Durch unseren Bewusstseinswandel fällt es uns leichter, uns mit Schuldzuweisungen an andere zurückzuhalten, so dass wir diese nicht länger verantwortlich machen. Wir ziehen unser Urteil aus dem Außen ab und bekommen auf einmal sein Wirken in unserem Inneren zu spüren. Nur so können wir es endlich aufdecken, um es zu heilen. Dieser Teil des Prozesses dient dazu, die destruktiven Aspekte unseres gespaltenen Geistes ans Licht zu bringen und auszumerzen. *Was auch immer wir an Schuld in uns tragen, sie ist nicht real.* Vergessen wir nicht, dass alle Schuldgedanken und -gefühle immer nur von *uns* ausgehen.

Die 2. Stufe überwinden: »Du wirst es sehen, wenn du daran glaubst.«

Der Schlüssel zur Überwindung der 2. Stufe liegt im Vertrauen und in der Bereitschaft. Wir werden mit Situationen konfrontiert, die Verteidigung zu rechtfertigen scheinen. Um unser Ziel zu erreichen, müssen wir aber geben und Frieden schenken. Wir sind aufgerufen, immer wieder über Fehler hinwegzusehen und zu vergeben, auch wenn uns die Menschen und äußeren Umstände womöglich bedrohlich erscheinen. Nie werden wir Vertrauen gewinnen, wenn wir nicht die in *EKIW®*[91] beschriebenen Prinzipien umsetzen. Folglich werden wir in dieser Phase Vergebung üben, auch wenn uns oft gar nicht danach zumute ist. Wir leben nach dem Prinzip des Gebens, frei vom Streben des Egos nach einem bestimmten Ergebnis. Für das Ego ist dies fremd und im Widerspruch zu seinen Werten, so dass es sich anfangs widersetzen wird. Vertrauen und Bereitschaft sind die entscheidenden Tugenden, die wir hier anzuwenden lernen, und durch die Umsetzung dieses Prinzips in der *Praxis* wird ihr Wirken in unserem Alltag offenbar. Durch konsequente Anwendung des Prinzips der Vergebung lernen wir, wie wahr es ist, was *EKIW®* verspricht: »Und also wird das Wunder deinen Glauben an es rechtfertigen.«[92] Friede, Freude und Leichtigkeit werden sich in dem Maße in unserem Leben in wachsender Regelmäßigkeit einstellen, in dem wir bereitwillig Vertrauen aufbauen.

Lassen wir in unserem Leben Liebe, Friede und Vergebung Einzug halten und üben wir uns im Geben, wird uns all dies von anderen zurückgeschenkt, sogar in Situationen, die zunächst hoffnungslos verfahren wirkten. In dieser Phase haben wir uns die Vorstellung von der reinen Wirklichkeit zu Eigen gemacht und ihr den Vorzug vor der begrenzten Ego-Realität eingeräumt. Wenn wir jetzt handeln, werden wir dies mit sehr viel größerer Wahrscheinlichkeit aus unserem Einen Selbst heraus tun. Wir haben uns entschieden, uns aus dem inneren Konflikt zweier widerstreitender Denksysteme zu lösen, indem wir uns weitgehend auf das der Wahrheit festlegen.

Kontemplation und Meditation

Die Rechtgesinntheit ist leichter aufrechtzuerhalten, wenn wir auf natürliche Weise mehr Zeit im Jetzt-Moment verbringen. Im Zuge der Ego-Befreiung wird all das Störende, das wir im Lauf unseres Lebens in uns angesammelt haben, Schicht um Schicht abgetragen. Bewusste Achtsamkeit hilft uns, uns aus der zwanghaften Denk- und Gefühlsmühle des Egos zu lösen, da sie uns in den Jetzt-Moment führt. Denken entsteht aus einem Mangel heraus, dessen Zweck es ist, *mehr* zu bekommen. Doch weil unser Eines Selbst heil ist und keinen Mangel kennt, gibt es weder Fragen, noch Antworten, noch Bedürfnisse, die nicht aus diesem einen reinen Selbst heraus gestillt werden könnten.

Eine der hilfreichsten Übungen, um innerlich zur Ruhe zu kommen, ist die Meditation. Mit ihrer Hilfe machen wir unseren Geist frei, schulen unsere Achtsamkeit und lernen zu akzeptieren, *was ist*. Gleichzeitig lassen wir Ängste, Schuld, Urteil und unser unablässiges Kontroll- und Wissensbedürfnis los. Zeit, Gedanken, Gefühle treten ebenso schnell in den Hintergrund wie das Haben- und Werdenwollen. In der Stille, die sich in uns auftut, wissen wir uns sicher und geborgen. Nur im gegenwärtigen Augenblick können wir den Ruf oder die Anweisungen unseres Einen Selbst hören und spüren.

In der Meditation lernen wir, unseren Geist zu disziplinieren und wach und mit vollkommener Achtsamkeit in die Stille zu lauschen. Kontemplation hingegen ist jederzeit möglich und erfordert nicht, erst in die Stille zu gehen oder auch nur, uns hinzusetzen und die Augen zu schließen. Bei der Kontemplation geht es einzig darum, präsent zu sein, und unsere jeweiligen Gedanken sowie die Gegebenheiten ringsum zu beobachten. Als achtsamer Zuschauer sind wir absolut gegenwärtig, jedoch nicht in Gedanken versunken. Wir sind mit ganzer Aufmerksamkeit bei dem, was wir tun, wo immer wir auch sein mögen.

Kontemplation »ist die fruchtbarste und bedeutungsvollste Aktivität spiritueller Arbeit. Mit nur ganz wenig Übung kann man die Fähigkeit erwerben, in der Welt zu funktionieren und dabei Nachdenken und Kontemplation nur geringfügig zu unterbrechen. Meditation, wie sie gewöhnlich praktiziert wird, ist jedoch in Bezug auf Zeit und Ort beschränkt und beinhaltet oft ein Sich-Abschließen und Stillstand von Handlung. Obwohl Kontemplation und Reflektion weniger intensiv zu sein scheinen, tragen sie dennoch in Wirklichkeit durch ihren ständigen Einfluss die Hindernisse hinweg. Kontemplation ist daher ein Modus von Meditation, der nicht weniger gut oder geringer einzuschätzen ist als die sitzende Meditation mit gekreuzten Beinen.«[93]

Grob gesprochen agiert unser Geist auf zwei Ebenen: dem »Denken« und der »Aufmerksamkeit«. Das Denken setzt Logik, Gedanken, Sprache und Vernunft ein und verläuft linear. Es zieht seine Schlüsse und definiert danach sich selbst und die Welt. Es kann immer nur *über* jemanden oder etwas Bescheid wissen, sein Wissen kann nie *von innen heraus* kommen. Der Teil unseres Geistes, in dem die »Aufmerksamkeit« (das Eine Selbst) wohnt, hält *alles* gleichzeitig in einem weiten Gewahrsein. Sie arbeitet jenseits von Zeit, Ursache und Wirkung und ist grenzenlos und allumfassend. Sie muss nichts über irgendetwas in Erfahrung bringen oder kennen lernen, weil sie von innen heraus *weiß*. Hier ist der stille, wachsame Geist, zu dem wir in dem Maße leichteren Zugang finden, wie wir die Stufen zur Wahrheit erklimmen. Konsequente Meditation und/oder Kontemplation sind hilfreiche Praktiken, um uns unser ursprüngliches Wissen der absoluten Einheit und Verbundenheit wieder erfahren zu lassen.

3. Stufe: Aufgeben

Auf der 1. und 2. Stufe haben wir die schwierigsten Anpassungen erlebt, die sich aus der Aneignung eines völlig neuen Denkens ergeben. Diese anfängliche Phase scheint unsere inneren Konflikte anzuheizen, statt sie zu lindern. Doch mit dem Erreichen der 3. Stufe lassen wir die Konflikte nach und nach hinter uns und bewegen uns beharrlich auf den Frieden zu. Es wird uns klar, dass wir in der Tat *lieber* aus unserem Einen Selbst heraus agieren, doch völlig überzeugt sind wir noch nicht, da wir uns manchmal immer noch vom Ego-Selbst leiten lassen. Immer ist ein wesentlicher Teil unseres Unbewussten noch auf die Ego-Realität fixiert, und auf dieser Stufe erhalten wir Gelegenheit, die Ego-Wahrnehmung als solche zu erkennen und »nein« zu ihr zu sagen.

Im EKIW®-Handbuch für Lehrer heißt es hierzu: »Wenn dies als Aufgeben von Wünschenswertem gedeutet wird, wird es enorme Konflikte erzeugen. Wenige Lehrer GOTTES entrinnen völlig dieser Not. Es hat allerdings keinen Sinn, das Wertvolle vom Wertlosen zu trennen, wenn nicht der nächste offensichtliche Schritt getan wird. Deshalb ist es wahrscheinlich, dass die Phase der Überschneidung eine Zeit ist, in der der Lehrer GOTTES sich dazu aufgerufen fühlt, das, was zu seinem Besten ist, für die Wahrheit zu opfern. Es ist ihm bis jetzt noch nicht klargeworden, wie gänzlich unmöglich eine solche Forderung wäre. Er kann das nur lernen, indem er das Wertlose tatsächlich aufgibt. Dadurch lernt er, dass er dort, wo er Gram erwartete, statt dessen eine glückliche Unbeschwertheit findet, und dort, wo er dachte, etwas werde von ihm verlangt, eine Gabe findet, die ihm verliehen wird.«[94]

Der Baum der Urteile

Fast alle unsere Urteile kommen aus dem Ego-Selbst. Jede Entscheidung, die wir in jedem Moment unseres Lebens treffen, egal, ob es darum geht, wann wir den Fernseher einschalten oder wen wir heiraten wollen, entspringt dem Ursamen des Egos. Und der erste Schössling, den diese Pflanze schleunigst emportreibt, ist der destruktive Glaube an Schuld und Angst, dessen Ursache in der Trennung liegt.

Das Ego will in seinem tiefsten Inneren nur eines, und das ist Schuld und Angst. So sollen wir empfinden, und danach sucht es insgeheim, auch wenn wir nichts von seinen Machenschaften merken. Und wir fragen uns dann, warum in unserem Leben solches Chaos herrscht, warum wir dauernd enttäuscht werden und uns das Glück nicht treu bleibt. Die Antwort ist, dass wir uns unbewusst von unserem gestörten Ego leiten lassen, dessen schiere Existenz davon abhängt, regelmäßig von uns mit Schuld und Angst genährt zu werden. In den meisten von uns, die wir alt genug sind, dieses Buch zu lesen, ist dieser erste, zarte Keim von Schuld und Angst inzwischen zu einem großen, monströsen Baum mit tausend Ästen und meterdickem Stamm herangewachsen. So betrachtet, können wir uns vorstellen, wie gigantisch das Wurzelwerk des Egos sein muss.

Die Grundüberzeugung, dass Sünde real sei und Bestrafung rechtfertige, bildet die Basis für die massive Investition des Egos in Angst, Schuld und Urteil. Würden wir uns der Wahrheit öffnen, *dass es keine Sünde gibt* und jeder Fehler immer von einem Irrtum hervorgerufen wird, der nichts als ein »Schrei nach Liebe« ist, gäbe es keine Schuld! Und ohne Schuld, die wir auf andere projizieren könnten, wären wir frei von Angst und Urteil.

Urteil folgt aus Schuld und Angst. Das ist eine Tatsache. Und weil das Überleben des Egos vom Urteilen abhängt, um die Schuld zu verstärken, wird es seine Bewertungssucht niemals aufgeben. Gibt es weder Urteil noch Schuld, ist dies das Ende des gestörten Ego. Wir müssen erkennen, dass das Ego mit seinen Urteilen ausdrücklich den Zweck verfolgt, unsere unbewusste Angst zu verstärken. Wir denken, dass wir, wenn wir die Schuld in anderen sehen, selbst weniger schuldig seien. Dieses verkehrte Ego-Denken lässt in uns den irrigen Glauben an die Trennung entstehen.

Wenn wir uns schuldig fühlen, meinen wir, über andere urteilen zu müssen, und dies wiederum führt dazu, dass wir der Ansicht sind, sie hätten eine Bestrafung verdient. Wenn wir glauben, die Quelle verleugnet zu haben (was wir bei der Trennung taten), will unser Geist »sich selber verleugnen und der Strafe der Verleugnung entgehen«.[95] Durch Bestrafung eines anderen glaubt er, selbst der Vergeltung zu entgehen. Dies ist der Grund, warum wir meinen urteilen zu müssen. Urteile sind der Brennstoff, der das Feuer unseres Trennungsgefühls am Lodern hält.

Unbewusst akzeptieren wir das Fällen von Urteilen als eine tagtägliche Notwendigkeit, obwohl es sich hier um eine zutiefst schädliche Betätigung handelt. Stellen wir uns vor, wir würden uns jeglichen Urteils bereitwillig enthalten. Was würden wir aufgeben? All unser Leid, unseren Ärger, unsere Frustration und Verzweiflung. Mit einem Mal würden Schuld, Besorgnis, Einsamkeit und Leere von uns weichen.

Festzuhalten ist, dass unser Drang zu urteilen in einer Wahnidee wurzelt. Das Ego-Selbst weiß nicht ...

... wer es ist;

... warum es da ist;

... wo es ist;

... wie es ist;

... zu welchem Zweck es da ist.

Wie könnte es da irgendjemanden oder irgendetwas vernünftig beurteilen? Offensichtlich müssen wir nicht nur manche, sondern all unsere Überzeugungen, Annahmen und Werte revidieren, wenn wir ernsthaft nach Befreiung streben. Hier und jetzt steht uns jede mögliche Form von Hilfe offen, um unsere Verstrickung in solch irrige Vorstellungen zu lösen, die wir gemeinhin Wirklichkeit nennen. Wer oder was auch immer im Augenblick zugegen ist, und mag er oder es noch so störend oder furchteinflößend sein, ist der perfekte Kata-

Abbildung 6.2: Der Ego-Zyklus

lysator, der uns ständig aufs Neue dahin führt, »zu lieben, was ist« (also die Wirklichkeit anzunehmen.) Wenn wir uns Liebe, Verständnis und Akzeptanz wünschen, muss eben diese Akzeptanz zunächst in uns und um uns herum Einzug halten. Wer oder was immer Angst oder Unbehagen in uns auslöst, ist in der Tat ein perfekter Impulsgeber, der uns dazu bringt, die Gedanken hinter unseren Urteilen oder Überzeugungen zu hinterfragen.

Wir urteilen, um in die Trennung zu gehen; also erzeugt das Ego Leid, um die Zersplitterung weiter voranzutreiben. Was es nicht erkennt, ist, dass wir in Wahrheit gar nicht getrennt sind. Wir sind alle eins und sind im illusorischen Traum von Getrenntheit gefangen. Wenn wir dies einsehen, wird offenbar, dass wir mit jedem Urteil oder Angriff gegen einen anderen uns selbst angreifen. Was wir an anderen verabscheuen, ist nichts als ein projiziertes Bild unserer eigenen Schuld. Wenn wir uns die Fragen aus »The Work«[96] stellen, gelangen wir zu dem Wendepunkt, an dem wir oft glasklar sehen, dass unsere ganze Misere nur durch unsere irrigen Überzeugungen entstanden ist. Niemandem ist etwas vorzuwerfen, es gibt keine Schuld, es stellt sich bloß eine kristallene Klarheit und ein Gefühl der echten Befreiung ein.

Der Ego-Zyklus der Trennung (Abbildung 6.2) entsteht aus Angst, Kontrolle und Schuld. Die meisten unserer Wünsche, einschließlich das Werden-wollen, entstehen aus der gestörten Ego-Wahrnehmung von Angst, Kontrolle und Schuld. Diese löst einengende Gedanken und Gefühle aus und treibt uns dazu, zu urteilen, anzugreifen und zu geben, um zu bekommen. Daraus wiederum entstehen Konflikte, Abhängigkeiten, Süchte und »besondere« Beziehungen. Dieser Zyklus bleibt so lange bestehen, bis wir bereit sind, den Kontrollzwang des Egos zu erkennen und aufzulösen und endlich aus unserem Einen Selbst heraus zu leben beginnen.

Das Urteilen aufgeben

In der 3. Stufe lernen wir, dass beide Denksysteme – die des Ego-Selbst und die des Einen Selbst – in unserem Geist nicht parallel zueinander existieren können. Wir müssen eine eindeutige Entscheidung treffen, und das heißt, wirklich begreifen und verinnerlichen, dass »Angriff [Urteil] nie gerechtfertigt *sein* kann«.[97] Wir sind jetzt wahrscheinlich in der Lage, uns des Urteils/Angriffs zu enthalten, wenn uns die scheinbare Konfrontation nicht allzu persönlich tangiert. Es kann aber gelegentlich vorkommen, dass wir in schwierigen Situationen »den Kopf verlieren«. Ist dies der Fall, geht es darum, sobald wie möglich um Rechtgesinntheit zu bitten und zu erkennen, dass wir dabei sind zu lernen, dem Angriff immer und nicht nur meistens abzuschwören.

Diese Lektion lässt sich am gründlichsten verinnerlichen, wenn wir sie physisch, mental und emotional üben. »*Damit du Frieden hast, lehre Frieden, um ihn zu lernen.*«[98] Diese Überzeugung stellt sich ein mit ihrer praktischen Umsetzung. Indem wir Frieden ausstrahlen, lehren wir ihn, und indem wir ihn lehren, begreifen wir, dass dies die Wahrheit schlechthin ist.

Quantenvergebung und Verantwortung

Das Urteilen aufzugeben heißt, offen zu sein für Vergebung. Denken Sie daran, die PIQ-Formel (Präsenz, Inneres Erforschen und Quantenvergebung) einzusetzen. Da jeder Angriff irreal ist, müssen wir eine Möglichkeit finden, das als Illusion zu enttarnen. Hier einige Vorschläge, wie dies gelingen kann:

1. *Schauen Sie hinter das Ego Ihres Gegenübers.* Betrachten Sie alle Konflikte lediglich als Fehler, die von einem Ego gemacht werden (sprich: der Realität entbehren). Wenn Sie diesen Fehler als real betrachten, haben Sie selbst vorübergehend Ihre Klarheit verloren und die Illusion bestätigt. Die Wahrheit in diesem Traum lautet, dass der andere in Wirklichkeit eins mit Ihnen ist und Ihnen die Gelegenheit gibt, Ihre unbewusste Schuld zu heilen. »Du bist eigentlich gar nicht hier. Wenn ich dich für schuldig oder für die Ursache des Problems halte, dich aber erfunden habe, dann müssen die eingebildete Schuld und Angst in mir sein. Da die Trennung von Gott nie stattgefunden hat, vergebe ich uns ›beiden‹, was wir nie getan haben. Übrig bleibt nur die Unschuld, und ich verbinde mich in Frieden mit dem Heiligen Geist [universale Inspiration].«[99]
2. *Führen Sie sich vor Augen, dass jeglicher Angriff in die Irre leitet und nur ein Schrei nach Liebe ist.* Er birgt die Aufforderung, in der Rechtgesinntheit zu bleiben und Frieden zu schenken. Er gibt Ihnen die Gelegenheit, sich für Liebe und Frieden statt für Chaos und Illusion zu entscheiden.

3. *Akzeptieren Sie die Wirklichkeit so, wie sie ist.* Machen Sie sich klar, dass alles in Ihrem Leben, und mag es noch so äußerlich sein, so ist, wie es ist. Die einzig wahre Kontrolle, die Sie haben, liegt in der Erkenntnis: »Ich *bin* verantwortlich für das, was ich sehe. Ich wähle die Gefühle, die ich erfahre, und ich entscheide mich für das Ziel, das ich erreichen möchte.«[100]

Wir lernen, unsere Gedanken und Überzeugungen als *Ursache* zu begreifen, deren *Wirkung* die Welt ist. Mit anderen Worten: Wir erkennen die entscheidende Kraft unseres Denkens. Mit der Beobachtung unserer emotionalen, physischen und mentalen Reaktionen lernen wir, unsere Gedanken regelmäßig zu überprüfen. Ist unser Frieden gestört, erfahren wir, dass nichts außer uns selbst uns Schaden zufügen kann.

Das Eine Selbst

Tag für Tag treffen wir Tausende von Entscheidungen, und manchmal geht es dabei um so winzige Kleinigkeiten, dass wir uns ihrer nicht einmal bewusst sind. Ein Großteil unseres Befreiungsprozesses besteht darin zu lernen, welches die Eine unserer inneren Stimmen ist, auf die wir vertrauen können. Das Ego meldet sich als Erstes und meist lautstark zu Wort, und wir sind total darauf konditioniert, sofort anzuspringen. Unser Eines Selbst hingegen macht uns meist nur mit einem leisen Flüstern oder Gefühl auf seine Botschaft aufmerksam. Um ihm konsequent zu folgen, bedarf es beträchtlicher Geduld und Übung. Wir *verlernen*, auf innere und äußere Stimuli zu reagieren, indem wir uns bewusst auf die leise Stimme, den sanften Drang oder das zarte Gefühl einschwingen. Nehmen wir an, das Telefon klingelt an unserem freien Tag und eine gute Freundin fragt spontan an, ob wir nicht mit ihr am Nachmittag einen Ausflug machen wollen. Ein innerer Konflikt flammt auf, weil wir uns so darauf gefreut hatten, den Tag ganz für uns allein zu haben. Was nun? Wie sollen wir entscheiden? Wäre es nicht am besten, das zu tun, womit wir uns am wohlsten fühlen? Nehmen Sie sich einen Moment Zeit, um sich in die beiden Szenarien hineinzuversetzen, und fragen Sie sich jedes Mal: Fühlt sich das gut an? Fühlt sich das friedvoll an? Diese kleine Übung genügt, um herauszufinden, welche Entscheidung wir aus unserem Einen Selbst heraus treffen sollten.

Kompliziert wird es jedoch dann, wenn verdeckte Schuldgefühle oder Pläne an unserer Entscheidungsfindung beteiligt sind. Wenn wir das Gefühl haben, die Freundin sei uns oder wir ihr noch irgendetwas schuldig, spricht das Ego. Alle Anzeichen von Schuld, Frustration oder Ärger sind Indikatoren dafür, dass noch etwas innere Arbeit nötig ist.

Auf dem Weg voranschreiten

Seit dem großen Wendepunkt, unserer Entscheidung, etwas Grundlegendes in unserem Leben zu ändern, und dem schwierigen Weg durch die 1. und 2. Stufe haben wir große Fortschritte gemacht. Zwar sind wir immer noch in der Vorbereitungszeit, doch unser Bewusstsein hat sich inzwischen deutlich gewandelt. Mag sein, dass wir ziemlich »k. o.« waren von all dem Auf und Ab und den vielen Veränderungen, die wir vor allem auf der inneren Ebene durchzumachen hatten. Jetzt aber sind wir sehr viel klarer in unseren inneren Entscheidungen und handeln lieber aus unserem ganzheitlichen als aus dem Ego-Selbst heraus. Wir wissen den Wert der universalen Inspiration mehr denn je zu schätzen und bauen Vertrauen auf. Wenn wir erst einmal den Punkt erreicht haben, an dem wir tatsächlich nur auf die Stimme unseres Einen Selbst hören und entsprechend reagieren, haben wir die Halbzeit erreicht und unser weiterer Weg verläuft in harmonischeren Bahnen.

Etwa um diese Zeit stellt sich ein vertieftes Verständnis der Denkform unseres Ego-Selbst ein. Ziel dieser Stufe ist, die verborgenen Aspekte des Egos ans Licht zu bringen und zum eigentlichen Kern seiner Überzeugungen vorzustoßen. Dort findet die fundamentale Veränderung statt. In dieser Phase decken wir im Allgemeinen Schicht für Schicht unserer eigenen Ego-Störungen auf. Zunächst erleben wir, wie viele unserer bislang unhinterfragten Überzeugungen in den Fokus rücken und aufgelöst werden und neue Einsichten an ihre Stelle treten. Während wir uns jedoch mehr und mehr auf das Zentrum unseres Ego-Denkens zubewegen, kommt unser gesamtes Wertesystem auf den Prüfstand, und dies kann ziemlich unbequem sein. Wir können nur staunen, wie trügerisch das Ego ist, und dieser Prozess wird alle möglichen emotionalen Reaktionen auslösen, die sich mit dem Vordringen zum Kern des Egos noch verstärken.

Alle Gedanken an Ärger, Angst, Zorn und Frustration sind nun auf ein Sammelsurium diverser Probleme zurückzuführen. Das Ego treibt mit der unüberschaubaren Komplexität seiner Wahrnehmungen ein Verwirrspiel mit uns. Indem wir uns unserer Ego-Trugbilder bewusst werden, erleben wir, wie unsere endlosen Schwierigkeiten eine nach der anderen einen Destillationsprozess durchlaufen, um uns am Ende erkennen zu lassen, dass es immer nur ein Problem gegeben hat und geben wird, das uns den Zugang zur allgegenwärtigen Liebe verstellt: unseren *Glauben* an die Trennung. Mit der Zeit wird uns klar, dass wir die Dinge, auf die unser Ego anspringt, nicht verleugnen oder vermeiden sollten. Wenn wir wieder einmal das vertraute Gefühl haben, dass unser innerer Friede gestört ist, können wir dies als unmittelbare Aufforderung sehen, weiter an der Aufhebung unseres Ego-Glaubens an die Getrenntheit zu arbeiten. So werden Unannehmlichkeiten zu Gelegenheiten, und wir kommen der Freiheit wieder ein Stück näher.

Jedes Mal, wenn wir merken, dass unser Friede gestört ist, kommt es darauf an, ernsthaft um Rückkehr in die Rechtgesinntheit zu bitten. Die universale Inspiration lässt einen von Herzen kommenden Ruf nach Einheit, Frieden und Klarheit nie unbeantwortet.

Was wir wirklich wollen

Akzeptieren und verstehen wir tatsächlich voll und ganz, dass der Wille der Quelle und unser Wille eins sind? Wenn wir auf dieser Stufe noch nicht sicher sind, kennen wir womöglich noch nicht unseren eigenen Willen und wissen noch nicht, was wir wirklich wollen.

Am Anfang unseres Weges stand die Erkenntnis, dass wir das Ego und seine Endlosschleifen von Angriff, Schuld und Unsicherheit nicht wollten, sondern uns nach Frieden, Liebe und Ganzheit sehnen. Wir haben die Liebe und die mit ihr einhergehende Sicherheit zu schätzen, anzunehmen und zu verstehen gelernt. Wir wertschätzen jetzt den Prozess der Ego-Aufhebung, auch wenn dabei die Hässlichkeit seines Wirkens zutage tritt.

An diesem Punkt steht eindeutig für uns fest, dass das Eine Selbst mit seinem grenzenlosen Frieden nicht nur das ist, was wir wollen, sondern dass es der eigentliche Grund unseres Daseins ist! Wir bewerten all die Dinge neu, die wir bisher dem Frieden vorzogen: Recht zu haben, Recht zu bekommen, zu gewinnen, uns abzulenken, uns zu verteidigen, zu urteilen. Wir stellen den Frieden bewusst an die erste Stelle. Wir schenken Frieden und empfangen ihn, und indem wir ihn mit anderen teilen, erleben wir ihn. Wenngleich es uns noch nicht gelingt, konsequent im Frieden zu bleiben, wünschen wir uns, noch umfassender in diesen Zustand der heiteren Gelassenheit hineinzukommen. In dieser Phase des Prozesses wünschen wir uns zwar vermehrt Frieden, doch es gibt immer noch Momente, in denen uns Urteil oder Ärger legitim erscheinen. Da sind noch Dinge, denen das Ego den Vorzug vor dem Frieden gibt. Erst wenn wir mit *jedem* Moment des Unfriedens Leiden assoziieren, werden wir uns umfassend für unseren Wunsch nach Frieden – und nichts als Frieden – engagieren.

Irgendwann auf unserem Weg gewinnen wir die Erkenntnis, dass das, was wir immer zu wollen glaubten, nicht wirklich wahr ist. Wir begreifen mit zunehmender Klarheit, dass wir uns nur eines wünschen, und dieses Eine die Lösung für alle scheinbaren Probleme ist: die Wahrheit, die wiederum Friede ist. Damit wird uns aus erster Hand kundgetan, dass es den einen vollkommenen Willen gibt und dass unsere Zielstrebigkeit und unsere Freude in dem Maß wachsen, wie wir darin unseren eigenen Willen wiedererkennen.

Mit zunehmender Vertrauensbildung entdecken wir Aspekte unseres Egos, die so tief verborgen waren, dass wir nichts von ihrer Existenz ahnten. Dies kann zunächst verstörend sein, bis wir bereitwillig darangehen, das Unkraut der Ego-Besonderheit in uns auszujäten. Wenn wir sehen, wie vorteilhaft sich dies auswirkt, können wir nach und nach unseren Widerstand aufgeben. Dies ist eine intensive Zeit, in der unsere neu gefundene Kraft uns entspannter reagieren lässt, wenn wir wieder einmal auf die Hässlichkeit des Egos stoßen. Das Ego wird immer dann gestärkt, wenn wir darauf wie auf eine wirkliche Bedrohung reagieren. Dann fühlt es sich bedeutsam und unbesiegbar. Mit zunehmender Stärke können wir den Ausbrüchen des Egos mit wachsendem Humor begegnen. Oft durchschauen wir seine billigen Versuche, sich aufzublähen und sehen die Komik in seinen lachhaften Spielchen. Wir lernen, dem Ego keine Genugtuung zu verschaffen, Angst, Ärger oder Urteil Wirklichkeit werden zu lassen.

Wenn wir Befreiung, Frieden, Liebe und Freude zu unserem obersten Ziel erheben, stürzen wir damit unser Ego vom Thron. Wir räumen seinen Bedürfnissen keine Priorität mehr ein, weil wir uns voll und ganz darauf konzentrieren, im Zustand der Rechtgesinntheit zu bleiben. Sobald wir diesen erreichen und unser Gewahrsein im Jetzt-Moment ruht, in dem es weder Schuld noch Urteil gibt, erkennen wir die Vollkommenheit der Beziehungen, in denen alle Dinge, Menschen und Umstände zueinander stehen. Es gibt weder »gut« noch »böse/schlecht«. Alles ist einfach, wie es ist. Zunehmend wird uns bewusster, dass alles – auch wir selbst – von einer höheren Intelligenz gelenkt wird. Ziehen wir unsere Aufmerksamkeit vom Ego ab und hören auf, es in jeder Minute jedes Tages zu nähren und zu verteidigen, gewinnen wir Vertrauen. Und dieses Vertrauen wächst mit der Erkenntnis, dass es nur einen Willen gibt und dass wir so lange unglücklich bleiben, bis wir uns mit ihm identifizieren und ihn als unseren eigenen Einen Willen annehmen.

Die Entscheidung

Ein Kurs in Wundern® nennt diesen Punkt die »Gabelung des Weges«[101]; bisher haben wir uns auf den Frieden zubewegt und sind dabei einigen ernstlichen inneren Konflikten begegnet. Diese entstanden natürlich dadurch, dass wir immer noch bestimmten Ego-Illusionen nachhingen, während wir gleichzeitig nach Ganzheit strebten – zwei Dinge, die sich gegenseitig ausschließen.

Deshalb müssen wir uns an diesem Punkt erneut und aus ganzem Herzen der Wahrheit unseres Einen Selbst verpflichten und uns der Führung durch die universale Inspiration überlassen. Wir stehen vor einer Entscheidung im Lichte alles bisher Gelernten. In Wahrheit haben wir sie bereits getroffen, doch womöglich kommen wir ins Straucheln oder halten den Prozess auf, indem wir nach einer Abkürzung suchen (siehe Abbildung 6.3). In seinem Streben nach Besonderheit, also Getrenntheit, stemmt sich uns unser Ego oft mit seinem letzten Aufgebot entgegen. Um sein Überleben zu sichern, zieht es alle Register und spielt hier noch einmal ein Ass aus: eine tief sitzende Problematik oder

3. Stufe: Aufgeben

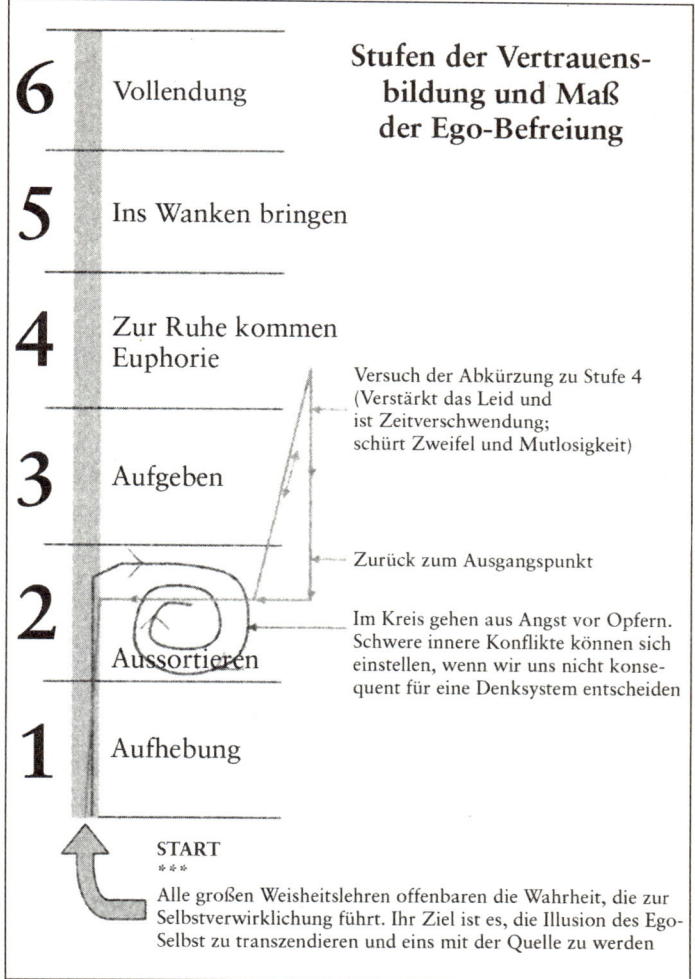

Abbildung 6.3: Die Versuchung im Kreise zu gehen und Abkürzungen zu nehmen

Überzeugung, die unser neu gewonnenes Vertrauen erschüttert. Dies sind seine letzten Tricks, um uns im Kreise zu führen und zu verhindern, dass wir jetzt die ultimative Entscheidung fällen, uns voll und unmissverständlich zur Wahrheit zu bekennen. Umkehren ist an diesem Punkt nicht mehr möglich. Wir können nur noch vorwärts in Richtung Wahrheit gehen oder müssen noch eine Weile auf der Stelle treten und die aufwühlenden Konflikte des Egos ertragen. Wenn wir uns für das Im-Kreise-Gehen entscheiden, müssen wir uns auf ausgesprochen unbequeme, schmerzhafte Lektionen gefasst machen, die allesamt darauf abzielen, uns den Unterschied zwischen Ego-Selbst und ganzheitlichem Selbst vor Augen zu führen. Angesichts der Intensität unseres Leidens werden wir irgendwann nach einem Ausweg suchen und zu der Weggabelung zurückkehren, um uns diesmal klar für den einzig wählbaren Pfad zu entscheiden, der uns in die Freiheit führt.

Befreiung stellt sich ein, wenn wir alle Entscheidungen in unserem Leben aus einer spirituellen Haltung heraus treffen. Dies geschieht, wenn wir nicht mehr damit leben können, in einem Aspekt unseres Lebens einen spirituellen Moralkodex walten zu lassen, während ein anderer noch von den Alltagsregeln des Egos bestimmt wird. Im Berufsleben im Konkurrenzdenken verhaftet zu sein und daheim zugleich den liebevollen Familienmenschen zu geben, wird zu einem Rezept für innere und möglicherweise auch äußere Konflikte und Krankheiten.

Echter und dauerhafter Friede entsteht, wenn wir aus ganzem Herzen bereit sind, in jedem Bereich unseres Lebens aus einer Verpflichtung heraus zu handeln: der Verpflichtung zur Wahrheit. Im Prozess der Ego-Aufhebung wird die Obsession des Egos zerstört, Ideen und Konzepte als würdig oder unwürdig, als wertvoll und wertlos zu kategorisieren. Statt unser Leben mit Wahrheit vollzustopfen, wird unser Leben in Wahrheit gehüllt.

Ein Kurs in Wundern® sagt: »Gelangst du an den Ort, an dem die Gabelung des Weges deutlich sichtbar ist, kannst du nicht weitergehen. Du musst den einen oder anderen Weg einschlagen. Denn wenn du jetzt den Weg gerade weitergehst, den du vor der Gabelung gegangen bist, gelangst du nirgendwohin [außer zu weiteren schmerzhaften Lektionen]. Der ganze Zweck, so weit zu kommen, war, zu entscheiden, welchen Weg du jetzt einschlagen willst.«[102]

Wann wir an dieser Gabelung angelangt sind, werden wir zweifellos erkennen. Und nachdem wir die einzige Entscheidung getroffen haben, die es wert ist, gefällt zu werden, sind wir bereit, die zweite Hälfte unseres Heimwegs anzutreten.

Haben wir die inneren Konflikte erst einmal hinter uns gelassen, wie sie sich durch das Aufeinandertreffen zweier widerstreitender Denksysteme ergaben, bringt uns die Entscheidung für unser ganzheitliches Ziel großen Frieden und Dankbarkeit. Weil wir jetzt aus ganzem Herzen dem Frieden verpflichtet sind und den Konflikt ablehnen, finden wir Möglichkeiten, sanfter und unkomplizierter zu werden. An dieser Stelle erkennen wir in der Regel die absolute Leere der Ego-Glückseligkeit, die wir einst zu brauchen glaubten, zumal das aus dem Außen bezogene Glück doch ständig unter der Bedrohung stand, uns wieder verloren zu gehen oder sich zu verändern. Und mit dieser neuen Wertschätzung für unveränderliche Glückseligkeit stellt sich ein Gefühl von

Geborgenheit ein, wie wir es nie zuvor erlebt haben. Wir fühlen zutiefst, wie alles mit allem verbunden ist und unser strahlendes Glück von einer höheren Ordnung durchdrungen ist. »Das Entrinnen aus der Dunkelheit umfaßt zwei Stufen: erstens die Einsicht, dass die Dunkelheit nicht verbergen kann. Dieser Schritt hat gewöhnlich Angst zur Folge [1., 2. und 3. Stufe]. Zweitens die Einsicht, dass es nichts gibt, was du verbergen möchtest, selbst wenn du es könntest. Dieser Schritt führt zum Entrinnen aus der Angst. Wenn du bereit sein wirst, nichts zu verbergen, wirst du nicht nur bereit sein, in Kommunion zu treten, sondern auch Frieden und Freude verstehen [anderen Frieden schenken und im Geben Liebe verströmen].«[103]

4. Stufe: Zur Ruhe kommen

Von den insgesamt sechs Stufen zur Wahrheit gestalten sich nur zwei überwiegend fried- und freudvoll: die 4. und die 6. Stufe, in der wir im wörtlichen Sinne Liebe, Frieden und Freude in uns aufnehmen und unser Leben vollkommen verwandelt wird. Mit dem Erreichen der 4. Stufe erwartet uns eine wohl verdiente Ruhepause. Der größte Segen dabei ist die Erkenntnis, dass es eigentlich kein Opfer war, uns von den einst für wichtig und wertvoll gehaltenen Dingen, Überzeugungen und Beziehungen zu lösen, weil diese sich im Laufe der Zeit gewandelt oder ganz verloren haben. Im Gegenteil: Rückblickend wird uns klar, dass *alle* Veränderungen, so schwierig sie auch sein mochten, notwendig und hilfreich waren, um uns an den Punkt zu bringen, an dem

4. Stufe: Zur Ruhe kommen

wir jetzt stehen. Durch sie konnten wir die Identifikation mit dem Ego aufgeben und auf diese Weise große innere Erleichterung verspüren. So sind wir dankbar und zuversichtlich, weil wir jetzt wissen, dass wir auch in Zukunft Bestärkung für unser wachsendes Vertrauen erfahren werden.

Diese Phase ist eine in vielfacher Hinsicht euphorische Zeit, weil wir uns im ganzheitlichen Sinne für die Wahrheit entschieden haben und wissen, dass nur wir selbst, kraft unseres Geistes, dieses Ziel erreichen können. Wir sehen die Dinge jetzt mit solcher Klarheit, dass uns Angst und Zweifel wie Worte aus grauer Vorzeit erscheinen. Angesichts des enormen Fortschritts, den wir gemacht haben, können wir mit unverfälschtem, von keinerlei Ego-Schleiern verzerrtem Blick in die Zukunft schauen. Unser neu gefundener Friede schafft Raum für viele wertvolle Einsichten, und womöglich wallt eine willkommene Welle der kreativen Inspiration in uns auf. In den ersten drei Stufen (Aufhebung, Aussortieren und Aufgeben) haben wir uns dem mit viel Leid verbundenen Prozess unterzogen, unser Ego auszumerzen. Es wäre verzeihlich, wenn wir nach all diesem Auf und Ab dächten, dass wir jetzt am Ziel seien und uns in der Wachheit des Geistes kein Widerstand mehr begegnet.

In der ersten Hälfte unseres Wegs ging es darum, die Blockaden aufzudecken und zu beseitigen, die uns den Zugang zur allgegenwärtigen Liebe – zur Wahrheit – verstellt haben. In der zweiten Hälfte offenbart sich uns die Liebe, die wir in uns und anderen unbedingt erkennen wollten, ohne uns in heftige innere Konflikte zu stürzen. Die Quelle verströmt sich jetzt in allem, was auch immer wir tun, wem oder was wir begegnen oder was wir erfahren.

EKIW® erklärt zur 4. Stufe: »Er ist noch nicht so weit gekommen, wie er denkt.«[104] In Wirklichkeit ist dies die letzte Raststation, und wir haben noch einen weiten Weg vor uns. »... der Lehrer GOTTES ist jetzt in seinem Fortschreiten an dem Punkt angelangt, an dem er darin seinen ganzen Ausweg sieht.«[105] Auf unserem weiteren Weg stellen wir fest, dass es noch immer viel zu tun gibt – doch wenn wir uns jetzt erneut aufmachen, so tun wir es aus einem tiefen inneren Frieden heraus.

Mächtige Gefährten

Ein Kurs in Wundern® lehrt für die 4. Stufe: »Doch wenn er bereit ist, weiterzugehen, geht er mit mächtigen Gefährten an seiner Seite. Jetzt ruht er eine Weile und sammelt sie um sich, bevor er weitergeht. Er wird von hier an nicht alleine gehen.«[106] Es scheint, als würden wir unterwegs oder mit dem Erreichen dieser Stufe ganzheitliche (heilige) Bindungen eingehen und von nun an gemeinsam, Hand in Hand, unserem einen Ziel entgegenstreben. Wir entwickeln Beziehungen, die der Wahrheit verpflichtet sind. Gegenseitige Unterstützung und ein ganzheitliches Ziel bilden eine lebenslange Basis, von der aus wir alle erdenklichen Formen von Fülle hervorbringen können. Eine weitere korrekte Interpretation des Begriffs der »mächtigen Gefährten« ist, in ihnen die universale Inspiration und Quantenvergebung zu sehen. Den Autoren zufolge wird jeder von uns seine mächtigen Gefährten erkennen, wenn sie uns in der für uns perfekten Form gegenübertreten.

Wie bereits erwähnt, ist auf dieser Stufe der Evolution eine Einheitsbeziehung der schnellste und sicherste Weg hin zur allgegenwärtigen Liebe. Sie ist die Antwort auf das globale Erwachen und die tatsächliche Verwirklichung des unendlichen Seins auf Erden (Himmel). »Wenn du Befreiung erlangst, wirst nicht nur du befreit, sondern *das Selbst*. Du erinnerst dich an jedermanns Selbst, weil es immer dasselbe Selbst ist. Sobald dies eingesehen wurde, wird die totale Transformation aller menschlichen Interaktionen möglich.«[107]

Spirituelle Suche und die Wahrheit

Gibt es einen Unterschied zwischen der Suche nach der Wahrheit und der Hingabe an sie? Wenn wir nach Spiritualität suchen, ist unser Hauptziel eine Art spiritueller »Höhenrausch«, der sich eines Tages von einem vorübergehenden Erlebnis zu einem dauerhaften Zustand entwickelt. Das ist es, was viele unter Erleuchtung verstehen – eine Erfahrung, nach der wir streben und die wir hoffentlich eines Tages machen werden und aufrechterhalten können. Wir denken, wir könnten sie mit Übung, Disziplin und der Anhäufung von Wissen zu diesem Thema *erreichen*. Das Problem an dieser Auffassung von spiritueller Suche:

- *Wer* ist der Suchende? Das Ego oder das Eine Selbst? Letzteres ist vollkommen und unendlich verbunden mit allem, was ist; es braucht weder Resultate, noch Wissen, noch Übung oder Suche. Das Ego hingegen blüht ganz besonders auf, wenn es nach *dem* Erleuchtungserlebnis oder »spirituellen Kick« strebt, bei dem alles ans Licht kommt außer der Wahrheit, die es entblößen und vernichten würde.
- Mit der Suche verbinden wir oft eine Erwartung, irgend-

etwas zu erreichen, das außerhalb von uns und in der Zukunft liegt, das spirituell bedeutsam für uns ist, statt die Wahrheit ans Licht zu bringen und uns zu dem zu führen, *was ist*.

Wir können eine regelrechte Gier auf positive Erlebnisse oder »spirituelle Kicks« entwickeln; schwächen sich diese ab, sind wir wieder am Boden zerstört. Eine solche Abhängigkeit von spirituellen Erfahrungen ist keine Befreiung und bringt uns nur selten der Wahrheit näher. Die Euphorie, die wir häufig auf der 4. Stufe empfinden, kann süchtig machen. Darum ist es so wichtig, ständig bei der Frage nach der Wahrheit zu bleiben, statt Erfahrungen zu suchen.

Wir wissen noch nicht, wer wir sind oder was unsere Aufgabe ist. Nach der so genannten Erleuchtung zu streben, wird uns nicht zu dieser Erkenntnis führen. In Wirklichkeit geht es darum, nach der Wahrheit zu fragen und sie anzuschauen. Die Wahrheit ist jenseits aller *Erfahrung*, denn sie offenbart die unendliche Liebe, die wir sind. Nach spirituellen Erfahrungen zu suchen heißt, etwas *erreichen* zu wollen, um geistig reifer zu *werden*. »Erreichen wollen« ist eine hübsche Umschreibung für *haben* wollen, und wenn wir erst etwas *werden* müssen, heißt das, dass wir noch nicht angekommen sind, wo wir sein sollten (im Jetzt). Beide Worte entspringen der Ego-Wahrnehmung und sind nicht real. Das Ego präsentiert sich uns geschickt in der Maske der universalen Inspiration und steuert uns an alle möglichen Orte, nur zu einem nicht: seinem eigenen Versteck. Und all dies geschieht im Namen der spirituellen Suche.

4. Stufe: Zur Ruhe kommen

Mit dem Begriff »Erleuchtung« assoziieren wir einen Prozess, der eine beharrliche Suche, Selbstverbesserung und Lernanstrengung erfordert. Viele der heutigen Lehren zeichnen ein eher zukunftsorientiertes Bild von der Selbstverwirklichung. Spirituelle Erfahrungen, tiefe meditative Versenkung, ekstatische Glückszustände und erweitertes spirituelles Wissen stehen dabei im Vordergrund. In einschlägigen Seminaren werden zudem oft Techniken vermittelt, die unser Leben bereichern sollen, und wir erfahren, wie wir uns selbst besser »kennen lernen« können. All diese Informationen sind zwar darauf ausgerichtet, uns in Verbindung mit unserem tieferen Wesenskern und unserer höheren Aufgabe zu bringen; doch zur Erleuchtung führen sie uns so wenig wie zu bleibendem Glück.

Wenn wir nach Selbstverwirklichung oder Erleuchtung streben, sollten wir uns immer wieder fragen, »wer« genau ist es, der da mehr Wissen und Vollkommenheit braucht? Es kann doch nur unsere verfehlte Identität – das Ego – sein.

»Erleuchtung ist ein Sprengkommando.«[108] Wir können sie nicht erreichen, ohne alles zu zerstören, was wir zu wissen glauben. Es geht darum, alles zu verlernen, das uns an dem Glauben festhalten lässt, die Kontrolle behalten zu müssen. Die Ego-Befreiung räumt *alle* Blockaden beiseite, die uns am Gewahrsein der allgegenwärtigen Liebe hindern und uns den Zugang zur Erfahrung und Gewissheit von Liebe, Friede, Freude und Fülle verstellen. Das ist unsere Identität und unsere Aufgabe.

Es gibt nichts außer dem Hier und Jetzt. *Das Eine Selbst ist bereits erleuchtet; wir alle sind es.* Es handelt sich hier nicht um einen Zustand oder eine Erfahrung, die wir durch

Suchen im Außen oder Selbstverbesserung erreichen könnten. Es gibt nichts zu suchen oder zu verbessern. Die wohl schwierigste Herausforderung, der wir uns stellen müssen, liegt im Akt der Übergabe – dem bedingungslosen Akzeptieren dessen, was ist. Dies bedeutet ein Loslassen der Kontrolle. Es ist ein Akt der ultimativen Demut, geboren aus dem wahrhaftigen Eingeständnis des Nichtwissens.

Die Wahrheit zeigt sich in dem Augenblick, in dem wir das aufgeben, was uns den Blick darauf verstellt. Wahrheit ist Liebe. Es gibt nur eines, was uns hindert, die Liebe, also die Wahrheit, zu erkennen: unsere nicht reale Identität, das Ego. Um die Erinnerung, *wer* wir sind, wiederzufinden, müssen wir zur Wahrheit gelangen, die hinter dem Vergessen liegt. Mit anderen Worten: Der Weg nach Hause führt über das Loslassen des Egos durch Übergabe, Auflösung und Verlernen.

5. Stufe: Ins Wanken bringen

Die 5. Stufe geht sehr wahrscheinlich mit einer Zeit der Verunsicherung und Ermüdung einher. Die Verunsicherung entsteht, weil wir erneut mit manchen unserer früheren Themen konfrontiert werden, ihnen diesmal jedoch mit ganzer Achtsamkeit begegnen; bisweilen kann sich dies wie eine Art *Déjà-vu*-Erlebnis anfühlen. Diesmal aber sehen wir das Ganze in aller Klarheit und haben noch einmal die Chance, frei von früheren emotionalen Anhaftungen und innerem Aufruhr, wie wir sie in der 1. bis 3. Stufe erlebt haben, die Wahrheit zu erkennen, zu akzeptieren und nach ihr zu handeln. Anders als in der 4. Stufe, in der wir uns mit der Quelle total verbunden fühlten, erwartet uns jetzt eine einsame Zeit. Wir haben so viel gelernt; und doch sehnen wir uns noch immer nach diesem flüchtigen Gefühl zurück. Wir wissen noch gut, wie echt und stark wir diese Verbundenheit mit dem unendlichen Sein empfanden, doch finden wir jetzt aus unerfindlichen Gründen keinen Zugang mehr dazu.

Es mag sein, dass unser Engagement und unsere Zielstrebigkeit nachlassen und wir uns in dem Dilemma wiederfinden, nichts zu wissen außer dem, was wir *nicht* wollen. Wir haben das Alte hinter uns gelassen, doch unsere neue Bewusstseinsebene ist noch nicht voll und ganz manifest geworden. So fühlen wir uns in der Schwebe wie in einem Film, den jemand plötzlich angehalten hat.

In der 1. bis 3. Stufe haben wir unsere Wahrnehmung einer Reinigung unterzogen, um die Wirklichkeit zu *sehen* und die Illusion Schicht um Schicht abzutragen. In der nächsten, der 4. Stufe sind wir zu dieser Wirklichkeit *geworden*. Die meisten der verunsichernden Erfahrungen aus der 5. Stufe sollen uns also lehren, das *Tun* zu unterlassen, um endlich ins *Sein* zu kommen. Denn im letzten Akt der Übergabe an das unendliche Wissen tief in unserem Inneren wird uns das Licht aufgehen, dass wir immerzu alles und jedes *sind* und *haben*.

Die Lektionen, die diese Übergangsperiode begleiten, in der wir uns immer noch vom Erkennen des Einen Selbst zu dessen Verwirklichung hinbewegen, kreisen um unsere äußeren Lebensumstände. Nach dem Absolvieren der 1. bis 4. Stufe sind womöglich noch Reste von Weltlichkeit verblieben, wie sie sich aus Altlasten im Zusammenhang mit Verlusten oder Übergangsprozessen etwa in den Bereichen Finanzen, Beruf, Beziehungen und/oder Gesundheit ergeben. Wenn wir beispielsweise in der 1. Stufe erlebt haben, dass unsere Karriere in die Brüche ging, um uns unsere wahre Berufung und Kreativität finden zu lassen, können die daraus resultierenden finanziellen Engpässe bis in die 5. Stufe hineinreichen. Manchmal spiegelt unser Alltagsleben in dieser Phase blanke Einfachheit wider. Wir lehnen uns jedoch nicht dagegen auf, weil wir tief im Inneren den Wert der Einfachheit begriffen haben. Ja, wir geben ihr gegenüber der Vielfalt ausdrücklich den Vorzug.

Wenn wir beim Eintreten in die 5. Stufe feststellen, dass unsere Lebensumstände nicht im Einklang mit dem Niveau unseres spirituellen Bewusstseins stehen, ist dies nie als Mangel zu missdeuten. Es gibt keinen Mangel. Nichts als endlose Fülle umgibt uns. Wir könnten jedoch versucht sein, wieder ins Ego zurückzufallen und der Illusion des Mangels zu frönen. Gedanken des Mangels lösen Ängste aus; Angst treibt uns zu Kompromissen und Kompromisse verlangen uns Opfer ab. So kann uns die Angst beispielsweise in Form von finanzieller Unsicherheit begegnen. Empfinden wir die Angst des Mangels als real, geht das Ego mit uns einen Handel ein und macht uns glauben, dass wir unsere finanzielle Sicherheit auch unter widrigen Bedingungen durch Arbeit wiederherstellen können. So erhält es den Teufelskreis der Angst aufrecht und lässt uns Mangel sehen, wo doch in Wahrheit die Fülle dessen regiert, was wirklich ist.

In dieser Stufe werden wir feststellen, dass wir im Inneren zwar weitgehend einen Zustand von reiner Realität erreicht

5. Stufe: Ins Wanken bringen

haben, unsere äußere weltliche Realität damit aber noch nicht Schritt zu halten vermag. Solange wir »lieben, was ist«, kann nichts Falsches entstehen. Oft wird uns hier bloß noch einmal der Kontrast zwischen den beiden inneren Haltungen vor Augen geführt, um das bisher Gelernte zu untermauern. Uns werden wunderbare Gelegenheiten geboten, über den scheinbaren Mangel hinwegzusehen und mit absoluter Gewissheit die einzig mögliche Wahrheit im Blick zu behalten, die besagt, dass sich unsere innere Fülle schon bald in unserer äußeren Situation widerspiegeln wird. Geduld ist gefragt, denn jetzt sind wir dabei, die in der 1. bis 4. Stufe erlernten Prinzipien innerlich zu verankern. Alles geschieht zur rechten Zeit: Wann was vollzogen wird, entscheidet die Quelle und nicht wir selbst. Unser einziger Auftrag liegt im vollkommenen Vertrauen – in der absoluten Gewissheit.

Die 5. Stufe zieht sich in der Regel sehr lange hin. Es gibt noch viele Lektionen zu lernen und eine Menge zu festigen. Während uns die ersten vier Stufen Veränderung und Aktivität abverlangten, sind wir jetzt gefordert, *nur* dann zu agieren, wenn die universale Inspiration es uns sagt. Vielleicht erleben wir, dass unser Tun ergebnislos bleibt. Dies liegt daran, dass wir lernen sollen, die Kontrolle abzugeben und uns von der höheren Führung leiten zu lassen.

Jeder Widerstand vonseiten unseres Ego beschneidet uns in unserer Fähigkeit, in das wunderbare Gewahrsein der Liebe einzutreten. Widerstand begegnet uns in Form von Versuchung, aus eigenen Stücken zu urteilen und zu kontrollieren, ohne die universale Inspiration zu befragen. In dieser Phase haben wir Zeit, es zur Meisterschaft darin zu bringen, unsere Gedanken und Entscheidungen zu überprüfen. Wir hören nicht auf, dem Frieden erste Priorität einzuräumen, besonders bei Entscheidungen, die auf vermeintlichen Angriffen oder dem Prinzip des Gebens um des Bekommens willen beruhen. Wir stellen die Absicht hinter all unseren Entscheidungen zutiefst infrage, mögen sie auch noch so klein und belanglos erscheinen. Wie wir bereits erfahren haben, bleibt kein Gedanke ohne Konsequenz, und so hüten wir uns vor Fehlinterpretationen.

In dieser Phase *hören* wir intensiv hin und *spüren* intuitiv. Wir haben die Fähigkeit entwickelt, in überraschenden Notsituationen so viel Friede, Gelassenheit und Gewissheit auszustrahlen, dass unser Ego und unsere Mitmenschen sich schnell von ihrem Schrecken erholen. Sofort meldet sich eine innere Stimme, die uns kundtut, dass die Wirklichkeit ist, wie sie ist, und wir das, was geschieht, ohne Wenn und Aber akzeptieren. Dies bringt uns Frieden, weil wir die Realität nicht wegreden. In aufwühlenden Situationen sind wir oft die Einzigen, die Ruhe und Einsicht vermitteln können, weil nur wir wirklich präsent sind. Sprich: Wir stecken nicht in der vom Ego mit Angst besetzten Zukunft oder Vergangenheit fest und befassen uns nicht in Gedanken mit anderer Leute Angelegenheiten. Wenn wir in der Gegenwart sind, achtsam, bewusst und frei von Ego-Einflüssen, sind wir in unserer reinen Realität. Aus diesem Zustand heraus können wir:

- Zugang zur klaren Führung durch unser Eines Selbst finden;
- unseren Frieden wahren;
- anderen mühelos helfen;

5. Stufe: Ins Wanken bringen

- zu einem Werkzeug werden, um jeder Situation mit größtmöglicher Effizienz zu begegnen.

In der 5. Stufe erlangen wir die tiefe Gewissheit, dass wir keine Entscheidungen ohne vorherige Konsultation unseres inneren Führers treffen möchten. Fühlen wir uns zu einer Entscheidung gedrängt, bevor die Zeit dafür reif ist, wissen und akzeptieren wir im Stillen, dass uns die Antwort exakt zum richtigen Zeitpunkt gegeben wird.

In Interaktionen mit anderen, die immer noch ihr Ego mit sich selbst verwechseln, sind wir in unserem Anliegen, sie an der Wahrheit teilhaben zu lassen, außerordentlich geduldig und eindeutig. Wahrheit wird ohne Angriff, Urteil oder Vorwurf vermittelt, und selbst wenn das Ego des anderen sie als Angriff empfindet (was oft der Fall sein dürfte), verteidigen wir uns nicht.

In der 5. Stufe sind wir es gewöhnt, einen Großteil der Ego-Kontrolle abzugeben, und der Zustand des Nichtwissens ist uns wesentlich leichter erträglich. Dennoch gibt es noch vieles, was wir loslassen müssen, um wirklich frei zu sein. Wir sind aufgefordert, die Kontrolle komplett hinzugeben, und das lässt Ängste aufkommen. Die letzte Hochburg des Egos ist sein Kontrollsystem, und das verteidigt es durch vehementes Verleugnen.

Nichtwissen bringt unsere schlimmsten Ängste ans Licht – eng verwandt mit der Idee der Nichtexistenz, die der Todesangst gleichzusetzen ist. Jeder Kontrollverlust – das heißt: etwas nicht zu wissen – empfindet das Ego wie ein Sterben; denn schließlich wäre es sein Tod, wenn wir uns der Führung der universalen Inspiration anvertrauen würden. Überwinden wir unser Kontrollbedürfnis, wird dadurch unser gestörtes Ego-Selbst ausgelöscht. Das Ego wehrt sich gegen das Nichtwissen, weil es darin den eigenen Tod erkennt. Es ist in der Tat eine Art von Tod, obwohl nichts Wirkliches sterben kann.

Vielleicht fragen wir uns, ob diese »Übergabe« oder dieses Loslassen des Egos im Augenblick des physischen Todes geschieht. Die Antwort lautet: nein. Wir könnten zehntausende Male neu inkarnieren, ohne dass das Ego sein Kontrollbedürfnis je aufgeben würde[109].

Das heißt, dass das Verlangen des Egos nach Kontrolle selbst den physischen Tod überlebt; so hartnäckig hält es daran fest. Noch nicht einmal im Sterben können wir uns daraus befreien. Wenn das Ziel unseres irdischen Lebens darin besteht, in der Wahrheit die ultimative Befreiung zu finden, muss all unser Streben logischerweise der *Aufhebung des Egos* gelten. Kurzum: Das Loslassen des Egos ist eine Grundvoraussetzung zur Eliminierung der Vorstellung vom physischen Tod. Indem wir uns von dieser irregeleiteten Denkform lösen, lassen wir Splitter um Splitter des bei der Trennung zerborstenen Spiegels – und damit gleichzeitig unsere Schuld – los. Diese schockierende, ganz unbewusste Schuld weckte in uns den Wunsch, uns vor der Wahrheit, der Liebe und der Quelle zu verstecken. Dies ist der tiefere Antrieb, der uns im Zyklus von Geburt und Tod gefangen hält. Doch es handelt sich hier um eine absolute Illusion. Warum sollten wir noch weitere tausendmal in ein Leben voll des Kampfs, des Leids und des Sterbens hineingeboren werden, wo wir doch ebenso gut das Ego los- und all dies ein für alle Mal hinter uns lassen können?

Um uns von der universalen Inspiration führen und uns mit dem Einen Willen eins werden zu lassen, müssen wir unser *Kontrollbedürfnis aufgeben.* Dies ist es, worum es beim Lossagen vom Ego eigentlich geht, und es ist das letzte Mal, dass wir uns dem Thema Angst stellen müssen, denn deren Wurzel ist das menschliche Verlangen nach Kontrolle. Die ultimative Angst ist die vor dem Nichtexistieren, dem Tod, dem Nichts. Darum wird der physische Tod als so bedrohlich erlebt, besonders von Menschen, die nicht an ein Nachleben glauben. Nicht in einer Form weiter zu existieren, »wie ich mich kenne«, kommt einem absoluten Loslassen jeglicher Kontrolle gleich. Wenn ich so, »wie ich mich kenne«, nicht mehr da bin, gibt es für das Ego nichts mehr zu kontrollieren. In dieser Phase erkennen wir, wie porös der Ego-Wille ist, und dass er uns jedes Mal im Stich lässt, wenn wir uns mit ihm identifizieren. Mittlerweile haben wir so viel vom Einen Willen erfahren, dass wir auf ihn und nur ihn vertrauen, uns konsequent die Wahrheit und unendliche Liebe hinter der scheinbaren Realität zu offenbaren.

Totales Vertrauen entwickeln

In der 1. bis 4. Stufe standen Veränderung und Aktivität im Vordergrund. In der 5. Stufe geht es nun in erster Linie darum zu lernen, *alles* Urteilen hinter uns zu lassen (also das Kontrollbedürfnis des Egos aufzugeben) und ins *Sein* zu kommen. Die sich dabei ergebenden Unsicherheiten haben damit zu tun, dass wir noch im Umgestalten und Handeln festhängen und uns erst daran gewöhnen müssen, einfach nur da zu sein, uns dem Jetzt-Moment hinzugeben und

Wachsamkeit zu praktizieren. Wir lernen, so präsent zu sein, dass wir von Minute zu Minute hören oder spüren, wie wir geführt werden. Wir *müssen* jede einzelne Entscheidung, die zu treffen ist, unserem Einen Selbst überlassen. Dies erfordert eine absolute Konzentration auf den Jetzt-Moment, was wir auch tun und wo wir auch sein mögen. Wachsamkeit zu üben heißt, im Gewahrsein des Jetzt zu ruhen. Mit der Zeit lassen wir dabei die Phase des Umgestaltens und Handelns aus der 1. bis 4. Stufe hinter uns und werden zum Kanal, durch den der Eine Wille mühelos zum Ausdruck kommt. Die enorme Energie, die notwendig war, um das illusionäre Ego aufrechtzuerhalten, wird jetzt freigesetzt und kann sich grenzenlos in unser Eines Selbst ergießen.

Ging es den vorangegangenen Stufen um Aktivität und Veränderung, müssen wir uns jetzt in jeder Hinsicht der Führung durch die universale Inspiration anvertrauen. Wir agieren nicht mehr aus unserem eigenen Raum und lernen, dass der Eine Wille *eins* ist mit unserem Willen. *EKIW®* beschreibt die 5. Stufe so:

»Die nächste Stufe ist fürwahr eine ›Phase des Ins-Wanken-Bringens‹. Jetzt muss der Lehrer GOTTES verstehen, dass er nicht wirklich wusste, was wertvoll und was wertlos war. Alles, was er bis jetzt wirklich gelernt hatte, war, dass er das Wertlose nicht wollte und dass er das Wertvolle wollte. Doch sein eigenes Aussortieren war bedeutungslos dafür, ihn den Unterschied zu lehren. Die Idee des Opferns, so zentral für sein eigenes Denksystem, hatte es ihm unmöglich gemacht, zu urteilen. Er dachte, er habe Bereitwilligkeit gelernt, doch jetzt sieht er, dass er nicht weiß, wofür die Bereitwilligkeit ist. Und jetzt muss er einen Zustand erlangen, der möglicherweise für eine lange, lange Zeit unerreichbar bleiben wird. Er muss lernen, alles Urteilen wegzulegen und nur um das zu bitten, was er in jeder Situation wirklich will. Würde nicht jeder Schritt in diese Richtung so nachdrücklich verstärkt, wäre es fürwahr schwierig!«[110]

Das Problem, dem wir uns jetzt gegenübersehen, ist, dass wir es immer noch als Opfer empfinden, auf *jegliche* Form des Urteilens, Kontrollierens und Entscheidens zu verzichten und diesen gesamten Prozess komplett der universalen Inspiration zu übergeben. Offensichtlich hält unser Ego immer noch an bestimmten Urteilen und Entscheidungen fest, die wir loslassen müssen. Es gibt immer noch viel zu lernen, um das Wertvolle vom Wertlosen trennen zu können.

EKIW® sagt: »Er dachte, er habe Bereitwilligkeit gelernt, doch jetzt sieht er, dass er nicht weiß, wofür die Bereitwilligkeit ist.«[111] Ja, Bereitwilligkeit haben wir in der Tat gelernt: In der 1. bis 5. Stufe haben wir gelernt, das neue Denksystem deutlich zu bevorzugen. »Und jetzt muss er einen Zustand erlangen, der möglicherweise für eine lange, lange Zeit unerreichbar bleiben wird.«[112] Was so lange zu dauern scheint, lässt sich durch *einen einzigen* Schritt merklich abkürzen. Möchten Sie die Phase des Ins-Wanken-Kommens länger erfahren, als absolut notwendig ist? Die eine unausweichliche Kurskorrektur, die uns abverlangt wird, bevor wir frei sein können, liegt in der Klarheit unseres Bekenntnisses zur völligen Übergabe an und zum unerschütterlichen Vertrauen in die universale Inspiration. Mit dem Schritt von den Vorlieben hin zum totalen Vertrauen erreichen wir die absolute Rechtgesinntheit – eine Rechtgesinntheit ohne alle Vorlieben.

Ist diese Entscheidung erst einmal aus ganzem Herzen getroffen, ist es die letzte, die wir je aus eigenen Stücken fällen werden, denn von nun an ist unser Eines Selbst in der Tat von jeglichen Ego-Begrenzungen befreit. Die universale Inspiration trifft alle Entscheidungen durch uns hindurch, so dass wir weder kämpfen noch kontrollieren müssen. Mit diesem einen Bekenntnis beseitigen wir das letzte Hindernis, das uns vom Gewahrsein der allgegenwärtigen Liebe trennte. Im wahrsten Sinne des Wortes werden wir so zum bewussten Mit-Schöpfer und frei von Einschränkungen durch frühere Gedanken oder scheinbare Realitäten.

Es mag sein, dass wir übermäßig lange brauchen, um zwischen der Stimme der Wahrheit und der Stimme des Egos unterscheiden zu lernen. Irgendwann aber kommen wir zu der Erkenntnis, dass wir nur eine Wahl haben, nämlich uns in einer letzten Entscheidung ein für allemal zur Wahrheit zu bekennen.

Stark vereinfachend ausgedrückt gibt es keine Hierarchie der Illusionen. In der 5. Stufe wird uns klar, dass wir keiner mehr Wert als der anderen beimessen, nur weil sie unserem Ego wahrer erscheint. Wir erkennen, dass *alle* Illusionen schlicht und ergreifend bar jeder Wahrheit sind.

»Es ist unmöglich, dass eine Illusion weniger zugänglich für die Wahrheit als alle übrigen ist. Es ist indessen möglich, dass einigen mehr Wert beigemessen wird und dass sie der Wahrheit weniger bereitwillig zur Heilung und zur Hilfe angeboten werden. Keine Illusion birgt irgendeine Wahrheit in sich. Dennoch sieht es aus, als seien einige wahrer als die anderen, obwohl dies eindeutig nicht den geringsten Sinn ergibt. Alles, was eine Hierarchie von Illusionen zeigen kann, sind Vorlieben und nicht die Wirklichkeit. Wie relevant sind Vorlieben für die Wahrheit? Illusionen sind Illusionen und sind falsch.«[113]

Wachsamkeit

In der 1. und 2. Stufe wurde uns das extreme Konfliktpotenzial zwischen den widerstreitenden Denksystemen vor Augen geführt, und auch in der 3. Stufe zeigten sich einige neue Spannungsfelder. In der 5. Stufe besteht nun die größte Herausforderung darin, uns bewusst vor jeder Art des Konflikts oder Urteils zu hüten, die unseren inneren Frieden bedrohen könnten. Wann immer wir merken, dass unser Friede gestört ist, werten wir dies sofort als Warnsignal und achten dementsprechend darauf, uns unsere Rechtgesinntheit zu bewahren. Dies ist weder schwierig noch mühevoll; wir erleben einfach eine Zeit, in der wir so lange konsequente Wachsamkeit über unsere Gedanken üben, bis der Autopilot das Steuer übernehmen kann. Haben wir dies erreicht, brauchen wir uns nicht mehr vor Konflikten oder Urteilen in Acht zu nehmen, weil diese in unserem Bewusstsein keinen Platz mehr haben.

Diese Phase bringt Heilung durch Verströmen von Liebe und Vergebung. Mit Heilung ist hier die fundamentale Beseitigung der Ursache aller scheinbaren Trennung gemeint – also Schuld, Schmerz, Krankheit oder Depression, die allesamt in der Falschgesinntheit wurzeln. Und so lernen wir, dass wir in dieser Welt nur eine einzige Aufgabe haben:

anderen zu helfen, im Geist zu gesunden. Wir können nicht glücklich oder vollkommen sein, wenn wir diese Liebe nicht anderen zuteil werden lassen. Wir werden zum willkommenen Spiegel, in dem sich die Menschen in Schönheit und Unschuld und nicht in Schuld, Angst und Urteil sehen.

Wir erkennen, wie viele unserer Mitmenschen im Tiefschlaf ihres Ego-Traums festhängen, doch wir träumen ihren Albtraum nicht mit. Stattdessen leuchten wir ihnen den Weg zum Erwachen aus. In dieser Phase gelangen wir zu der Einsicht, dass wir Sinnhaftigkeit und Verbundenheit in unserem Leben nicht nur ersehnen, sondern *brauchen*. Wir machen uns das Prinzip »Geben ist Empfangen« zu Eigen und wissen, wie viel Freude und Vertrauen aus dieser Dynamik erwächst. Wir wollen nicht länger getrennt sein, sondern streben aktiv nach einem von Liebe und Vergebung getragenen Miteinander. Unser neu gefundener Friede lässt uns zur heilenden Kraft für alle Menschen werden, mit denen wir zu tun haben. Und in der Heilung anderer sehen wir das Wunder unserer eigenen Heilung. Eine größere Freude als diese gibt es nicht.

Mögliche Veränderungen

Wenn wir überwiegend aus unserer reinen Realität heraus leben, kann es zu einigen natürlichen und durchweg segensreichen Anpassungen kommen. So werden wir feststellen, dass wir sehr viel Zeit im Jetzt verbringen, weil wir uns nicht mehr von der Zeitbezogenheit und den vielen Zukunfts- oder Vergangenheitsgedanken des Egos leiten lassen. Wir machen uns keine Sorgen darüber, was eben passiert ist oder gleich passieren könnte. Wir müssen uns nicht mehr damit befassen, was wir brauchen, uns kaufen sollen und wie wir es beschaffen können. Tagein tagaus verbringen wir jeden einzelnen Moment in vollkommener Eigenverantwortlichkeit und Wachheit und stellen so sicher, einzig auf Weisung unseres Einen Selbst zu handeln. Uns um unsere Angelegenheiten zu kümmern heißt – das haben wir gelernt –, zuerst auf unseren Einen Willen zu hören und seiner Stimme (oder dem von ihm ausgehenden intuitiven Gefühl) zu folgen, und erst dann etwaige praktische Fragen zu klären, die wichtig erscheinen.

Wenn wir einmal enttäuscht werden, zum Beispiel weil wir uns einen bestimmten Ausgang erhofft hatten, der nicht eingetreten ist, erkennen wir sofort die Wahrheit, der zufolge es keine falschen Resultate gibt. Uns ist klar, dass jede Begegnung mit anderen ein Segen ist, auch wenn sie uns in Verkleidung gegenübertreten. Wir haben voll und ganz begriffen, dass alles, was geschieht, einen Grund hat, und wir hadern nie mit der Realität. Etwaige Veränderungen wissen wir immer zu schätzen.

Auch unser Körper kommt in Einklang mit der Rechtgesinntheit. Vorbei die Zeit, in der das Ego Willenskraft und Konsequenz verlangte, um schädliche Verhaltensweisen wie das Rauchen und Trinken, das übermäßige oder falsche Essen oder mangelnde Bewegung zu überwinden. Auf ganz natürliche Weise geben unsere schlechten Gewohnheiten *uns* auf statt wir sie. Dies erfordert weder Mühe noch Opfer, da die Rechtgesinntheit unseren Körper genesen lässt. Er wird reiner, lichter, leichter und feiner und sagt uns, was wir vertragen und was nicht. Zum Beispiel:

- Wenn wir nie ein Problem mit Alkohol hatten, kann es sein, dass er uns auf einmal selbst in kleinen Mengen Schlaflosigkeit oder Herzrasen verursacht und wir uns darum gezwungen sehen, ihm komplett abzuschwören.
- Wir merken womöglich, dass wir manche der üblichen Nahrungsmittel, die wir immer schon gegessen haben, nicht mehr vertragen; sie waren nicht gut für unseren Körper, beispielsweise Weizen, sehr fetthaltige Speisen oder Milchprodukte.
- Wer ein Leben lang geraucht hat, erlebt womöglich, dass er seine Sucht ohne die unangenehmen Entzugserscheinungen hinter sich lassen kann.
- Eine Abhängigkeit von sinnlosen Ablenkungen wie Fernsehen oder Videospielen kann über Nacht verschwinden.

Wir fühlen uns jetzt besonders zur Natur hingezogen. Mit Dankbarkeit erkennen wir ihre grandiose Pracht und Fülle in den kleinsten Details. Oft staunen wir ob der Schönheit in unseren Mitmenschen und unserer Umgebung. Wir achten permanent auf Zeichen oder Gelegenheiten und ergreifen sie sogleich. Wir wissen jetzt zweifelsfrei, dass *all* unsere Bedürfnisse erfüllt werden, und großer Friede breitet sich in uns aus. Unser Leben ist von Einfachheit und Schönheit geprägt. Komplexität hat in unserer Wirklichkeit keinen Platz mehr.

Voller Freude erkennen wir, dass unser Wille mit dem der universalen Inspiration schon immer eins war, ist und sein wird. Jetzt ist unsere Wahrnehmung wieder rein und unverfälscht, und wir sehen immer, überall und in jedem nur Wahrheit, Liebe und Schönheit.

6. Stufe: Vollendung

Stehen wir erst einmal voll und ganz in Einklang mit dem Einen Willen, verläuft der weitere Weg gerade und mühelos. »Wenn du erst einmal SEINEN Plan als die eine Funktion akzeptiert hast, die du erfüllen möchtest, dann wird es auch nichts anderes mehr geben, was der HEILIGE GEIST nicht für dich arrangieren wird, ohne dass du dich bemühen musst. ER wird vor dir hergehen und diesen Pfad ebnen und keine Steine auf deinem Weg liegenlassen, über die du stolpern könntest, und keine Hindernisse, die deinen Weg versperren. Nichts, was du brauchst, wird dir verweigert werden. Nicht eine einzige scheinbare Schwierigkeit wird sein, die nicht vergeht, bevor du sie erreichst. Du brauchst dir über nichts Gedanken zu machen und auf nichts zu achten außer auf den einen Zweck, den du erfüllen möchtest.«[114]

Unsere Einheitsbeziehungen sind lebendige Instrumente, durch die wir Heilung in die ganze Welt hinaustragen. In diesem Stadium legen wir ein aktives Engagement an den Tag, um die Wahrheit als grenzenloses Verströmen von Liebe, Friede und Freude zu leben. Wir haben uns mit anderen zusammengeschlossen, um gemeinsam die einzige Aufgabe zu erfüllen, für die wir geboren wurden. Dies ist eine wundersame Manifestation der Glückseligkeit, die unser Ego uns so lange vorenthalten hat.

Auf dieser Bewusstseinsebene haben wir das Gefühl von »Ich« und »Mein« überwunden. Es gibt kein Ego-Selbst, das sich in der Wahrnehmung auf festgefügte Positionen versteift. Das Lossagen vom endlichen Selbst, das alles als getrennt erlebt, beschert uns als Nebenprodukt eine immense Befreiung. Durch seine Fixierung auf die Dualität beharrt das Ego auf einer starren Wahrnehmung, die sich dem Urteilen, Kontrollieren und Analysieren nicht entziehen kann. Es greift einen Aspekt der scheinbaren Realität heraus, den es dann liebt oder hasst, und weigert sich zu erkennen, dass es durch die Begrenzung auf eine einzige Sichtweise allen anderen Sichtweisen die Existenzberechtigung entzieht. Es ist etwa so, als würde eine Tasse so vor uns auf dem Tisch stehen, dass wir ihren Henkel und ihre Musterung nicht sehen können. Aus unserem Blickwinkel erscheint sie muster- und henkellos, und das Ego sagt: »Diese Tasse weist weder Muster noch Henkel auf.« Sitzt uns aber jemand am Tisch gegenüber und schaut die Tasse an, behauptet der: »Diese Tasse ist gemustert und hat einen Henkel.« Die Wahrheit der Tasse lässt sich nie erfassen, wenn wir sie nur aus einer Perspektive betrachten; ja nicht einmal viele verschiedene Perspektiven würden uns dies möglich machen. In Wahrheit besteht die Tasse zu 99,9 Prozent aus leerem Raum, der vorgibt, feste Materie zu sein, und in allerletzter Konsequenz wissen wir nicht einmal, wozu die Tasse überhaupt dient. Genauso wenig können wir mit unserem begrenzten Selbst weder andere Menschen noch Orte, Objekte oder äußere Umstände wirklich erfassen.

Aus Sicht des Egos sind wir in unserer Identität vollkommen getrennt, und es ist darauf fixiert, die Dinge aus dieser extrem engen, einseitigen und festgefügten Perspektive heraus zu betrachten. Es betrachtet das »Ich« als separat von allem, jedem und jeglichen äußeren Umständen. Aus dieser Perspektive heraus nimmt es seine Bewertungen vor: »Ich

6. Stufe: Vollendung

mag es. Ich mag es nicht. Ich sehe. Ich fühle.« Was auch geschieht, geschieht dem »Ich«, ohne dass es einen Zusammenhang zwischen sich und der von ihm wahrgenommenen, mit ihm interagierenden Umgebung erkennen würde.

In der 6. Stufe hört nun das »Ich« auf, Trennung, Mangel oder Ungleichheit wahrzunehmen. Aus der neuen, allumfassenden Perspektive zeigt sich, dass alles Teil von allem anderen ist und es nicht den geringsten Unterschied gibt. Damit fällt jede Form von Widerstand weg.

Sobald wir das Ego-Selbst losgelassen haben, tritt ein überaus offener, integrativer »Zeuge« hervor, der die Dinge multidimensional und frei von Einschränkungen wie Urteil oder Abwehr betrachtet. Dieser Zeuge ist unser Eines Selbst. In diesem Zustand der konkurrenzlosen Wahrheit dämmert die Erkenntnis, dass die Illusion der Individualität alles Leid verursacht. Uns wird klar, dass wir eins mit allem und jedem sind; und alles und jedes ist eins mit uns. Das Universum ist eins mit uns, und wir sind eins mit dem Universum. Was immer wir sehen, es ist eins mit uns; was immer wir sind, es ist eins mit dem, was wir sehen.

Wir sehen die anderen als eins mit uns und stellen fest, dass wir in unserer Liebe für sie keine Unterschiede mehr machen. Wir schauen über das Ego hinweg und fühlen uns magnetisch zu der immensen Schönheit einer jeden Seele in unserem Blickfeld hingezogen. Wir erkennen, dass die meisten Menschen zwar im Ego-Schlaf versunken sind, ihr Eines Selbst aber reine, unwandelbare Liebe ist; und wir sind uns gewiss, dass jeder irgendwann aus dem Traum der Begrenztheit und Trennung erwachen wird. Die folgende Schilderung eines persönlichen Erwachens erlaubt uns einen Einblick: »Alles und jeder in dieser Welt war von Licht erfüllt und von erlesener Schönheit. In alles Lebendige kam ein Strahlen, das seinen Ausdruck in Stille und Herrlichkeit fand. Es war offensichtlich, dass die gesamte Menschheit innerlich von Liebe motiviert ist, dies jedoch schlichtweg aus dem Bewusstsein verloren hatte; die meisten Menschen führen ihr Leben wie im Schlaf, als seien sie nicht für die Wahrnehmung erwacht, wer sie wirklich sind. Alle sahen so aus, als würden sie schlafen, doch sie waren unglaublich schön – ich liebte jeden von ihnen.«[115] In der 6. Stufe erleben wir nicht die Höhen und Tiefen, wie sie mit rauschhaften spirituellen Erfahrungen einhergehen. Wir sind nicht mehr Erfahrender; wir sind die Erfahrung selbst.

Bei der Erinnerung an unseren ursprünglichen Zustand der Einheit überkommt uns bisweilen extreme Dankbarkeit und infolgedessen verspüren wir häufig einen unendlichen Drang, uns in Liebe zu verströmen. Wir wissen, dass alles lebendig und voller pulsierender, strahlender Energie ist. Wir unterscheiden nicht mehr zwischen hässlich oder schön, tot oder lebendig. In allem liegt Schönheit. Die Zeit scheint sich zu verlangsamen und unser Verlangen, zu planen, zu kontrollieren oder zu manipulieren ist völlig verschwunden. Weder Wünsche, noch Hoffnungen, noch Streben nach Gewinn treiben uns um. Die universale Inspiration ist jetzt unser göttlicher Autopilot, der unser Leben von Augenblick zu Augenblick lenkt. Eine umfassende Gleichzeitigkeit wirkt in unserem Leben; nichts folgt dem Zufall. Alles Suchen hat ein Ende, während sich unsere Existenz kontinuierlich weiter entfaltet.

6. Stufe: Vollendung

Wir stellen fest, dass wir unser bisheriges Selbstgefühl hinter uns gelassen haben und dass der, der wir zu sein glaubten, nichts war als ein Sammelsurium von angeeigneten Überzeugungen und altvertrauten emotionalen Anhaftungen. Wenn wir versuchen, uns dieses Selbst ins Gedächtnis zu rufen, merken wir mit Verwunderung, dass es in Wirklichkeit nicht mehr existiert. Unsere Erinnerung ist verschwommen oder gar nicht mehr vorhanden. Weil wir inzwischen gelernt haben, Dinge und Menschen nicht mehr durch die trübe Linse des Egos wahrzunehmen, sehen wir sie, wie sie tatsächlich sind und nicht mehr als verzerrte Projektion unseres Egos. Und wer frei von Projektionen ist, braucht auch keine verzerrten Erinnerungen mehr. An dieser Stelle lassen wir das in unserem Gedächtnis eingespeicherte, bedeutungslose Bild dessen los, der wir zu sein glaubten. Wir staunen über das Verschwinden unseres früheren Selbst, doch was zurückbleibt, enthebt sich jeglicher Selbstdefinition. Wir sind lebendiger, präsenter, freudvoller und liebevoller, als wir es uns je hätten vorstellen können. Ohne nennenswertes »Selbst« ist jeder von uns gleichzeitig auch jeder andere, und das überall, und doch lebt jeder in diesem einen Körper auf der Erde.

In der 6. Stufe sind wir nicht mehr das vom Ego fabrizierte »Ich« – wir haben es abgelegt, um das andere »Ich« hinter und jenseits der Illusion zum Vorschein zu bringen. Es bleibt immer noch ein Faden des Egos zurück, so dass wir unseren Körper beibehalten können, doch um ihn zu führen, haben wir ihn komplett in die Hände der universalen Inspiration gelegt. Dieser Zustand ist absolut bemerkenswert. Er ist frei von der Last unserer früheren Verantwortlichkeiten. Jegliches Kontrollbedürfnis ist uns fern. Verblüfft stellen wir fest, dass da nichts mehr ist, was wir brauchen, dem wir uns widersetzen, nach dem wir streben, was wir fürchten und natürlich auch was wir verteidigen müssten. Die Vorstellung, dass wir Opfer erbringen mussten, um an diesen Punkt zu gelangen, erscheint uns grotesk. Aus unserer Warte diesseits des Zaunes können wir einfach nicht mehr glauben, wie sehr wir uns einmal dagegen gewehrt haben, unsere individuelle Identität aufzugeben.

Auch in diesem Stadium haben wir immer noch Emotionen, doch sie halten nicht mehr an uns fest; sie können sich nicht mehr an uns anklammern, weil es keine Identität mehr gibt, an der sie Halt finden könnten. Stattdessen lassen wir sie sanft durch uns hindurchströmen, ohne ihnen Wirklichkeit zu verleihen. Und für den Fall, dass wir uns auf die Ebene einer bestimmten Emotion oder Verhaltensweise begeben müssen, verfügen wir über eine unparteiische Datenbank, aus der wir die angemessene Reaktion auswählen können.

In unserer Psyche sind keine Geschichten mehr vorhanden, die den Glauben an oder Gefühle von Trennung unterstützen. Der Ordner mit der Aufschrift »Trennung« ist jetzt nicht bloß leer, er wurde komplett aus dem Speicher gelöscht.

Solange wir noch in dieser Welt leben, richtet sich unsere Leidenschaft auf die Erleuchtung anderer. Unser unerschöpfliches Verströmen von Liebe lässt allen Menschen, mit denen wir in Kontakt kommen, und selbst solchen, denen wir nie begegnet sind, geistige Heilung zuteilwerden. Wir erleben das Erwachen schlafender Seelen und nehmen Anteil an diesem Prozess, wissend, dass dies unsere eigentliche Aufgabe auf Erden ist.

Inzwischen haben wir das »Ich« links liegengelassen und betrachten unsere Persönlichkeit eher als ein »Es« – ohne fixe Position, von der Abwehr oder Widerstand ausgehen. Zwar haben wir immer noch Vorlieben und Abneigungen, unseren eigenen Stil und bestimmte Gewohnheiten, aber sie sind nicht mehr festgefügt oder wichtig. Darum leiden wir auch nicht unter Vergnügungssucht oder Schmerzvermeidung. Alles ist, wie es ist. Es gibt keine Anhaftung oder Abhängigkeit mehr.

Ein wesentlicher Teil dieser Stufe besteht darin, klarere Kommunikationsformen, insbesondere sprachlicher Natur, zu entwickeln. Auf unserem Weg von der 5. in die 6. Stufe erkennen wir das ganze Ausmaß der bedeutungslosen, irrelevanten Kommunikation, über die die meisten Egos interagieren. Liebe und Authentizität rufen uns auf, die tiefere Wahrheit in allen oberflächlichen Gesprächen zu erkennen. Wenn man uns eine Frage stellt, nehmen wir uns Zeit, um die universale Inspiration durch uns antworten zu lassen. Jedes Wort ist Energie, und wir stellen fest, dass wir uns nur mit einer Energie vereinen – der Wahrheit; all unsere Gespräche bergen die Essenz von Wahrheit und Liebe. Humor wird dabei verstärkt zum heilenden Katalysator. Wir können nicht anders, als das Leben von der komischen Seite zu betrachten, und mit dieser humorvollen Betrachtung unseres gemeinhin als problembeladen geltenden Daseins stecken wir die anderen an.

In der 6. Stufe sind wir von einem tiefen Gefühl des unverrückbaren Friedens erfüllt, und bisweilen erfasst uns eine Welle ekstatischer Freude. Angst ist hier nicht mehr möglich. Wir wissen, dass wir endlich in unserer echten und einzigen Heimat angekommen sind. Die Erscheinungsformen und Verhaltensweisen der Welt wirken verändert, weil wir in ihr jetzt das Spiegelbild ihres unverfälschten, göttlichen Kerns erblicken. Alles und jeder erstrahlt in der Energie der Liebe. Alles ist bis ins Unendliche miteinander verbunden, und selbst scheinbar aufeinanderfolgende Ereignisketten offenbaren sich in ihrer makellosen Synchronizität. Im Zustand der Rechtgesinntheit basieren all unsere Interpretationen auf der wahren Wahrnehmung, wonach alles ganz und vollkommen ist. Jetzt verstehen wir, was Vollkommenheit wirklich heißt, und wir sind von der Mission erfüllt, anderen bei der Wiederentdeckung ihrer Identität und Aufgabe in dieser wunderbaren Einheit zu helfen, deren Teil wir alle sind und in die wir dereinst zurückkehren werden.

KAPITEL 7

FÜHRUNG AUF DEM WEG

In diesem Kapitel befassen wir uns mit den Unterstützungsmöglichkeiten, auf die wir im Prozess der Ego-Aufhebung zurückgreifen können. Denn das ist keine Reise, die wir allein antreten müssten. Mit dem Loslassen unseres Egos gelangen wir zu der Erkenntnis, dass wir ein Teil des großen Ganzen sind, eine besondere Aufgabe im Leben haben und durch Präsenz – das heißt: das Einlassen auf den Jetzt-Moment – Freude, Liebe und Frieden finden können.

Jeder von uns hat eine besondere Aufgabe

Jeder von uns hat eine besondere Aufgabe, die wir mit der Zeit erfüllen werden. EKIW® spricht hier von unserer besonderen Funktion.[116] Während wir über die einzelnen Stufen zur Vertrauensbildung voranschreiten, erkennen wir immer deutlicher, worin diese besteht. Auch wird uns mit zunehmender Loslösung vom Ego klar, dass wir nicht allein sind. Vielleicht lag in den ersten Stufen unser Hauptfokus auf unserer eigenen Reise, doch mit der Zeit erkennen wir, dass sich unsere Fürsorglichkeit und unser Mitgefühl auf andere Menschen ausdehnen und vertiefen.

Nach und nach betrachten wir andere nicht mehr al

ders, sondern fühlen uns ihnen in einem ungeahnten Maß verbunden. Wir sehen mit unglaublicher Klarheit, wie ähnlich wir uns sind. Über andere zu urteilen, sie zu vergleichen oder zu analysieren, erscheint uns als Verschwendung kostbarer Lebenskraft. Wir kommen an einen Punkt, an dem wir uns in unserem Alltag nur dann lebendig fühlen, wenn wir unser Dasein als *sinnvoll* erleben. In dem Maße, wie sich unser Vertrauen in die Wahrheit vertieft, begreifen wir vielleicht, dass wir von sanfter Hand an einen Punkt geführt wurden, an dem sich unser Schicksal zu materialisieren oder manifestieren beginnt. Womöglich gelingt es uns, endlich die Puzzleteile unseres Lebens sinnvoll zu ordnen und zu einem einzigartigen Bild zusammenzufügen. Dabei zeigt sich, dass die Synchronizität all die scheinbar getrennten Fäden unseres Lebens zu einem komplexen Stoff verwebt – dem Stoff der Wahrheit.

Wir alle haben unsere ganz speziellen Talente und Fähigkeiten, die wir für unsere besondere Aufgabe brauchen. Während wir auf unserem Weg voranschreiten, sind wir oft verblüfft, auf welch vielfältige Weise wir Stärken, die uns oft gar nicht an uns bewusst waren, in den verschiedensten Lebensbereichen zum Tragen bringen können. Mit der Aufhebung des Egos erwerben wir neue Fähigkeiten. Unser ganzes, bisher vom Ego verschleiertes Potenzial erwacht und bricht sich Bahn. Dies ist eine ziemlich eindrucksvolle Erfahrung. Alte Begrenzungen lösen sich auf, und an ihre Stelle tritt eine neue, kraftvolle Dynamik, die uns mit ihrem Elan mühelos zu unserem höheren Ziel führt.

Unsere besondere Funktion weist uns stets eine Rolle im Prozess der Erweckung der Geistigkeit zu, auch wenn sich deren Form von Fall zu Fall deutlich unterscheiden kann. Wir alle haben offensichtliche und unerkannte Talente und Fähigkeiten, die zutage treten, wenn wir nach der Wahrheit leben und diese verbreiten.

Engagieren wir uns für unsere besondere Funktion, heißt das nicht, dass wir frei von Irrtümern seien. Es kommt immer noch ab und zu vor, dass uns das Ego in die Irre führt. Doch wir bekennen uns aus ganzem Herzen zur Wahrheit, denn unsere Funktion zu erfüllen, gibt uns in unserem Leben ein immenses Gefühl von Sinnhaftigkeit. An dieser Stelle erinnern wir uns vielleicht an unser früheres Selbst, das sich in seiner Identifikation mit der Illusion verloren hatte. Vielleicht war es ruhelos, verloren, unglücklich, unerfüllt und leer, weil es genau an den falschen Stellen nach Liebe suchte. Gelangen wir endlich zur Wahrheit, finden wir nicht nur Liebe, Frieden und Freude, unser Leben spiegelt auch ein Gefühl der Einheit und Sinnhaftigkeit wider, das alles bisher Dagewesene in den Schatten stellt.

Der Eine Wille

Zweck unseres Lebens hier in dieser Welt ist, zu unserem ursprünglichen, ganzheitlichen Seinszustand – dem einen, Einen Selbst – zurückzufinden und zu lernen, unser tagtägliches Leben aus diesem heraus zu führen. Unser Ziel ist also, sowohl unsere Identität als auch unsere Aufgabe zu entdecken. Im Prozess der Ego-Befreiung und der damit einhergehenden Vertrauensbildung kommt es zu einer tiefgreifenden Neuausrichtung, die es uns erlaubt, die unmissverständliche, direkte Führung durch die höhere Intelligenz zu empfangen. Dies ist der Eine Wille der Quelle, der alle Manifestationen der Liebe entströmen.

Heute meinen wir vielleicht, dass wir zuverlässig unterscheiden können zwischen dem, *was Liebe ist* und *was keine Liebe ist*. Dennoch leben, denken und handeln wir aller Wahrscheinlichkeit nach immer noch weitgehend aus unserem Ego-Selbst heraus, so dass wir in dieser Anfangszeit des Prozesses kein wirklich tiefes Verständnis entwickeln können. Wir nehmen nicht wahr, was zu unserem Besten ist[117] – dieses Eingeständnis ist sehr befreiend. Wir leben in einem getrennten Zustand, einem fortwährenden Traum, dessen Ereignisse unserem unzerstörbaren Einen Selbst nichts anhaben können. Jegliche Form von Leid, Schmerz, Entbehrung und Ungerechtigkeit sind Teil dieses Traums und werden als negativ empfunden, solange wir darin gefangen sind. Wir könnten uns umschauen und zu dem Schluss kommen, dass die Welt zugrunde geht, die Kriminalitätsrate steigt, die Umweltzerstörung rapide zunimmt und die Regierungen immer korrupter werden. Auf einer eher persönlichen Ebene begegnet uns womöglich Unglück in Form von Geldnot, Ungerechtigkeiten am Arbeitsplatz, familiären Tragödien und Beziehungskrisen. Doch all dies sind Symptome ein und desselben Problems: unserer Getrenntheit von der Quelle. Es handelt sich ausnahmslos um Projektionen unseres gespaltenen Geistes.

Das Ego-Selbst vermag nicht zwischen Nützlichem und Schädlichem zu unterscheiden. Es fällt absurde Urteile auf der Basis von Angst, Trennung und Mangel. Es kann in keiner Situation, ob nun angenehm oder nicht, je irgendeine

Wahrheit erkennen. Das Eine Selbst hingegen betrachtet alles mit würdevoller Distanz, denn es ist sich voll und ganz bewusst, dass in dieser Wirklichkeit absolut nichts geschieht, was nicht im Einklang mit dem ganz großen Ziel stehen würde, auf das wir uns alle seit Anbeginn der Zeiten verpflichtet haben. Jedes Ding, jeder Mensch und jedes Ereignis aus unserem Umfeld ist ein Teilstück der Mission, die zu erfüllen wir uns aufgemacht haben. Darin liegt weder Gutes noch Böses. Nichts ist zufällig. Wie im Buch bereits an anderer Stelle ausgeführt, ist *alles* entweder Liebe oder Illusion. Nichts kann zum Teil Liebe und zum Teil Hass, ein bisschen gut und ein bisschen böse sein. Die Quelle *ist* Liebe. Wir haben uns in diesem Universum unseren eigenen Traum erschaffen, aus dem wir gemeinsam aufwachen wollen. Angst, Hass oder Tragödie, so schockierend oder schmerzhaft sie auch sein mögen, dürfen von unserem Ego-Selbst nie als negativ eingestuft werden. Mag sein, dass wir Schmerz, Ärger oder Trauer empfinden, doch wir bleiben immerzu in dem Bewusstsein und Wissen, dass keine scheinbare Widrigkeit einen Angriff auf uns, andere oder irgendetwas Wirkliches darstellt.

Vergessen wir nicht, dass wir in dieser Ego-Realität Heilung erfahren, wenn wir erkennen, dass jegliche Manifestation entweder *ein Ausdruck von Liebe* oder *ein Schrei nach Liebe* ist. Es gibt eine höhere Intelligenz, die Liebe, unendliche Liebe ist, und diese kann in unserer Wirklichkeit nichts feststellen, was keine Liebe ist. So interpretiert sie jegliche Negativität – in welcher Form auch immer – als Schrei nach Liebe.

So viele von uns wurden in dem Glauben erzogen, auf

den eigenen freien Willen zu vertrauen und ihn zu pflegen, wobei die Überzeugung vorherrscht, dass dieser ein anderer sei als der Wille der Quelle. Unbewusst meinen wir, dass der Eine Wille im Gegensatz zu unserem eigenen stünde. Wir vertrauen ihm nicht und setzen lieber auf Ego-Gedanken und Ego-Überzeugungen, auf Massenkonditionierung und frühere Erfahrungen, um uns in unseren spontanen Entscheidungen leiten zu lassen. Wir vertrauen diesem schäbigen kleinen Ego-Selbst und seinem Willen und meinen, es könnte uns die Liebe und Fülle bescheren, nach der wir uns so sehr sehnen. Doch wie könnte es? Wie könnte uns eine Instanz, deren Ziel es ist, uns im wahrsten Sinn des Wortes abzutrennen und uns als lebendige Geschöpfe den Garaus zu machen, ein zuverlässiger Führer sein? Nach seinem Willen sollen wir von einer vergifteten Wahrnehmung durchdrungen sein, die Hass, Krieg, Tod, Krankheit, Leid, Mangel, Ungleichheit, Korruption, Verlust und Opfer projiziert und manifestiert. Wenn dies deprimierend klingt, umso besser! Je eher wir lernen, das Ego mitsamt seinen Fallen zu enttarnen, desto schneller erkennen und erreichen wir die ganzheitliche Realität im Hier und Jetzt auf Erden.

Da wir alle Ausdruck der Quelle sind, gehören wir einer irdischen Realität an, die aus Liebe und Einheit und nicht aus Angst und Trennung geboren ist. Die Essenz unseres Wesens will und verdient grenzenlose Liebe und Freude, immerwährenden Frieden, unerschöpfliche Kreativität und Fülle. Die Quelle ist all dies und mehr und vermag keinerlei Form von Sünde oder Negativität zu sehen oder zu beurteilen. Wie könnte eine Illusion je die Wahrheit erreichen oder beeinträchtigen? Sie kann es nicht – niemals! Wir haben uns in unserer Realität die Illusion geschaffen, etwas Besonderes und von der Quelle getrennt zu sein, und dabei unser Ego zur Basis gemacht, von der aus wir uns führen lassen und über alle Leben hinweg unser Dasein gestalten. Jede von uns wahrgenommene Sünde oder Negativität ist ein Konstrukt des illusionären Ego-Selbst. Alle Rechtfertigungen für Urteile und Verfolgungen sind ebenso diesem kleinen Selbst entsprungen, um Schuld abzulenken bzw. Gegenbeschuldigungen anzuziehen.

Was macht uns Angst vor der Ego-Befreiung?

»Angst vor dem WILLEN GOTTES [der Quelle] ist eine der sonderbarsten Überzeugungen, die der menschliche Geist jemals gemacht hat. Sie hätte unmöglich auftreten können, wenn der Geist nicht bereits zutiefst gespalten gewesen wäre, wodurch es möglich wurde, dass er vor dem Angst empfinden konnte, was er wirklich ist. Die Wirklichkeit kann nur Illusionen ›bedrohen‹, da die Wirklichkeit nur die Wahrheit aufrechterhalten kann. Gerade die Tatsache, dass der WILLE GOTTES – der das ist, was du bist – als furchterregend wahrgenommen wird, zeigt auf, dass du vor dem, was du bist, Angst *hast*. So ist es denn nicht der WILLE GOTTES, vor dem du Angst hast, sondern der deine.«[118]

Was macht uns an unserer Befreiung vom Ego am meisten Angst? Wir vermeiden, es loszulassen, weil wir damit einen *Verlust* befürchten. Wir glauben, die Ego-Wahrnehmung aufzuheben würde bedeuten, alles herzugeben, was uns wertvoll ist. Das menschliche Ego ist überzeugt, dass all seine Gedanken, Pläne, Überzeugungen, Beziehungen und Besitztümer es wert sind, gepflegt und verteidigt zu werden. Darum verlassen wir uns so sehr auf seine Einflüsterungen und Anweisungen, weil wir irrtümlicherweise das von ihm etablierte, illusorische Wertesystem übernommen haben.

All die Dinge, die die Wertschätzung des Egos genießen, sind Illusion. All seine Anhaftungen einschließlich unserer Reaktionen auf deren Verlust oder Transformation sind ebenfalls Illusion. Wir wissen noch nicht, wer wir sind oder was unsere Aufgabe ist. Wie könnten wir da je wissen, was wertvoll ist und was nicht? Wir sind darauf fixiert, der Illusion Wert beizumessen und hegen Angst und Misstrauen gegenüber allem, was versucht, uns aus der massiv beschränkten Existenz zu befreien, die wir zurzeit fristen. Die größte Angst des Egos gilt natürlich dem drohenden Verlust seiner Identität. Ohne Identität stirbt sein Kontrollbedürfnis, und dies ist sein absolutes Ende. Keine Ego-Identität zu haben bedeutet, dass uns die allergrößte Offenbarung zuteil werden würde: dass *wir* die Quelle sind! Ohne Ego sind wir die allmächtige Gnade und Kraft der Unendlichkeit, und dies ist für das Ego ein wahrhaft furchterregender Gedanke. Es würde lieber den physischen Tod in Kauf nehmen, als selbst vernichtet zu werden und die Begrenztheit des Seins mit absoluter Freiheit zu tauschen.

Die sechs Stufen zur Wahrheit bieten unschätzbare Möglichkeiten, unsere wahre Identität und Mission zu entdecken und in vollem Umfang auszukosten. Um dies zu erreichen, müssen wir uns zunächst aus ganzem Herzen zu unserem Weg der Befreiung bekennen. Dies beinhaltet die Bereitschaft, sämtliche Pläne unseres Egos aufzugeben und darum zu bitten, dass wir unser Ziel erreichen mögen. Unser Leben komplett der Führung der universalen Inspiration durch das Eine Selbst anzuvertrauen, ist kein Opfer – es ist absolutes Freisein.

Was geben wir in diesem Befreiungsprozess außer dem Ego eigentlich auf? Schuld, Urteil, Opfer, Scham, Unsicherheit, Angst und das Gefühl, immer allein zu sein, um nur einige wenige Dinge zu nennen. Mit der Überwindung des Egos lassen wir in Wirklichkeit nur die ungezählten finsteren Gefühle und Überzeugungen los, die uns den Blick auf das Licht der allgegenwärtigen Liebe verstellen. »Ich habe viele Male betont, dass der HEILIGE GEIST [die universale Inspiration] dich nie aufrufen wird, irgendetwas zu opfern. ... Es gibt keinen Unterschied zwischen deinem Willen und dem WILLEN GOTTES. Wäre dein Geist nicht gespalten, so würdest du begreifen, dass Wollen Erlösung ist, weil es Kommunikation ist.«[119]

Unsere große Angst vor dem Unbekannten kommt einer Angst vor dem Verlust des Bekannten gleich. Wenn wir aber bereit sind, um höhere Führung zu bitten und uns dieser anzuvertrauen, zeigt sich uns das Unbekannte in Wahrheit als das, wonach wir uns immer gesehnt haben, ohne es je finden zu können. Und wenn wir schließlich akzeptieren, wozu wir tatsächlich hier auf Erden sind, wissen wir, dass dies nie etwas anderem weichen oder verloren gehen kann; und diese Gewissheit schenkt uns ein Gefühl von endlosem Frieden, grenzenloser Liebe und ekstatischer Freude.

Wir fragen nicht, was wir im höheren Sinne wirklich wollen, weil wir Angst haben, dass es uns tatsächlich zuteil werden könnte, was ja auch wirklich der Fall wäre! EKIW®

erläutert: »Kein rechtgesinnter Geist kann glauben, dass sein Wille stärker ist als GOTTES WILLE. Glaubt also ein Geist, sein Wille sei verschieden von dem SEINEN, so kann er nur entscheiden, dass es entweder keinen GOTT gibt oder dass der WILLE GOTTES furchterregend ist. Das Erstere macht den Atheisten aus und das letztere den Märtyrer, der glaubt, dass GOTT Opfer verlangt. Jede dieser wahnsinnigen Entscheidungen löst Panik aus, weil der Atheist glaubt, er sei allein, während der Märtyrer glaubt, GOTT kreuzige ihn. Doch niemand will wirklich Verlassenheit oder Vergeltung, wenn auch viele beides suchen mögen …

Angst kann nicht wirklich sein ohne Ursache, und GOTT ist die einzige Ursache.«[120] Doch die Quelle ist Liebe, nicht Angst. Und unser *Einer Wille* ist im Grunde genau wie die Quelle. Kommen unsere Wünsche aus dem Ego, schreien wir nach einer Illusion, nach etwas, das uns in dieser Wirklichkeit irgendwann schaden wird. Viele unserer Wünsche beschneiden uns, ohne dass wir es wissen, in unserem Potenzial, und doch suchen wir blind nach deren Erfüllung. Zu allem Übel fühlen wir uns auch noch enttäuscht und verlieren das Vertrauen, wenn sie sich nicht realisieren lassen. Uns muss klar werden, dass wir mit unserer Bitte um Erfüllung eines Ego-Bedürfnisses in Wirklichkeit nichts anderes verlangen, als eine Illusion vorgegaukelt zu bekommen. Bleibt uns ein Wunsch unerfüllt oder scheitert einer unserer Pläne, können wir uns sogleich vor Augen führen, wie gut es ist, von der Manifestation unserer illusionären Wünsche verschont zu bleiben. Dann erhalten wir eine zweite Chance, um das zu erbitten, was wir wirklich brauchen, und nicht, was unseren Ego-Wünschen entspricht.

Das Gebet

Jedes Gebet zur Aufhebung von Angst oder Illusion wird allzeit erhört, und zwar just zu dem Zeitpunkt, der für die höheren Anliegen des Einzelnen am zweckdienlichsten ist. In dem Maß, wie Wunsch und Bereitwilligkeit zum Ausdruck gebracht werden, wird auch die Angst oder Illusion von uns genommen bzw. transformiert. Es steht uns allerdings frei, die Antwort nicht zu hören und zu dem irrigen Schluss zu kommen, dass uns unsere Bitte nicht erfüllt wurde, was vor allem dann passiert, wenn das Geschehen nicht den Erwartungen unseres Egos entspricht.

Jedes Gebet, das unsere Besonderheit stärken soll, bleibt unbeantwortet, weil Besonderheit eine Form von Illusion darstellt und die universale Inspiration keine Illusionen bietet. Ihre Aufgabe ist es, uns zu helfen, Ängste und Illusionen abzubauen, statt sie zu verstärken oder zu bestätigen. Wenn wir hingegen um die Korrektur möglicher Fehler oder Illusionen bitten, wird dies auf fruchtbaren Boden fallen. Stellen wir einen Irrtum in unseren Gedanken, Überzeugungen oder Handlungen fest, sollten wir uns an die höhere Intelligenz wenden und sie bitten, diesen zu beseitigen und/oder zu heilen. Dann wird sich immer alles zu unserem Besten wenden. Mit eigenmächtigen Ego-Problemlösungen schaffen wir in Wirklichkeit nur neue Probleme (weil wir eben nicht wissen, was zu unserem Besten ist), mögen sie nach außen hin noch so hilfreich erscheinen. Das liegt natürlich in der Natur der Sache.

Die universale Inspiration wünscht sich für uns genau das, was uns glücklich macht. Das Problem ist nur, dass das

Ego keine Vorstellung davon hat, was dies sein könnte, und dass die meisten unserer Wünsche aus unserer Ego-Wahrnehmung heraus entstehen. Wenn wir also vom Ego aus um etwas bitten, handelt es sich in Wirklichkeit um eine Verleugnung (unseres Einsseins) in Form einer Bitte (die die Trennung verstärkt). Als logische Folge sollten wir uns in diesem Fall eingestehen, dass wir keine Ahnung haben, was uns glücklich machen würde, und nur um das bestmögliche Resultat bitten, das in der Regel alle Vorstellungen unseres Egos übersteigt. In der Akzeptanz des Nichtwissens liegt sehr viel Frieden, Kraft und Freiheit, und das Aufgeben der Kontrolle bringt eine unglaubliche Erleichterung mit sich.

Die Vertrauensbildung nimmt in der Regel einige Zeit in Anspruch, weil der Akt der Übergabe in hohem Maße mit Angst besetzt ist. Für das Ego bedeutet Übergabe Verlust. In Wahrheit aber bringt sie uns nichts als Gewinn. Dieser Lernprozess führt uns die Gegensätze zwischen den beiden Denksystemen auf vielfältige Weise vor Augen, so dass wir neu zu bewerten lernen, was bedeutsam und was bedeutungslos ist. »Die Tatsache, dass GOTT LIEBE ist, erfordert keinen Glauben, doch erfordert sie Annahme. Es ist dir in der Tat möglich, Tatsachen zu verleugnen, obschon es dir unmöglich ist, sie zu verändern. Wenn du die Hände vor die Augen hältst, dann siehst du nicht, weil du die Gesetze des Sehens behinderst. Verleugnest du die Liebe, dann wirst du sie nicht erkennen, denn deine Mitwirkung ist das Gesetz ihres Seins. Gesetze, die du nicht gemacht hast, kannst du nicht verändern, und die Gesetze des Glücks sind für dich, und nicht von dir, erschaffen worden.«[121]

Eine der schnellsten Möglichkeiten zur Übergabe besteht

darin, die Wirklichkeit so zu akzeptieren wie sie sich darstellt – sie weder zu verleugnen noch sich ihr zu widersetzen, weil wir damit in Konflikt zu uns selbst und dem Einen Willen treten. Wir verschwenden viel zu viel Energie damit, uns gegen das, was ist, zu wehren, es zu leugnen und abzulehnen. Stattdessen könnten wir unseren Widerstand zurückfahren, aus der Situation lernen und ihr überlassen uns dorthin zu führen, wohin wir wirklich wollen. Jede von uns wahrgenommene Herausforderung ist nichts als ein Vehikel, das uns uns selbst und unserer Aufgabe näher bringt.

Wenn Gebete scheinbar nicht erhört werden

»Es mag jemand um körperliche Heilung bitten, weil er Angst vor körperlichem Schaden hat. Gleichzeitig könnte – würde er körperlich geheilt – die Bedrohung für sein Denksystem ihm wesentlich mehr Angst machen als dessen körperlicher Ausdruck. In diesem Fall bittet er nicht wirklich um Befreiung von der Angst, sondern um die Beseitigung eines Symptoms, das er selbst gewählt hat. Daher geht es bei dieser Bitte gar nicht um Heilung.«[122]

Wenn wir also wirklich überzeugt sind, um so etwas wie körperliche Heilung ersucht zu haben, können wir die Erfüllung unseres Wunsches zwar tatsächlich aus ganzem Herzen ersehnen, unbewusst aber immer noch Angst davor hegen. Die universale Inspiration wird uns nie irgendetwas geben, das uns noch mehr Angst macht. Darum bleibt dieses Gebet scheinbar unerhört.

»Allein die Tatsache, dass man etwas vom HEILIGEN

GEIST erbeten hat, stellt eine Antwort sicher. Doch es ist ebenso gewiss, dass keine Antwort, die ER gibt, jemals die Angst vermehren wird. Es ist zwar möglich, dass SEINE Antwort nicht gehört wird. Aber es ist unmöglich, dass sie verloren geht. Es gibt viele Antworten, die du bereits empfangen, aber noch nicht gehört hast. Ich versichere dir, dass sie auf dich warten.«[123]

Die Macht des Gebets sollten wir nicht infrage stellen, sehr wohl aber die Wünsche unseres Egos. Wir haben keine Ahnung, was wirklich zu unserem Besten ist, aber unser Eines Selbst hat dieses Wissen. Das wertvollste Gebet für uns selbst oder andere ist das um Rechtgesinntheit, darum, dass unser Geist geheilt werden möge. Ist diese Heilung erst einmal vollzogen, kann unser Einer Wille zahllose Wunder gleichzeitig bewirken und uns von Angst, Kontrolle und illusionären Bedürfnissen befreien. Es gibt in der Tat nichts Wertvolleres als dieses Gebet, denn es ist das Samenkorn, aus dem uns unser Himmel auf Erden erwächst. Den Zustand der Rechtgesinntheit zu erlangen, ist das größte Geschenk, das wir der Menschheit je machen können. Alle Menschen in unserem Umfeld profitieren in hohem Maße von unserer Ganzwerdung, solange wir Frieden, Liebe und Freude anziehen und zuverlässig ausstrahlen.

Der Jetzt-Moment

Auf unserer Reise durch die Stufen zur Wahrheit merken wir, dass es nichts bringt, auf irgendetwas zu warten, weil wir mit wachsender Klarheit und Zuversicht erkennen, dass alles, was wir je brauchen, bereits bei und in uns ist. Der innige Moment des stillen Eintauchens und Sich-Fügens in den Jetzt-Moment, den Hort sicheren Friedens, macht deutlich, dass dies der einzige Ort ist, an dem wir Geborgenheit finden. Während wir mit dem Einen Willen mehr und mehr in Einklang kommen, wird deutlich, dass wir uns mit der Abkehr von uns selbst in der psychologischen Zeit (Vergangenheit oder Zukunft) unseres kostbarsten Gutes berauben: dem Frieden, der Liebe und der Dankbarkeit für unser ewiges Einssein mit der Quelle.

Die meisten von uns sind so daran gewöhnt zu *denken*, dass uns das Gefühl des Nicht-Denkens wahrscheinlich unvertraut ist. Die Gedanken zum Stillstand zu bringen, ist die effizienteste Möglichkeit, direkt mit unserem Einen Selbst in Verbindung zu treten. Es ist das Vehikel, das uns spontanen Zugang zur höheren Weisheit erlaubt. Einzige Voraussetzung hierfür ist unsere Bereitschaft, den Gedankenfluss zu unterbrechen.

Konstruktiv genutzt, leistet uns unser Geist bei der Ausführung der uns minütlich erreichenden höheren Weisungen hervorragende Dienste. Diese Weisungen können wir jedoch nur empfangen, wenn der Geist offen ist. Fast jeder von uns kennt die unablässige Flut des zwanghaften Gedankenandrangs. Wir lassen unserem Denken auf äußerst destruktive Weise freien Lauf. Es ist nicht etwa so, dass wir unseren Geist falsch einsetzen; vielmehr kontrollieren unsere Gedanken uns. Das Problem entsteht, weil wir unsere Gedanken mit uns selbst verwechseln, so dass unser Gehirn die Oberhand über uns gewinnt. Dies ist eine Krankheit[124].

Wir können lernen, unser zwanghaftes Denken loszulassen, indem wir üben, zum Beobachter eines jeden sich uns aufdrängenden Gedankens zu werden. Dies führt uns dazu, uns beim Denken zuzuschauen und es zu steuern. Diese Praxis führt uns zu der Erkenntnis, dass wir *nicht* unsere Gedanken sind. Während wir in den Strom unserer Gedanken hineinlauschen ohne sie zu verurteilen, kommen wir zur Ruhe und öffnen uns. Mit der Zeit identifizieren wir uns mit dem Beobachter und nehmen unsere Gedanken als einen von uns unabhängigen, vorüberfließenden Verkehrsstrom wahr. In dem Augenblick, in dem wir diesen inneren Beobachter (und nicht den Gedanken) wirklich akzeptieren, fühlen wir uns sofort befreit, weil wir endlich merken, dass wir größer sind als unser Denken und Fühlen. Wir sind das »Ich« dahinter. Der Denkapparat ist nur ein Instrument, das wir einsetzen, um unseren Weg durch dieses unser Leben zu gehen. Wir erkennen, dass wir nicht das Denken sind.

Wir haben schon davon gesprochen, dass wir Menschen, denen wir zum ersten Mal begegnen, oder unvertraute Situationen selten so sehen können, wie sie wirklich sind. Wenn wir etwas Neuem gegenübertreten, können wir dessen momentanen Wert so gut wie nie sehen, weil das, was wir sehen, von unseren durch Konditionierung und Erfahrung in uns ausgelösten Gedanken und Überzeugungen unbewusst überlagert wird. Wir begegnen der Gegenwart also mit einer verzerrten Wahrnehmung. Dann versuchen wir, uns aus dieser verdrehten Betrachtungsweise heraus ein Urteil über die Menschen, Dinge oder Umstände zu bilden. Kein Wunder, dass unsere Vergangenheit uns immer wieder einzuholen scheint, wo wir sie unbewusst wieder auferstehen lassen und alles Neue durch den Schleier alter Projektionen betrachten.

Jegliche Unannehmlichkeit stammt, ohne dass wir es merken, aus unseren Gedanken, die ihrerseits unsere Überzeugungen schaffen. Die komplette Massenkonditionierung, die wir in unserer Kindheit, in der Schule, den Medien und durch Lebenserfahrung erworben haben, hat sich zu einem dicken, klebrigen Filter verfestigt, durch den wir die Wirklichkeit zu betrachten versuchen. Unsere größten Widersacher sind unsere unhinterfragten Gedanken, und die Stimme in unserem Kopf, die ständig kritisiert und bewertet, ist die Stimme des Ego.

Ohne diesen unablässigen Gedankenstrom kann das Ego-Selbst die Kontrolle nicht aufrechterhalten. Es setzt Gedanken ein, um unsere Aufmerksamkeit zu binden und von der Gegenwart abzulenken. Solange wir auf diese Weise ständig beschäftigt sind, kann das Ego sicher sein, nicht entdeckt und vertrieben zu werden. Mit Kontrollgedanken über Zeit, Gefühl oder Haben- bzw. Werden-Wollen schüttet es uns zu und treibt uns so geradewegs in sein Spinnennetz der Begrenztheit hinein.

Freiheit heißt, die Gedanken anhalten zu lernen

Die Vorstellung, unsere Gedanken anzuhalten, mag erschreckend wirken, weil wir Gedankenfreiheit mit dem Verlust unserer Identität und den Verlust unserer Identität mit Leere gleichsetzen. In Wahrheit aber erweitert sich unser Gewahrsein in Augenblicken des Nichtdenkens. Dass wir den dicken, klebrigen Gedankenfilter vorübergehend entfernt haben, ermöglicht es uns, unsere Sinne in vollem Umfang auszuschöpfen. Unser Gewahren geht dabei nicht nur über unsere fünf Sinne hinaus; wir tauchen, was noch wichtiger ist, in einen Zustand der Einheit ein, der alles in den Schatten stellt, was unsere Gedanken uns je hätten bescheren können. Wir werden uns zunehmend bewusst, dass das »Ich«, das wir zu sein glaubten, lediglich ein Bruchteil dieses umfassenden Selbst ist, das mit allem Seienden in Freude verbunden ist.

Stellen wir das Denken ein, können wir einfach nur *sein*. Dann werden wir uns aufs Intensivste unseres Atems, aller Geräusche und physischen Empfindungen bewusst. In diesem Raum zu weilen, schärft unser Gewahrsein dafür, wo wir die Wirklichkeit des Jetzt betreten. Wir können dies überall und jederzeit praktizieren. Wir müssen dazu nicht unbedingt wie in der Meditation die Augen schließen. Versuchen Sie bei tagtäglichen Verrichtungen, wie etwa dem Zähneputzen, in die Gegenwart zu kommen. Lauschen Sie mit ganzer Achtsamkeit in Ihre Sinne hinein, lauschen Sie auf das Fließen des Wassers und das Reiben der Bürste an den Zähnen, spüren Sie, wie die Borsten im Zickzack über das Zahnfleisch streifen. Bleiben Sie ganz bei der Sache und nehmen Sie jedes einzelne Gefühl und Geräusch wahr. Dies ist es, was mit Aufmerksamkeit im Jetzt-Moment gemeint ist. Bleiben Sie bei dem, was Sie tun, was es auch sei. Konzentrieren Sie sich auf die Gegenwart und lassen Sie sich nicht durch Ihren üblichen Gedankenstrom von der Erfahrung ablenken. Lassen Sie die Konzentration auf den Augenblick zu einer alltäglichen Übung werden. Schauen Sie, wie oft es Ihnen gelingt, in diesen kostbaren Zustand der ungeteilten Aufmerksamkeit zu gelangen.

Mit zunehmender Übung der Präsenz im Jetzt-Moment vertieft sich unser Gefühl von Frieden, Verbundenheit und Freiheit. Unruhe, Sorgen, Ängste und Widerstände werden abgebaut, und unsere Wahrnehmung wird klarer und gibt den Weg frei für echte Momente des reinen Erkennens. In solchen Augenblicken geschieht es, dass wir die in unserer Kultur verbreitete Akzeptanz des zwanghaften Denkens als eine weitgehend unerkannte und unbehandelte Krankheit erkennen. Wir müssen dringend darangehen, uns aus seinem zerstörerischen Einfluss zu befreien.

Ist der Same des Friedens erst einmal in unserem Herzen gepflanzt, werden wir im Idealfall nicht mehr von dem hartnäckigen Bedrohungsgefühl geplagt, mit dem uns das Ego auf seine Linie zu bringen versucht. Dieses Bedrohungsgefühl geht meist mit der Illusion, getrennt, einsam und ohne Unterstützung zu sein einher – und mit dem Bedürfnis, sich verteidigen zu müssen oder etwas haben oder werden zu wollen.

Dieses Samenkorn lässt die Erkenntnis in uns reifen, dass wahre Kreativität und Einsicht aus diesem erweiterten Selbst geboren werden und nicht aus dem begrenzten, mechanischen Denkprozess. Wahre Inspiration kommt immer von jenseits des Endlichen und führt uns in die Freiheit.

Wie viele von uns leiden unter vermeintlich zufälligen Krankheiten, Depressionen oder Unfällen! Doch ein Großteil unseres Leids wird unbewusst von unausgelebten, in unserem Körper eingeschlossenen Emotionen verursacht. Jedes negative Gefühl kann zur destruktiven Blockade werden, die sich physisch in uns aufbaut und zu Krankheiten führt. Darum ist es so wichtig, die Achtsamkeit für unsere körperlichen Reaktionen zu schulen, weil Emotionen in erster Linie auf dieser Ebene zum Ausdruck kommen.

Wir müssen lernen, auf unsere Gefühle zu hören und zu spüren, an welcher Stelle unseres Körpers Unruhe, Angst und Ärger auftreten. Unsere Gesundheit hängt von diesem Körper-Geist-Bewusstsein ab, denn es erlaubt uns, effizient und achtsam mit unseren Emotionen und Gedanken umzugehen. Sind wir hingegen Opfer zufälliger Gedanken und Emotionen, sind körperliche Gebrechen und geistige Beeinträchtigungen die unvermeidliche Folge.

Das Ego, das sich im zwanghaften Denken Ausdruck verschafft, wartet ständig mit irgendwelchen Lösungen auf. Eine seiner wichtigsten Aufgaben ist, emotionalen Schmerz zu lindern, zu unterdrücken oder wegzuschieben. Dies ist ein Vollzeitjob, mit dem es pausenlos beschäftigt ist; und der Grund, warum es diese endlose Kette von sich aneinanderreihenden Gedanken produziert. Das Ego arbeitet hart daran, den Schmerz zu besiegen; doch in Wirklichkeit wird er damit nur verstärkt. Je mehr es sich anstrengt, Linderung zu erzielen, desto intensiver wird er. Dies ist ein nimmer endender Kampf, der gedanklich nicht zu lösen ist. Warum? Weil das Ego das Problem ist.[125]

Liebe, Freude und Frieden

Liebe, Freude und Frieden sind keine Emotionen. Sie entspringen keiner Quelle außerhalb von uns. Glück und Trauer, Schuld, Ärger und Kummer sind jedoch aus Emotionen geboren, und unsere emotionalen Reaktionen werden von unseren Gedanken und Überzeugungen ausgelöst – nicht, wie es scheint, von anderen Menschen, Dingen oder äußeren Umständen. All unsere Emotionen sind das Produkt unserer eigenen Wahrnehmung und darum immer auch ihrem korrespondierenden emotionalen Ausdruck unterworfen.

So bergen Situationen, in denen uns beispielsweise etwas »glücklich« macht, immer auch das Potenzial, uns durch Verlust oder Veränderung »traurig« zu machen. Sind wir mit einer Situation oder einem Menschen »zufrieden«, reagieren wir »frustriert«, wenn uns unsere Bedürfnisse nicht erfüllt werden. Und Liebe, so wie die meisten sie verstehen, ist die auf »Besonderheit« zielende Variante (siehe Kapitel 4, Liebesbeziehungen), die leider gar nichts mit echter Liebe zu tun hat, sondern lediglich eine verkappte Form des »Gebens um zu bekommen« ist. »Besondere« Liebe verfolgt immer einen Plan, und weil dies so ist, kann sie sich ändern oder zu Ende gehen, sobald dieser Plan bedroht wird.

Bewusste Liebe kennt, wie wir gesehen haben, keinen Gegensatz. Sie ist beständig und unzerstörbar und verströmt sich ins Unendliche, ohne irgendeine Bedingung zu stellen. Sie strebt nach absolut gar nichts, denn sie weiß, dass sie in jeder Hinsicht und zu allen Zeiten alles ist.

Liebe ist reines Sein und steht in absoluter Verbundenheit mit Freude und Frieden. Sie so zu erleben heißt, in dieser allumfassenden Dreieinigkeit zu *sein*. Liebe, Freude und Frieden entspringen jenseits unserer begrenzten Sinne aus der innersten Berührung mit einer Quelle, die keiner Erklärung bedarf. Liebe, Freude und Frieden führen uns in einen vorübergehenden Zustand der Gnade, den wir als einen von innen kommenden, ewigen, wahren Ausdruck der Verbundenheit von allem mit allem erleben.

Als Seinszustände sind Liebe, Freude und Frieden deshalb nicht über das Ego-Selbst erfahrbar. Das Ego braucht die Dualität, um seiner Existenz Realität zu verleihen, und nutzt dazu Emotionen, die es entgegengesetzten Gefühlen gegenüberstellt. Bei Liebe, Freude und Frieden ist dieser Gegensatz nicht möglich. Sie sind die Grundlagen unseres natürlichen Seins und nur erfahrbar, wenn wir unseren Gedankenfluss anhalten und mit dem Erlebten auf unerklärliche Weise in der Einheit verschmelzen. Solche Momente der Gnade sind Tore, die uns den Weg öffnen, im Reich von Zeit und Raum unser Erbe der Glückseligkeit und Ekstase zu beanspruchen.

Irgendwann erinnern wir uns vielleicht solcher Momente unermesslichen Friedens, großer Liebe oder Freude. Sie sind nicht mit Worten darzustellen, in ihrer Größe sind sie über jede Beschreibung erhaben. Es sind Momente wie die Geburt eines Kindes, ein atemberaubender Sonnenuntergang, eine überwältigende Begegnung mit der Natur oder ein Augenblick inniger Verschmelzung mit einem geliebten Menschen. Hier hat der Jetzt-Moment eine unglaubliche Kraft, die uns oft übersehen lässt, welch großartige Möglichkeiten zum Neuanfang wir in jeder einzelnen Sekunde unseres Lebens haben. In nur einem Augenblick der absoluten Bewusstheit können wir in uns und dem Universum den Impuls zur großen Heilung auslösen.

In unserem Wesenskern, in dem es keine Illusion des Egos gibt, sind wir nichts als Liebe, Frieden und Freude. In Wirklichkeit also ist jeder von uns ein heiliger Splitter des einen

Wesens – der Quelle. In unserem irdischen Leben stellen wir uns die Zeit als etwas Reales, Begrenztes vor, und wir meinen, alles und jedes sei getrennt. Die Wahrheit hinter dieser Illusion lautet, dass die Zeit nur so lange existiert, wie wir in ihrem Bann stehen. Sie lebt nur in der von uns erinnerten Vergangenheit oder vorausgedachten Zukunft. Dies meint Eckhart Tolle, wenn er von »psychologischer Zeit« spricht.[126]

Wie bereits erwähnt, war diese Zeit nichts als eine Aneinanderreihung von Jetzt-Momenten, bloß waren wir in ihnen nicht zugegen. Wir waren mit unseren Gedanken beschäftigt und haben das Jetzt in seiner ganzen Ausdrucksfülle verpasst, als es gerade da war. Darum waren wir nicht in der Gegenwart anwesend. Um zu erkennen, wer wir und alle anderen sind und welches unsere Bestimmung ist, müssen wir dieses Tor zur Rechtgesinntheit durchschreiten. Im Jetzt-Moment, von allem Vergangenen oder Zukünftigen geläutert, offenbart sich unser wahres Wesen. Hier gibt es weder Schuld, noch eine Vergangenheit oder Zukunft, vor der wir Angst zu haben bräuchten; da ist nichts als das makellose Selbst, das wir immer waren und auf immer sein werden. Dieses Eine Selbst ist völlig unberührt von bisherigen Fehlern oder scheinbaren Ungerechtigkeiten, die aus dem Ego kommen. Und diese grandiose Vollkommenheit wird es sich, was auch immer geschehen mag, für alle Zeit bewahren.

Im Jetzt gibt es keine Angst. Angst kann nur in Gedanken an Vergangenheit oder Zukunft entstehen. Absolutes Zugegensein im Jetzt-Moment eliminiert Angst. Unser Eines Selbst wartet darauf, dass wir erwachen im Angesicht seiner unwandelbaren Vollkommenheit und unseren rechtmäßigen Platz als Mit-Schöpfer einnehmen.

Jeder Jetzt-Moment ist rein und dehnt sich ins Unendliche aus. Dies ist die Wohnstätte des Friedens, der Liebe und Freude – in endloser und unwandelbarer Form. Wann immer wir bewusst innehalten, unsere Gedanken hinter uns lassen und ins Jetzt kommen, erkennen wir, dass es keine Frage der Zeit ist, zu sein, *wer* wir sind, bar aller Ego-Begrenzungen. Auch wenn wir uns in Gedanken mit der Vergangenheit oder Zukunft beschäftigen, müssen wir begreifen, dass außerhalb des Jetzt nichts wirklich existiert.

Wenn das Jetzt ewig und die Zeit eine Illusion ist, wie können wir dann die Zeit im Rahmen unseres Alltags verstehen? Alles, was wir je getan haben, ist in einem Jetzt-Moment geschehen. Außerhalb des Jetzt sind wir in der Tat nie irgendwo gewesen und haben nie irgendetwas getan. Selbst künftige Ereignisse werden sich in einem Jetzt-Moment entfalten.

An die Vergangenheit zu denken, ist nichts anderes als ein Abrufen von im Kopf gespeicherten Erinnerungen. Doch auch diese gehen auf ein früheres Jetzt zurück. Und wenn wir uns erinnern, so tun wir es im Jetzt. Die »Zukunft« ist ein projiziertes Jetzt, und wenn sie da ist, begegnet sie uns im Jetzt[127]. Wenn das Leben nichts ist als eine Aneinanderreihung von Jetzt-Momenten und Vergangenheit und Zukunft nur in der Vorstellung existieren, kann man sich vielleicht fragen: »In wie vielen Jetzt-Momenten meines Lebens war ich wirklich anwesend?«

Wir können den bewussten Entschluss fassen, Beobachter unserer Gedanken zu werden. Wir können dies üben, indem wir dem Fluss unserer Gedanken, Emotionen und Reaktionen zuschauen. Versuchen Sie in unangenehmen Situationen, die eine Reaktion in Ihnen auslösen, achtsam zu bleiben, ohne irgendein Urteil über sich selbst, die Sache oder andere zu fällen. Bleiben Sie ganz neutral und beobachten Sie, wie oft Ihre Gedanken in die Vergangenheit oder Zukunft abschweifen. Mit einiger Übung gelingt es Ihnen, sich selbst als Beobachter wahrzunehmen, statt sich von Ihrem Denken dominieren zu lassen. Mit der Zeit verankern Sie sich fest im Zustand des Seins. Sie sind der unparteiische Beobachter und haben in jedem gewünschten Augenblick Zugang zu dem enormen Frieden und der großen Klarheit, die die Gegenwart bietet.

Die wichtigsten Schlüssel zur Freiheit

Urteil und Schuld loslassen zu lernen, sind die beiden wichtigsten Schlüssel, um das Tor zu unserer persönlichen Freiheit zu öffnen. Wir sind unbewusst im Sumpf der aufgehäuften psychologischen Zeit festgefahren. Dies hindert uns daran, in die Gegenwart zu kommen, weil wir uns den Zugang dazu mit Abwehr und Reue, Groll, Schuld oder Traurigkeit verstellen. Dabei ist uns nicht klar, dass solche negativen Gefühle unseren selbst erschaffenen Geschichten oder Situationen entspringen. Sie existieren nicht unabhängig von unserer eigenen Interpretation der Ereignisse. Mit anderen Worten: Unsere *Wahrnehmung* der Vergangenheit bestimmt, ob wir unsere Geschichten als negativ oder positiv bezeichnen, und bestimmt damit gleichzeitig auch unsere emotionale Verfassung. Nehmen wir an, unser Partner würde uns nach langen Jahren des Zusammenseins wegen einer neuen »Liebe« verlassen. Folgen wir dem Ego, können wir diese Geschichte auf verschiedene Weisen interpretieren, die uns allesamt tiefer in die Trennung bringen. Dabei würden wir uns mit Gefühlen der Verlassenheit, Abwehr und Bitterkeit belasten, die uns die Bereitschaft rauben, uns in die heilende Kraft des Jetzt-Moments zu stellen. Darum ist es so wichtig, *jede* Geschichte zu hinterfragen, in der wir in irgendeiner Weise als Opfer dastehen.

Die Menschen und Situationen, vor denen wir am meisten zurückweichen, bergen in der Regel das größte Heilpotenzial, denn sie bringen unsere verborgenen Ängste und Blockaden ans Licht, die uns den Zugang zu Liebe und Freiheit verstellen. Um heil zu werden, brauchen wir uns nicht zurückzuwenden und zu analysieren, was geschehen ist. Wir werden stets im Jetzt zu den optimalen Situationen und Begegnungen geführt, um diese alten Hindernisse zu bearbeiten. Dies ist das Schöne und Vollkommene der Präsenz im Jetzt. Jeder von uns kann zu jeder Zeit im Rahmen seiner aktuellen Beziehungen vergangenes Leid heilen, wenn er es wirklich will. Dies ist eine gute Nachricht für alle, in deren Leben ein nahestehender Mensch nicht mehr physisch präsent ist. Jeglicher Groll, den wir in uns tragen, enthält uns Liebe vor und treibt uns dazu, anderswo nach Ablenkungen zu suchen, um unsere unangenehmen Gefühle zu überdecken. Unser Ego wird sich nie eingestehen, dass unser Leid in unserem Zwist mit der Realität begründet ist. Wer die Realität leugnet, gerät in seinem Leben auf einen langwierigen und oftmals schwierigen Kurs. Freiheit entsteht durch unsere Bereitschaft, die Verantwortung für die von uns geschaffene Realität voll und ganz zu übernehmen. Die Wirklichkeit, in der wir leben, ist ein durch die Linse unserer Wahrnehmung projiziertes Bild; ist diese Linse verzerrt, spiegelt sich dies in unserer Realität wider.

Was uns am ehesten ins Jetzt kommen lässt und uns am besten hilft, unsere Wahrnehmung zu heilen, ist eine enge Beziehung (siehe Kapitel 4, Liebesbeziehungen). Darin bekommen wir zwar einerseits, was wir uns wünschen, andererseits bergen sie durch die bisweilen entstehenden Konflikte auch manche Herausforderung. Bei Uneinigkeit, also im Fall von Streit oder hitzigen Diskussionen, können wir uns entschließen, mit unserer Aufmerksamkeit ins Jetzt zu kommen. Werden wir zum Beobachter unserer Reaktionen, statt uns auf die Ebene des emotional Beteiligten zu begeben, wird uns damit ein wundervolles Instrument in die Hände gelegt: das Jetzt. Wann immer wir beschließen, ohne Urteil oder Angriff präsent zu bleiben, können wir den bisherigen Stillstand auf wirksame Weise überwinden.

> *»Ich bin verantwortlich für das, was ich sehe.*
> *Ich wähle die Gefühle, die ich erfahre, und ich entscheide*
> *mich für das Ziel, das ich erreichen möchte.*
> *Ich bitte um alles, was mir zu widerfahren scheint, und ich*
> *empfange, wie ich gebeten habe.*

Von dir wird nur verlangt, der Wahrheit Platz zu machen. Von dir wird nicht verlangt, etwas zu tun oder zu machen, was dein Verständnis übersteigt. Das Einzige, was von dir erbeten wird, ist, *sie einzulassen*; nur aufzuhören, das zu behindern, was von selbst geschieht; einfach die Gegenwart dessen wiederzuerkennen, wovon du dachtest, dass du es weggegeben hast.

Sei einen Augenblick gewillt, deine Altäre frei von dem zu lassen, was du darauf gelegt hast, so kannst du nicht umhin zu sehen, was wirklich dort ist. Der heilige Augenblick [der Jetzt-Moment] ist nicht ein Augenblick der Schöpfung, sondern des Wiedererkennens. Wiedererkennen nämlich kommt von der Schau und vom Einstellen des Urteilens. Erst dann ist es möglich, nach innen zu schauen und zu sehen, was dort sein muss, deutlich sichtbar und ganz unabhängig von Schlussfolgerung und Urteil. Aufheben ist nicht deine Aufgabe, aber es *liegt* bei dir, es zu begrüßen oder nicht. Glaube und Verlangen gehen Hand in Hand, denn jeder glaubt an das, was er sich wünscht.«[128]

Probleme und das Jetzt

Wenn wir von Problemen belagert werden, sind wir nicht gegenwärtig, sondern hängen in der psychologischen Zeit fest – in der Vergangenheit oder in der Zukunft. In der Regel hoffen wir, dass es morgen besser wird und versuchen, so die Gegenwart zu ertragen. Doch damit wird diese von Sorgen aufgezehrt. Wir gehen also genau dem aus dem Weg, das die Antwort und Freiheit für uns bereithält: dem friedvollen Jetzt-Moment. Das Ego ist zwanghaft auf Kontrolle und Problemlösungen fixiert. Seine Strategie besteht darin, uns mit Ablenkungsmanövern von der Entdeckung abzuhalten, wie sehr es sich davor fürchtet, dass wir uns hingeben und loslassen und mit unserer Aufmerksamkeit in den Jetzt-Moment kommen könnten. In dem Augenblick nämlich, in dem wir eine »Ego-Pause« einlegen, verschwinden all unsere Probleme, und wir werden in einen sicheren, geborgenen Seinszustand hineinkatapultiert. Hier finden wir echtes Glück, weil es an diesem Ort kein Unglück geben kann.

In der Vergangenheit gab es so manche Dinge, die nicht nach Plan liefen. Dementsprechend haben wir zu verschiedenen Zeiten eine ganze Palette von Gefühlen durchlebt, von Enttäuschung bis hin zum völligen Am-Boden-Zerstört-Sein. Unser Ego wehrt sich auch noch im Nachhinein gegen das, was damals passiert ist. Warum? Weil es das Geschehene als falsch und wertlos betrachtet. Es entwirft ein Bild, in dem wir als Opfer der Umstände dastehen, und mit seiner Sicht der Dinge nährt es unser Bedürfnis, die Zukunft zu kontrollieren. Wenn das Jetzt eintritt, widersetzt sich das Ego zuallererst dem, was *ist*. Dann setzt es »Hoffnung« in den Raum, um uns bei der Stange zu halten und sicherzustellen, dass wir mit unserer Fokussierung auf die Zukunft die Gegenwart meiden.[129] Wir können genau beobachten, mit welch trickreichen Manövern das Ego versucht, unsere Aufmerksamkeit überall hinzulenken, bloß nicht ins Jetzt. Unser Unglück entsteht aus der Vermeidung der Gegenwart, und dies ist genau das, was das Ego will, denn so ist sichergestellt, dass wir Gefangene seiner irreführenden Problemlösungsmethode bleiben.

Eigentlich ist mit uns – Probleme hin oder her – in diesem Moment alles in Ordnung. Wenn wir uns fest auf den Jetzt-Moment konzentrieren und uns nicht von Ego-Gedanken an morgen oder letzte Woche ablenken lassen, erkennen wir, dass wir nicht unsere Probleme oder Lebensgeschichte sind. Sie entfalten sich ohne unser Zutun. Diese Erkenntnis geht mit einem Gefühl von großem Frieden einher.

Einer der größten Vorteile des Präsentseins liegt darin, dass wir in diesem Zustand so genannte Probleme ohne Ego-Einflüsse lösen können. Das Ego könnte ohne Probleme nicht überleben, weil es seine Identität aus ihnen bezieht. Trennung, Ungleichheit und Ungerechtigkeit sind das Lebendfutter, von dem es sich ernährt. Idealerweise verlangt unser Weg hin zum Einen Selbst, dass wir uns von den Ego-Problemlösungen verabschieden und uns dem *Wissen* der universalen Inspiration anvertrauen. Das bedeutet, dass wir uns bewusst in die Position des Beobachters unserer Gedanken, Gefühle und Handlungen begeben und um höhere Führung bitten müssen. Das Jetzt hält alle Antworten bereit, die das begrenzte, urteilende Ego uns niemals bieten könnte.

Unser Einer Wille

Unser Ego-Wille ist nichts anderes als ein Bollwerk gegen die Realität. Hinter seinen Verteidigungslinien gedeihen Wahrheit und Liebe. Wie unablässig sich das Ego mit der Kontrolle beschäftigt, wird immer dann offenbar, wenn es sich gegen die Wirklichkeit stemmt und versucht, sie seinem Wertesystem entsprechend zu verbiegen. Es hat zu keiner Zeit irgendeine Ahnung, was zu unserem Besten ist. Und doch schenken wir selbst und unsere gesamte Gesellschaft ihm ungeteilte Aufmerksamkeit und Loyalität. Wenn die Wirklichkeit dem Ego unangenehm erscheint, spiegelt sich diese Inkompatibilität in unserer Reaktion wider, und wir bauen Widerstand auf. Wir meinen, unsere Abwehr gelte einer äußeren Struktur, doch die Wirklichkeit zurückzuweisen heißt immer auch, uns selbst und die Quelle abzulehnen. Die Botschaft lautet dann, dass irgendetwas falsch läuft. Dies bringt uns dazu, uns zu verkrampfen, das Vertrauen zu verlieren und in Trotz, Negativität oder Depression zu flüchten. Wenn sich unsere Realität nicht mit unserer begrenzten Ego-Wahrnehmung deckt, werden unsere Gedanken von Angst überschattet, und wir verfallen dem Glauben, einer permanenten Bedrohung ausgesetzt zu sein, vor der wir uns in Acht nehmen müssen. Wir sind es gewohnt, die Wirklichkeit negativ umzuinterpretieren, sofern sie nicht auf einer Linie mit unserem freien Willen (Ego) ist. Wir bewerten Menschen und Dinge als gut oder böse, um unser gerechtes Urteil dann mental oder physisch an den Betreffenden oder der Situation zu vollziehen.

Wenn wir doch nur zweifelsfrei wüssten, dass uns die Wirklichkeit, wie sie sich uns darstellt, nicht zu kümmern braucht! Worum wir uns kümmern sollten, ist, zu erkennen und darauf zu vertrauen, dass die Wirklichkeit ein Instrument ist, das uns wachrütteln kann. Bei richtiger Betrachtung ist sie ein Geschenk im Hier und Jetzt, das uns ermöglicht, alle Blockaden aufzulösen, die uns den Zugang zur allgegenwärtigen Liebe versperren. Worauf es hier einzig und allein ankommt, ist unsere Bereitwilligkeit, alle früheren Interpretationen loszulassen und es der universalen Inspiration zu überlassen, uns die Wahrheit zu offenbaren.

Unser Bedürfnis nach Kontrolle unserer Mitmenschen, der Zeit, Situationen und Resultate dient der Abwehr der Realität. Dies gilt auch für all unsere Pläne (es sei denn, sie kämen von der universalen Inspiration). Enttäuschung, Schuld, Ärger, Frustration oder Verzweiflung weisen unmittelbar darauf hin, dass eine Neubewertung nötig ist. So etwas wie »Widrigkeiten« gibt es nicht – es gibt nur Situationen, die neu zu interpretieren sind.

Mit zunehmender spiritueller Reife lernen wir, jeglichen Widerstand gegen die Wirklichkeit als Spiegelung unserer falsch ausgerichteten Wahrnehmung zu erkennen. Wenn wir unsere Abwehr gegen das, was ist, aufgeben und es als Freund und nicht als Feind betrachten, weicht die Angst der Klarheit. Jetzt kann unsere höhere Führung aktiv werden. Uns werden Antworten gegeben und auch Fragen aufgeworfen, für die wir vorher blind und taub waren. Die Quelle durchdringt in ihrem Wirken alle Illusionen, weil sie Liebe, weil sie Wahrheit ist. Während wir immer noch auf unsere illusionäre Welt schauen und an sie glauben, ruht die Wahrheit immerdar friedlich im Verborgenen hinter all den vielen Täuschungen. Im Augenblick der Erkenntnis, dass unsere Wahrnehmung dessen, was ist, nicht notwendigerweise der Wahrheit entspricht und wir im Stillen um Rechtgesinntheit bitten, erlangen wir die Freiheit.

Die Welt mag uns zufällig und chaotisch erscheinen, doch sie ist durch und durch von der universalen Inspiration durchdrungen, die unsere Illusionen im Hinblick auf das eine große Ziel verwandelt und uns zur Erkenntnis der Wahrheit führt, nicht in den Schmerz, in das Leid oder die Trennung. »Das Einzige, was du zu tun brauchst, ist nur, zu wünschen, dass dir der HIMMEL statt der Hölle gegeben werde, und jedes Schloss und jeder Riegel, der die Türe fest verschlossen und verriegelt zu halten scheint, wird einfach wegfallen und verschwinden.«[130]

Die Nutzlosigkeit von Plänen

In unserer Naivität meinen wir, es sei konstruktiv und unabdingbar für das Erreichen der meisten unserer Ziele, Pläne zu schmieden. Im Rahmen der Vertrauensbildung werden wir jedoch aufgefordert, unsere Pläne aufzugeben und zu erkennen, dass diese aus dem Ego kommen und dem Samen der Trennung entsprießen. »Es ist vielleicht nicht einfach, wahrzunehmen, dass von dir selber aufgestellte Pläne nur Abwehrmechanismen sind mit dem Zweck, den zu erfüllen sie allesamt gemacht sind. Sie sind das Mittel, wodurch ein angsterfüllter Geist seinen eigenen Schutz übernehmen will, auf Kosten der Wahrheit. Das ist in einigen Formen, in denen solche Selbsttäuschungen auftreten können, nicht schwer zu merken, wo die Verleugnung der Wirklichkeit sehr offensichtlich ist. Doch Planen wird nicht oft als eine Abwehr wahrgenommen.«[131]

Und mögen die Pläne unseres Ego-Selbst auch in noch so illustrer Verkleidung daherkommen, ihre tiefere, oft unbewusste Absicht ist, uns von der Heilung weg ins Chaos zu treiben. Unser Eines Selbst hingegen bezieht seinen Schwung und seine Richtung aus der *einen* Absicht: der Liebe. Die direkte Kommunikation mit der universalen Inspiration führt uns zu Menschen und in Situationen, die uns in unserem individuellen Aufhebungsprozess am besten unterstützen können; sie weiß, welche Entscheidungen und Anweisungen am vorteilhaftesten für uns sind.

Ohne unsere Illusionen aufzuheben, können wir nicht frei werden. Liebe, Friede und Freude werden uns mehr und mehr offenbart, wenn wir dem gegenwärtigen Augenblick mit Aufmerksamkeit statt Widerstand begegnen. Wir lernen, in jeder unserer Abwehrreaktionen eine Chance zu sehen, uns unseren Widerstand schuld- und urteilsfrei bewusst zu machen und anzuerkennen, dass wir nicht wissen, was zu unserem Besten ist.[132] In dem offenen Eingeständnis unseres Nichtwissens im Hinblick auf alles, was von unserem Ego interpretiert wird, liegt so viel Freiheit! Wir wissen nicht wirklich, *wer* die Menschen sind, denen wir begegnen, wozu die Dinge und Situationen dienen, warum wir hier sind oder wie wir die Entwicklung korrigieren können. In Demut zu sagen und zu meinen: »Ich wünsche mir, mich im *Nichtwissen* wohl zu fühlen«, ist eine große Gabe. Noch in derselben Sekunde, in der wir unsere eingeschränkte Wissenserfahrung übergeben, sind wir von unserer Last befreit und werden eins mit dem Einen Willen, ob uns dies bewusst ist oder nicht.

»Ein geheilter Geist plant nicht. Er führt die Pläne aus, die er empfängt, indem er auf die WEISHEIT hört, die nicht die seine ist. Er wartet, bis er unterwiesen wird, was er tun soll, und geht dann hin und tut es. Er verlässt sich in nichts auf sich selbst außer auf seine Eignung, die Pläne zu erfüllen, die ihm zugewiesen wurden ... Ein geheilter Geist ist von der Überzeugung befreit, dass er planen muss, obschon er nicht wissen kann, welches das beste Resultat ist, durch welche Mittel es erreicht wird, noch wie er das Problem erkennen kann, zu dessen Lösung der Plan aufgestellt ist.«[133] Mit dem Eingeständnis unseres Nichtwissens sind wir von unserer Angst und unserem Widerstand befreit, weil beide aus dem Ego-Bedürfnis, es besser zu wissen, herrühren. Indem wir unser Nichtwissen zugeben, bitten wir den Einen Willen um Erhellung für uns und die Situation.

Nehmen wir an, wir hätten Angst, würden uns schuldig oder nirgends zugehörig fühlen oder uns über irgendetwas ärgern; beobachten wir diese Gefühle nur und geben uns dem Nichtwissen hin, ist dies eine Einladung an den Einen Willen, alles Weitere zu übernehmen. An der Wurzel des Egos liegt ein riesiger Berg von Schuld. Mit unserem Bedürfnis zu be- und verurteilen versuchen wir, diese Schuld abzutragen. Das Gefühl der Bedrohung, das uns so beharrlich verfolgt, kommt direkt aus der unbeirrten Überzeugung des Egos, dass wir im tiefsten Inneren schuldig sind. Dies erklärt auch seinen Zwang, alles über seinen Willen kontrollieren zu wollen.

Öffnen wir uns dem Einen Willen, erkennen wir damit an, dass unser Ego, unsere Ängste und Wünsche, von Schuld getrieben sind. Das heißt, dass der »freie Wille« aus Angst geboren ist und darauf abzielt, uns auf vielfache Weise in der Trennung zu halten. Angesichts dieser Erkenntnis erscheint es nur logisch, unser Bedürfnis nach Kontrolle, Urteil und Planung aufzugeben und uns bereitwillig auf den Prozess der Vertrauensbildung einzulassen, der uns mit unserer wahren Identität und unserer höheren Aufgabe in Einklang bringt. »Wenn Pläne zu machen sind, werden sie dir mitgeteilt werden. Sie mögen nicht die Pläne sein, von denen du dachtest, sie seien nötig, noch fürwahr die Antworten auf die Probleme, mit denen du dich konfrontiert zu sehen glaubtest. Sie sind jedoch Antworten auf eine andere Art von Frage, die noch ohne Antwort bleibt, jedoch einer Antwort bedarf, bis die ANTWORT endlich zu dir kommt.«[134]

Eine unserer größten Fehlwahrnehmungen liegt darin anzunehmen, dass uns durch die Ausrichtung auf den Einen Willen etwas Wertvolles verloren ginge. Allein schon das Wort »wertvoll« stimmt hier nicht, denn in Wahrheit würden wir zwar in der Tat etwas verlieren, doch sind das Schuld, Angst und Leid, und die würden wir selbst bei allergroßzügigster Auslegung wohl kaum als wertvoll bezeichnen. »Eine falsche Wahrnehmung ist der Wunsch, dass die Dinge seien, wie sie nicht sind. Die Wirklichkeit aller Dinge ist völlig harmlos, weil völlige Harmlosigkeit die Bedingung ihrer Wirklichkeit ist. Du brauchst die Wirklichkeit nicht zu suchen. Sie wird dich suchen und dich finden, wenn du ihre Bedingungen erfüllst ... Ganzheit heilt, weil sie vom Geist ist. Alle Formen von Krankheit, sogar bis zum Tod hin, sind körperliche Äußerungen der Angst vor dem Erwachen. Sie sind ein Versuch, den Schlaf aus Angst vor dem Erwachen zu verstärken ... Heilung ist die Befreiung von der Angst vor dem Erwachen und deren Ersetzung durch die Entscheidung, zu erwachen. Die Entscheidung zu erwachen spiegelt den Willen zu lieben wider, da jede Heilung das Ersetzen von Angst durch Liebe beinhaltet.«[135]

Wir sind Liebe. Wenn wir erst einmal aus ganzem Herzen beschlossen haben, die ganzheitliche Wahrnehmung anzunehmen, lernen wir, das Denksystem des Egos hinter uns zu lassen. Dann werden wir die Alltagswirklichkeit als optimales Vehikel erkennen, das uns durch unseren Transformationsprozess führt. Wenn unser Widerstand gegen das, was ist, *nachlässt*, stärken wir damit unser Vertrauen in den Einen Willen. Es wächst, wenn wir beim Blick zurück nicht Katastrophen sehen, sondern lediglich das Sich-Entfalten eines Weges, der seinen Wert einzig und allein daraus bezieht, uns irgendwann zum Erwachen zu führen. Dann erkennen wir die Sinnlosigkeit unseres Widerstands gegen die Wirklichkeit und akzeptieren dankbar, dass dieser Prozess uns geholfen hat, die illusionäre Wahrnehmung zu überwinden, die uns so lange die Liebe nicht sehen ließ.

»Denke also daran, dass GOTTES WILLE bereits möglich ist und nichts anderes es je sein wird. Das ist das einfache Annehmen der Wirklichkeit, weil nur das wirklich ist. Du kannst nicht die Wirklichkeit verzerren und erkennen, was sie ist. Und wenn du die Wirklichkeit dennoch verzerrst, wirst du Beklommenheit, Depression und schließlich Panik erleben, weil du versuchst, dich selbst unwirklich zu machen. Verspürst du diese Dinge, dann versuche nicht, die Wahrheit außerhalb von dir zu suchen, denn die Wahrheit kann nur in dir sein.«[136]

Wir gehören zur Quelle; wir sind lebendiger Teil der Liebe an sich. In jedem von uns wartet die universale Inspiration darauf, dass wir unser Eines Selbst erkennen.

KAPITEL 8

DIE WAHRHEIT

Frei, befreit oder erwacht zu sein heißt, die Wahrheit anzunehmen. Das Ego fürchtet sie so sehr, weil sie durch Aufgabe des Widerstands ans Licht kommt und dies sein Ende wäre. Vertrauensbildung heißt, das Verhandeln mit der Wirklichkeit, wie sie uns in uns selbst und anderen, in Situationen, Umständen und materiellen Objekten begegnet, bewusst einzustellen. Das bedeutet, unser Bedürfnis aufzugeben, all diese Dinge kontrollieren zu wollen, weil letztlich jedes Kontrollbedürfnis auf eine Abwehr oder Leugnung der Wahrheit hinausläuft. Mit zunehmendem Verständnis begreifen wir allmählich, dass die Wirklichkeit (das alltägliche Leben) so ist, wie sie ist. Auch wenn sie zum Großteil einem Ego-Traum entspringt, die Quelle ist immer da und verströmt sich aus jedem Teilchen unseres Universums. Unsere Aufgabe ist nicht, uns dieser Wirklichkeit zu widersetzen; wir sollen sie annehmen. Es geht nicht darum, sie zu transzendieren oder zu überwinden, sondern ganz bewusst *in sie einzugehen*. Die Wahrheit und das daraus entstehende Vertrauen stellt sich ein mit der Übergabe und dem Loslassen der Kontrolle.

Wir sind weder unsere Gedanken, noch unser Körper, noch unsere Überzeugungen, Werte oder Errungenschaften. Dieses unser Leben ist kostbar, wie hässlich es sich auch manchmal für uns darstellen mag. Warum? Weil es uns in all seinem Auf und Ab und in all seinen Wendungen stets die Gelegenheit bietet, es in einen neuen Rahmen zu stellen, indem wir es nicht persönlich nehmen, es nicht beurteilen oder manipulieren, sondern einfach zulassen. In jedem einzelnen Moment steht es uns frei, die Illusion oder die Wahrheit zu sehen. Es liegt einzig an uns, für welche Wahrnehmung wir uns entscheiden. Begegnen wir der Wirklichkeit mitsamt unserer darin bestehenden Beziehungen so, wie sie ist, steht uns damit die *vollkommenste* Lernmöglichkeit zur Verfügung, die wir uns je wünschen oder erhoffen könnten. Jegliche Art von Verunsicherung, Schmerz oder Leid entsteht aus Widerstand, sei er mental, emotional oder physisch.

Durch das Ego können wir kein Wissen von der Wirklichkeit erlangen. Wenn wir uns diese Tatsache voll und ganz eingestehen, können wir ruhig unser Bedürfnis zu wissen loslassen. Wir meinen zu wissen und wissen zu müssen, weil wir im Bann des Egos stehen, dem Wissen als Gelegenheit zum Kontrollieren, Dirigieren und Manipulieren dient. Es etabliert eine feste Ansicht, stellt sie mit auf ihre Liste der Dinge, die es zu verteidigen gilt, und manifestiert so Zweifel, Misstrauen und Trennung. Der hier beschriebene Prozess der Vertrauensbildung (Erwachen) und Ego-Befreiung ist im Wesentlichen einer des Aufhebens, Verlernens und Demontierens.

Beim Auftreten scheinbarer Widrigkeiten sollten wir uns stets vor Augen führen, dass es sich hier ausnahmslos um Chancen handelt, die uns in verkleideter Form begegnen. Nie geht es darum, uns zu bestrafen oder in die Irre zu führen. Wie unangenehm eine Situation sich auch immer anfühlen mag, sie wartet darauf, dass wir sie als Katalysator begreifen, der uns dazu bringt, unsere illusorische Wahrnehmung zu korrigieren. Erschien uns eine Widrigkeit bisher als Katastrophe, Leid oder Unglück, wird sie nun zur Gelegenheit, um eine Neubewertung der Dinge zu erbitten und uns zur Wahrheit hinter dem äußeren Anschein führen zu lassen.

Wer sich auf den Weg zur Wahrheit machen will, muss das Gefühl der Hilflosigkeit loslassen. Es geht hier um zwei Lektionen: »Wir können nicht wahrnehmen, was zu unserem Besten ist« und »Ich bin nicht das Opfer der Welt, die ich sehe.«[137] Wahrheit und Vertrauen können nicht mit Zweifel und Opferbewusstsein koexistieren. Um Vertrauen aufzubauen, müssen wir aufhören, uns als Opfer zu sehen. In dem Maß, wie wir uns bewusst oder unbewusst als hilfloses Opfer betrachten, widersetzen wir uns der Wahrheit und damit dem Vertrauen. Genau darum geht es bei der Ego-Befreiung: Sie soll uns helfen, unseren Widerstand gegen die Wahrheit loszulassen und auf diese Weise unser Vertrauen zu stärken.

Entscheiden wir uns in jedem Augenblick für die Wahrheit! Lassen wir uns nicht durch spirituelle Höhenflüge oder vom Ego programmierte Abstürze von unserem Weg abbringen! Das sind alles nur Ablenkmanöver. Die Wahrheit in jeder Minute unseres Daseins zuzulassen ist keine Erfahrung, die wir suchen oder anstreben müssten; es ist ein Akt der Demut, unser Herz zu öffnen und zuzulassen, dass sie sich entfalten kann. Das Einzige, was dies blockieren kann, ist unser Widerstand.

Wo auch immer wir sein und unter welchen Umständen wir leben mögen, wir haben *stets* die Möglichkeit, Zugang zur Wahrheit zu finden. Erforderlich sind dazu nur:

- absolutes Bekenntnis zur Wahrheit;
- Bereitschaft, die Kontrolle aufzugeben und Quantenvergebung zu praktizieren;
- Wachsamkeit und konsequente Disziplin im Hinblick auf die Rechtgesinntheit;
- gewissenhafte Aufmerksamkeit, absolute Präsenz und konsequentes Hinterfragen all unserer Überzeugungen mit radikaler Selbst-Ehrlichkeit;
- Übergabe der Wahrnehmung, Gedanken und Emotionen an die universale Inspiration, damit die tiefere Wahrheit zum Vorschein kommt.

Es mag schwierig sein zu erkennen, dass wir alles *sind* und *haben*, was wir für diesen Weg benötigen, weil wir so darauf programmiert sind, in uns und unserem Leben nach dem Mangel zu schauen. Doch wir brauchen nichts als die Wahrheit, um im Hier und Jetzt aufzuwachen. Wenn wir uns mit ganzem Herzen und ganzer Seele wünschen, zur Liebe zurückzukehren und hier auf Erden bewusst in der reinen Realität zu leben, werden wir unsere Identität ebenso wiederfinden wie die Aufgabe, die zu erfüllen wir geboren wurden.

Demut, vom Herzen kommende Absicht und radikale Ehrlichkeit zu uns selbst sind uns allzeit gegeben. Weder Situationen noch Umstände oder Menschen könnten uns zurückhalten. In jedem Zurückscheuen, jeder Ausrede und jedem Kontrollieren-Wollen können wir den Widerstand des

Egos gegen tief greifende Veränderungen erkennen. Leiden, die Sucht nach dem Haben- und Werden-Wollen, besondere Beziehungen, Opferbewusstsein, Geben um zu bekommen, Urteil oder Angriff sind ausnahmslos Produkte von Falschgesinntheit.

Obwohl dies in Wirklichkeit weder richtig noch falsch, gut oder böse ist, schlafen wir weiter, und solange wir schlafen, werden wir von Albträumen bedrängt. Wenn uns schon der Weckruf erreicht, warum sollten wir da in den Schlummer zurücksinken wollen, nur um weiter schlecht zu träumen? Wäre es nicht besser, uns aus unseren Albträumen zu befreien? Sollten wir nicht die Chance zur Befreiung ergreifen – nicht nur für uns selbst, sondern für jeden von uns?

Ein Wegweiser zur Entscheidungsfindung

Wenn wir wissen wollen, wie wir aus höchster Sicht am besten handeln, welche Entscheidung wir fällen sollten oder wie eine Frage zu beantworten ist, empfiehlt sich der im Folgenden beschriebene Prozess. Da wir so gut wie alle unsere Entscheidungen und Antworten aus dem Ego-Denken beziehen, ist es wichtig, jeden Schritt sorgfältig zu prüfen, statt blind loszulaufen. Auf diese Weise lernen wir schnell zu unterscheiden, was aus dem Ego und was aus dem Einen Selbst kommt, und dies erspart uns viel Zeit und möglicherweise auch Leid.

Bei konsequenter Anwendung wird dieser Prozess des Hinterfragens im Lauf der Zeit zur selbstverständlichen Gewohnheit. Folgende Zusammenstellung soll Ihnen bei der

Prüfung der jeweils zur Wahl stehenden Möglichkeiten helfen.

Eine aus dem *Ego* getroffene Wahl oder Entscheidung fühlt sich etwa so an: Sie schafft Aufregung und geht mit dem Gefühl einher, an etwas zu hängen oder sich auf ein Ergebnis fixieren zu müssen, obwohl es sich tief im Inneren falsch anfühlt.

Das Ego will: etwas Besonderes sein (sich als getrennt erleben und Ausschließlichkeit haben); es will sich nicht verströmen, nicht geben und nicht teilen; es strebt nach Sicherheit, Kontrolle, Schutz und/oder Verteidigung von Emotionen, des physischen Körpers und/oder des Verstandes.

Merkmale: Ablenkung, Konkurrenz, Urteil, Vorwurf, Mangel, Knappheit, Angst, Schuld, Ärger, dogmatische Haltung, Bedingungen, Trennung, Geben um zu bekommen, Manipulation, Unterdrückung.

Eine aus dem *Einen Selbst* getroffene Wahl oder Entscheidung fühlt sich etwa so an: Sie wird vom Ego als Herausforderung empfunden oder enttäuscht seine Bedürfnisse, fühlt sich aber tief im Inneren richtig an.

Das Eine Selbst will: Einheit, Ganzheit und Verbundenheit; es braucht kein Gefühl der Besonderheit, will sich verströmen, bedingungslos geben und teilen. Und weil es bereits in Sicherheit gehüllt ist, braucht es weder Verteidigung noch Schutz.

Merkmale: Vergeben, Teilen, Geben, Großzügigkeit, Verbundenheit, Vertrauen, Wertschätzung, Aufmerksamkeit, Offenheit, Bedingungslosigkeit, Achtsamkeit, Mitgefühl, Fülle.

Der Anfang

Mag sein, dass wir nach Liebe und Freiheit streben, doch sind wir auch bereit, uns von dem Denken zu verabschieden, das uns den Zugang dazu verstellt? Wenn wir sagen, dass wir uns Frieden, Liebe und Freude wünschen, sind wir auch willens, dafür unsere von Urteil und Angriff geprägten Wahrnehmungen loszulassen? Und wenn wir uns nach Fülle sehnen, sind wir auch bereit, unser Mangelgefühl aufzugeben und die Wahrheit zu sehen, dass nämlich *geben gleich empfangen ist?*

Die Wahrheit ist all-mächtig. Würden wir dieses eine Wort – Wahrheit – mit dem uns möglichen Höchstmaß an Ehrerbietung und liebevoller Absicht betrachten, würde sich uns das hinter dieser Welt verborgene Mysterium offenbaren. Der Weg zur Wahrheit liegt darin, jede »Verteidigung« aufzugeben. Er liegt in der Akzeptanz und Anerkennung dessen, was ist. Er liegt in dem Wunsch, jede Kontrolle und jedes Leid an die Quelle zu übergeben und wach zu werden für die Tatsache, dass es nur Einen Willen gibt, dessen Ausdruck wir alle sind. Wir sind alle eins. Wir brauchen nichts zu suchen, uns nicht zu bemühen, nichts zu erreichen.

Doch da ist ein Traum, aus dem wir wach-*gerufen* werden – ein Traum der Begrenztheit und Getrenntheit. Wir alle können jetzt aufwachen, indem wir uns ganz einfach für den Frieden entscheiden. Friede ist Wahrheit, ist Liebe.

In diesem Buch haben wir den Weg skizziert, der uns für die Wahrheit wach und offen werden lässt. Unsere Freiheit liegt im Inneren; Gleiches gilt für Wahrheit, Frieden und Liebe, denn sie sind der Stoff, aus dem wir gemacht sind.

Wenn Sie den unverkennbaren *Ruf zur Wahrheit* vernehmen, nehmen Sie allen Mut, alle Entschlossenheit und Bereitwilligkeit zusammen, um den Traum hinter sich zu lassen und Ihr Erbe als großartiger Mit-Schöpfer anzutreten. Damit geht in der Tat alles Leid zu Ende, denn Leid ist nichts als Angst vor dem Erwachen.

***

»Du wirst dich in dem Augenblick an alles erinnern, in dem du ganz und gar danach verlangst, denn wenn ganz und gar verlangen erschaffen heißt, dann wirst du die Trennung fortgewollt und deinen Geist gleichzeitig deinem SCHÖPFER und deinen Schöpfungen zurückgegeben haben. Wenn du diese erkennst, dann wirst du keinen Wunsch nach Schlaf mehr haben, sondern nur noch das Verlangen, wach und froh zu sein. Träume werden unmöglich sein, weil du nur noch die Wahrheit willst, und da sie endlich dein Wille ist, wird sie dein sein.«

Ein Kurs in Wundern®[138]

ANHANG I

THE WORK – ARBEITSBLATT, BYRON KATIE
© 2008 Byron Katie, Inc. All Rights Reserved. Weitere Informationen über »The Work« unter www.thework.com/deutsch www.thework.com.

ARBEITSBLATT: URTEILE ÜBER DEINEN NÄCHSTEN
URTEILE ÜBER DEINEN NÄCHSTEN • SCHREIBE ES AUF • STELLE VIER FRAGEN • KEHRE ES UM

Ergänze die folgenden Zeilen. Schreibe über einen (verstorbenen oder lebenden) Menschen, dem du noch nicht hundertprozentig vergeben hast. Bilde kurze, einfache Sätze. Zensiere dich nicht – versuche, die Wut oder den Schmerz voll zu erleben, so, als wärst du genau jetzt in der entsprechenden Situation. Nutze diese Gelegenheit, deine Urteile auf dem Papier zum Ausdruck zu bringen.

1. Wer ärgert, frustriert oder verwirrt dich, und warum?
Ich bin _____ auf _____ (Name), weil
_____

(Beispiel: *Ich bin wütend auf Paul, weil er mir nicht zuhört, er mich nicht wertschätzt, er Einwände hat, gegen alles, was ich sage.*)

ANHANG I

2. Wie sollte er/sie sich ändern? Was willst du von ihm/ihr?
Ich will, dass _____ (Name) _____

_____

(Beispiel: *Ich will, dass Paul sieht, dass er Unrecht hat. Ich will, dass er sich entschuldigt.*)

3. Was genau sollte er/sie tun oder lassen, wie sein, denken oder fühlen? Welchen Rat hast du für ihn/sie?
_____ (Name) sollte/sollte nicht _____

_____

(Beispiel: *Paul sollte besser für sich sorgen. Er sollte nicht mit mir streiten.*)

4. Was muss er/sie tun, damit du glücklich bist?
Ich brauche von _____ (Name), dass _____

_____

(Beispiel: *Ich brauche von Paul, dass er mir zuhört und mich respektiert.*)

5. Was denkst du über ihn/sie? Erstelle eine Liste.
_____ (Name) ist _____
(Beispiel: *Paul ist unfair, arrogant, laut, unehrlich, völlig daneben und unbewusst.*)

6. Was willst du mit dieser Person nie wieder erleben?
Ich will nie wieder _____

_____

(Beispiel: *Ich will nie wieder das Gefühl haben, dass Paul mich nicht wertschätzt. Ich will nie wieder sehen, wie er raucht und seine Gesundheit ruiniert.*)

ANLEITUNG ZU THE WORK

Willst du wirklich die Wahrheit wissen? Untersuche jede einzelne deiner Aussagen, indem du die vier untenstehenden Fragen und die Umkehrung verwendest. The Work ist Meditation. Es geht um Bewusstsein und nicht um den Versuch, deinen Verstand zu verändern. Lass den Verstand die Fragen stellen und werde still. Gib dir Zeit, geh nach innen, und warte auf die Antworten, die tief aus deinem Inneren aufsteigen.

Die vier Fragen

1. Ist es wahr?
2. Kannst du mit absoluter Sicherheit wissen, dass das wahr ist?
3. Wie reagierst du, was passiert, wenn du diesen Gedanken glaubst?
4. Wer wärst du ohne den Gedanken?

Hier ist ein Beispiel für die Anwendung der vier Fragen mit der Aussage: »Paul sollte mich verstehen.«

1. Ist es wahr? Ist es wahr, dass er dich verstehen sollte? Werde still. Warte auf die Antwort deines Herzens.

2. Kannst du mit absoluter Sicherheit wissen, dass das wahr ist? Kannst du letztlich wissen, was er verstehen und was er nicht verstehen sollte? Kannst du wirklich wissen, was das beste Verständnis für ihn ist?

3. Wie reagierst du, was passiert, wenn du diesen Gedanken glaubst? Was geschieht, wenn du glaubst »Paul sollte mich verstehen« und er tut es nicht? Empfindest du Wut, Stress oder Frustration? Wirfst du ihm einen vernichtenden Blick zu? Versuchst du ihn in irgendeiner Weise zu ändern? Wie fühlen sich diese Reaktionen in dir an? Bringt dir der Gedanke Stress oder Frieden? Werde still und lausche in dich hinein.

4. Wer wärst du ohne den Gedanken? Schließe deine Augen. Stell dir vor, in der Gegenwart des Menschen zu sein, von dem du willst, dass er dich versteht. Nun stell dir vor, dass du den Menschen nur für einen Augenblick anschaust ohne den Gedanken: »Ich will, dass er mich versteht.« Was siehst du? Wie wäre dein Leben ohne diesen Gedanken?

Die Umkehrung

Als Nächstes, kehre deine Aussage um. Die Umkehrungen sind eine Möglichkeit, das Gegenteil von dem in Betracht zu ziehen, was du bisher für wahr gehalten hast. Du kannst verschiedene Umkehrungen finden.

Zum Beispiel wird »Paul sollte mich verstehen« umgekehrt zu:

- Paul sollte mich *nicht* verstehen. (Ist das manchmal nicht genauso wahr?)
- *Ich* sollte mich verstehen. (Das ist meine Aufgabe, nicht seine.)
- *Ich* sollte Paul verstehen. (Kann ich verstehen, dass er mich nicht versteht?)

Erlaube dir, die Umkehrungen voll und ganz zu erfahren. Frage dich bei jeder Umkehrung: »Ist das genauso wahr oder wahrer?« Es geht hier nicht darum, dich selbst anzuklagen oder Schuldgefühle zu empfinden. Es geht darum, Möglichkeiten zu entdecken, die dir Frieden bringen.

Die Umkehrung der Nummer 6

Bei der Umkehrung der Aussage unter Nummer 6 gehen wir etwas anders vor:

»Ich will nie mehr einen Streit mit Paul erleben« wird umgekehrt zu:

Ich bin bereit, wieder einen Streit mit Paul zu erleben. Und: Ich freue mich darauf, wieder einen Streit mit Paul zu erleben.

Bei der Nummer 6 geht es darum, alle Gedanken und Erfahrungen mit offenen Armen willkommen zu heißen, denn dabei wird offensichtlich, wo wir weiterhin mit der Wirklichkeit im Krieg sind. Wenn du bei einem Gedanken noch Widerstand spürst, ist deine Arbeit nicht getan. Wenn du dich ehrlich auf Erfahrungen freuen kannst, die unbequem sind, dann hast du im Leben nichts mehr zu fürchten – dann siehst du alles als ein Geschenk, das dir Selbsterkenntnis bringen kann.

ANHANG II

LITERATUREMPFEHLUNGEN UND WEBADRESSEN

Die Aufhebung des Egos ist eine außergewöhnliche Lebensaufgabe. Dieses falsche Selbstbild, das wir Ego nennen, hat uns seit Jahrtausenden geplagt. Wollen wir es hinter uns lassen, wird es sich mit Klauen und Zähnen wehren. Wenn wir dies wissen und uns entsprechend vorbereiten, können wir uns in diesem Entwicklungsprozess eine Menge Unannehmlichkeiten ersparen.

Haben wir uns entschlossen, den Weg der Wahrheit zu gehen und unser Leben positiv zu verändern, brauchen wir nicht nur das notwendige Instrumentarium zum Erreichen dieses Ziels, sondern auch Unterstützung, Führung und Begleitung auf unserem Weg. Wir, die Autoren, haben einen großen Teil dieses Prozesses der Ego-Befreiung selbst durchlebt. Es ist uns ein Anliegen, es anderen leichter zu machen, denn für uns war es eine lange, verwirrende, mit viel unnötigem Leid einhergehende Zeit. Mit unserem Beratungs- und Seminarprogramm bieten wir Unterstützung im Prozess der Ego-Befreiung an.

Ein Kurs in Wundern® bietet mit seinem Text, dem Übungsbuch mit 365 Lektionen für jeden Tag und dem

Handbuch für Lehrer effiziente Hilfe auf dem Weg zur Wahrheit. Die Lektionen sind eine tägliche Inspiration und lassen uns aus unserem Ego-Traum erwachen. Um Vertrauen aufzubauen und das Ego loszulassen, müssen wir konsequent daran arbeiten, die Illusion aufzuheben, und dabei können verschiedene Instrumente und Quellen eine gute Unterstützung sein. *EKIW®* bietet den wohl schnellsten und am besten erhellten Weg zum Erwachen, doch auch die in der unten stehenden Liste aufgeführten Werke waren für uns in unserem eigenen Entwicklungsprozess sehr wertvoll.

A Course in Miracles®, Greuthof.
Webseite: (Greuthof) http://www.greuthof.de.
Aufwachen – dein Leben wartet: die erstaunliche Macht der Gefühle (Originaltitel: Excuse Me: Your life Is Waiting), Lynn Grabhorn.
Webseite: lynngrabhorn.com.
Der Buddha im Inneren (Originaltitel: Awakening the Buddha Within), Lama Surya Das.
Webseite: http://www.dzogchen.org.
Der Weg der Vergebung: inneren Frieden und Heilung finden mit dem Kurs (Originaltitel: The Findhorn Book of Forgiveness), Michael Dawson.
Webseite: http://www.acfip.org.
Der wunderbare Weg (Originaltitel: The Road Less Traveled), M. Scott Peck, M. D.
Webseite: http://www.mscottpeck.com.
Die Ebenen des Bewusstseins (Originaltitel: Power vs. Force), *Das All-sehende Auge* (Originaltitel: The Eye of the I), David Hawkins, M. D.

Webseite: http://www.beyondtheordinary.net/drhawkins.shtml.
Die Illusion des Universums: Gespräche mit Meistern über Religion, Reinkarnation und das Wunder der Vergebung (Originaltitel: The Disappearance of the Universe: Straight Talk About Illusions, Past Lives, Religion, Sex, Politics, and the Miracles of Forgiveness), Gary R. Renard.
Webseite: http://www.garyrenard.com.
Die lautlose Revolution (Originaltitel: The Translucent Revolution), Arjuna Ardagh.
Webseite: http://www.translucents.org.
Die Weisheit des Enneagramms (Originaltitel: The Wisdom of the Enneagram), Don Richard Riso und Russ Hudson.
Webseite: http://www.enneagraminstitute.com.
Erleuchtet leben (Originaltitel: Living Enlightenment), *Himmel & Erde umarmen* (Originaltitel: Embracing Heaven and Earth), Andrew Cohen.
Webseite: http://www.andrewcohen.org.
Gemeinschaft mit Gott (Originaltitel: Communion With God), Neale Donald Walsch.
Webseite: http://www.nealedonaldwalsch.com.
Ich brauche deine Liebe – stimmt das? (Originaltitel: I Need Your Love – Is That True?), Byron Katie.
Webseite: http://www.thework.com/deutsch.
Igniting the Soul at Work: A Mandate for Mystics (nicht auf Deutsch erschienen), Robert Rabbin.
Webseite: http://www.radicalsages.com/founder.php.
Im Ursprung liegt die Heilung: der KURS, die Vergebung und die Praxis (Originaltitel: Healing the Cause – A Path of Forgiveness), Michael Dawson.
Webseite: http://www.acfip.org.
Jenseits der Glückseligkeit: das Leben Helen Schucmans und die Niederschrift von »Ein Kurs in Wundern« (Originaltitel: Ab-

sence from Felicity: The Story of Helen Schucman and Her Scribing of A Course in Miracles).

Webseite: http://www.greuthof.de.

Jetzt! Die Kraft der Gegenwart (Originaltitel: The Power of Now), *Entdecke deine Bestimmung im Leben* (Originaltitel: The New Earth), Eckhart Tolle.

Webseite: http://www.eckharttolle.de.

Matthew Andrae.

Webseite: http://www.teachtheworldtosing.com.

Mit Absicht: den eigenen Lebensplan erkennen und verwirklichen (Originaltitel: The Power of Intention), Dr. Wayne W. Dyer.

Webseite: http://www.drwaynedyer.com.

Pathways of Light, eine gemeinnützige Organisation, die spirituell ausgerichtete Kurse auf der Basis von »Ein Kurs in Wundern®« anbietet.

Webseite: http://www.pathwaysoflight.org.

Radikale Selbstvergebung (Originaltitel: *Radical Forgiveness*), Colin T. Tipping.

Webseite: http://www.radicalforgiveness.com.

Reality and Illusion, Relationships as a Spiritual Journey, Path of Light (nicht auf Deutsch erschienen), Robert Perry.

Webseite: (Circle of Atonement) http://www.circlepublishing.com.

Tanzende Leere (Originaltitel: Emptiness Dancing), Adyashanti.

Webseite: http://www.adyashanti.org.

The Journey Home (nicht auf Deutsch erschienen), Allen Watson.

Webseite: (Circle of Atonement) http://www.circlepublishing.com.

The Sacred Purpose of Being Human (nicht auf Deutsch erschienen), Jacquelyn Small.

Webseite: http://www.eupsychiainc.com.

Undefended Love (nicht auf Deutsch erschienen), Jett Psaris und Marlena S. Lyons.

Webseite: http://www.undefendedlove.com.

Unsterblich: wie wir den Kreislauf von Geburt und Tod durchbrechen. (Originaltitel: Your Immortal Reality: How to Break the Cycle of Birth and Death), Gary R. Renard.
Webseite: http://www.garyrenard.com.
Verflixte Erleuchtung (Originaltitel: Spiritual Enlightenment: The Damnedest Thing), Jed McKenna.
Webseite: www.WisefoolPress.com.
Vom Traum erwachen: Ein Kurs in Wundern – Anfang und Ende der Traumwelt (Originaltitel: Awaken from the Dream, Kenneth and Gloria Wapnick); weitere Bücher siehe Bibliographie.
Webseite: http://www.Greuthof.de.

DANKSAGUNGEN

Dieses Buch ist ein Gemeinschaftsprojekt, das auf den Spuren von *Ein Kurs in Wundern*® begann und durch das Engagement einer Gruppe von Menschen bei der Umsetzung der »Phasen zur Entwicklung des Vertrauens«[5] in ihren Einheitsbeziehungen entstanden ist. Zu der ursprünglichen Familie, die sich vor über sechzehn Jahren auf die Reise gemacht hat, gehören Nouk Sanchez, Tomas Vieira und Rikki Vieira. Später kamen Janine McFarlane, Lana Scott, Nick Sanchez, Jennifer Sanchez, Sparo Arika Vigil und die Mutter von Nouk Sanchez, Evelyne Taylor, dazu, deren Geist-Gegenwärtigkeit in der Vollendung des Buchs eine entscheidende Rolle spielte. Nouk Sanchez und Tomas Vieira wissen um die Unterstützung dieser Menschen, die ihre größten Lehrer waren und auch weiterhin sein werden; ohne sie hätte dieses Buch nie entstehen können. Danke.

Außerdem möchten wir den folgenden zeitgenössischen Weisheitslehrern für ihre Großzügigkeit in Liebe und Wahrheit danken:

Adyashanti, Dr. Brad Blanton, Stephan Bodian, Andrew Cohen, Michael Dawson, Dr. Wayne Dyer, Frank Fools Crow (der verstorbene spirituelle Führer des Stammes der Lakota), Lynn Grabhorn, Russ Hudson, Byron Katie, Jed

McKenna, Robert Rabbin, Gary R. Renard, Don Riso, Jacquelyn Small, Eckhart Tolle, Neale Donald Walsch und Kenneth Wapnik.

Unser Dank gilt auch:

Sparo Arika Vigil für die erste Bearbeitung, manche der Illustrationen und für die vielen nächtlichen Überstunden beim Tippen des Manuskripts.

Debbie und Jack Funfer und Terry Favour für das Korrekturlesen des ersten Entwurfs, für die Beratung in Sachen Enneagramm und die Unterstützung beim Herausfinden unserer Enneagramm-Typen.

Ben Malley für seine geistige Offenheit und dafür, dass er uns großzügig an wertvollen Einsichten teilhaben ließ.

Hal Kahn für die Unterstützung bei der grammatikalischen Überarbeitung.

Benita Romero dafür, dass sie uns in Kontakt mit *The Work* und Byron Katie gebracht hat.

Jan Cook für seine Unterstützung beim Marketing.

Gloria Webb für den Feinschliff des Manuskripts in der Endredaktion.

Damian Codotto für die Illustrationen und die Webseite.

Außerdem möchten wir Armin Rott für seine Hilfe bei der Durchsicht der deutschen Übersetzung und bei der Organisation unserer Seminare im deutschsprachigen Raum danken.

BIBLIOGRAPHIE

Adyashanti, *The Impact of Awakening: Excerpts from the Teachings of Adyashanti*. Los Gatos, Kalifornien/USA: Open Gate, 2000 (nicht auf Deutsch erschienen)

–, *My Secret Is Silence: Poetry and Sayings of Adyashanti*. Los Gatos, Kalifornien/USA: Open Gate, 2003 (nicht auf Deutsch erschienen)

–, *Tanzende Leere: Erleuchtung für Herz, Bauch und Kopf*. München: Arkana, 2007 (Originaltitel: Emptiness Dancing: Selected Dharma Talks of Adyashanti. Los Gatos, Kalifornien/USA: Open Gate, 2004)

Ardagh, Arjuna. *Die lautlose Revolution: Wie eine im Alltag gelebte Spiritualität uns und die Welt verändert*. Bielefeld: Kamphausen, 2006 (Originaltitel: The Translucent Revolution: How People Just Like You Are WAKING UP and CHANGING the World. Novato, Kalifornien/USA: New World Library, 2005)

Blanton, Brad. *The Truthtellers: Stories of Success by Radically Honest People*. Stanley, Virginia/USA: Sparrowhawk Press, 2004 (nicht auf Deutsch erschienen)

–, *Beyond Good and Evil: The Eternal Split-Second Sound-Light Being*. Stanley, Virginia/USA: Sparrowhawk Press, 2005 (nicht auf Deutsch erschienen)

–, *Radikal ehrlich*. Hamburg: Kabel, 1997 (Originaltitel: Radical Honesty: How to Transform Your Life by Telling the Truth, Stanley, Virginia/USA: Sparrowhawk Press, 2005)

Bodian, Stephan. *Meditation für Dummies*. Weinheim: Wiley-VCH-Verlag, 2007 (Originaltitel: Meditation for Dummies. New York: Wiley, 1999)

Bodian, Stephan und Jon Landaw. *Buddhismus für Dummies*. Weinheim: Wiley-VCH-Verlag, 2006 (Originaltitel: Buddhism for Dummies. New York: Wiley, 2003)

Bodian, Stephan und Georg Feuerstein, Hrsg. *Living Yoga*. Los Angeles: Tarcher/Putnam, 1992 (nicht auf Deutsch erschienen)

Cohen, Andrew. *Erleuchtung ist ein Geheimnis: Lehren der Befreiung*. Seeon: Falk, 1994 (Originaltitel: Enlightenment Is a Secret. Larkspur, Kalifornien/USA: What Is Enlightenment? Press, 1991)

–, *Himmel & Erde umarmen: die Befreiungslehre*. Ahlerstedt: Param, 2000 (Originaltitel: Embracing Heaven and Earth. Lenox, Massachusetts/USA: What Is Enlightenment? Press, 2000)

–, *Erleuchtet leben: ein Aufruf zur Evolution über das Ego hinaus*. Petersberg: Verlag Via Nova, 2003 (Originaltitel: Living Enlightenment. Lenox, Massachusetts/USA: What Is Enlightenment? Press, 2002)

Das, Lama Surya. *Der Buddha im Inneren: Unterweisungen zur Verwirklichung der natürlichen großen Vollkommenheit*. Freiamt im Schwarzwald: Arbor-Verlag, 2005 (Originaltitel: Awakening the Buddha Within: Eight Steps to Enlightenment: Tibetan Wisdom for the Western World. New York: Broadway Books, 1997)

Dawson, Michael. *Im Ursprung liegt die Heilung: der KURS, die Vergebung und die Praxis*. Gutach i. Br.: Greuthof, 1997; http//www.Greuthof.de (Originaltitel: Healing the Cause – A Path of Forgiveness. Findhorn: Findhorn Press, 1993)

–, *Der Weg der Vergebung: Inneren Frieden und Heilung finden mit dem Kurs*. München: Arkana, 2006 (Originaltitel: The

Findhorn Book of Forgiveness. Überarbeitete Fassung. Findhorn: Findhorn Press, 2003)

Dyer, Dr. Wayne W. *Mit Absicht: den eigenen Lebensplan erkennen und verwirklichen*. München: Arkana, 2005 (Originaltitel: The Power of Intention. Hay House, 2005)

Foundation for Inner Peace, *Ein Kurs in Wundern*, Gutach i. Br.: Greuthof, 1994; http//www.Greuthof.de (Originaltitel: A Course in Miracles. überarbeitete Fassung, New York: Viking, 1996)

Grabhorn, Lynn. *Aufwachen – dein Leben wartet: Die erstaunliche Macht der Gefühle*. München: Arkana, 2005 (Originaltitel: Excuse Me, Your Life Is Waiting: The Astonishing Power of Feelings. Hampton Roads Publishing, 2003)

Hawkins, David R. *Die Ebenen des Bewusstseins: Von der Kraft, die wir ausstrahlen*. Freiburg im Breisgau : VAK, Verlag für Angewandte Kinesiologie, 1997 (Originaltitel: Power vs. Force: The Hidden Determinants of Human Behavior. Sedona, Arizona/USA: Veritas, 1995)

–, *Das All-sehende Auge*. Wasserburg/Inn: Sheema-Medien-Verlag, 2005. (Originaltitel: Eye of the I: From Which Nothing Is Hidden. Sedona, Arizona/USA: Veritas, 2001)

Katie, Byron mit Michael Katz. *Ich brauche deine Liebe – stimmt das? Liebe finden, ohne danach zu suchen*. München: Arkana, 2005 (Originaltitel: I Need Your Love Is That True? How to Stop Seeking Love, Approval, and Appreciation and Start Finding Them Instead. New York: Harmony, 2005)

Katie, Byron mit Stephen Mitchell. *Lieben was ist: Wie vier Fragen Ihr Leben verändern können*. München: Arkana, 2002 (Originaltitel: Loving What Is: Four Questions That Can Change Your Life. New York: Harmony, 2002)

McKenna, Jed. *Verflixte Erleuchtung: Als Schmetterling unter Raupen*. Winterthur: Edition Spuren, 2004 (Originaltitel: Spiritual Enlightenment: The Damnedness Thing. USA: Wisefool Press, 2002–2005)

Peck, Morgan Scott. *Der wunderbare Weg: Eine neue Psychologie der Liebe und des spirituellen Wachstums*. München: Arkana, 2004 (Originaltitel: The Road Less Traveled: A New Psychology of Love, Traditional Values and Spiritual Growth. New York: Simon and Schuster, 1978)

Psaris, Jett und Marlena Lyons. *Undefended Love*. Oakland, Kalifornien/USA: New Harbinger Publications, 2000 (nicht auf Deutsch erschienen).

Perry, Robert. *Relationships as a Spiritual Journey: From Specialness to Holiness*. West Sedona, Arizona/USA: The Circle of Atonement, 1997 (nicht auf Deutsch erschienen)

–, Reality and Illusion: An Overview of Course Metaphysics. West Sedona, Arizona/USA: The Circle of Atonement, 1993 (nicht auf Deutsch erschienen)

Rabbin, Robert. *The Sacred Hub: Living in Your Real Self Freedom*. Kalifornien/USA: Inner Directions Foundation, 1996 (nicht auf Deutsch erschienen)

–, *Echoes of Silence: Awakening the Meditative Spirit*. Carlsbad, Kalifornien/USA: Inner Directions Foundation, 2000 (nicht auf Deutsch erschienen)

–, *Igniting the Soul at Work: A Mandate for Mystics*. Charlottesville, Virginia/USA: Hampton Roads, 2002 (nicht auf Deutsch erschienen)

Renard, Gary R. *Die Illusion des Universums: Gespräche mit Meistern über Religion, Reinkarnation und das Wunder der Vergebung*. München: Arkana, 2006 (Originaltitel: The Disappearance of the Universe: Straight Talk About Illusions, Past Lives, Religion, Sex, Politics, and the Miracles of Forgiveness. Carlsbad, Kalifornien/USA: Hay House, 2004)

–, *Unsterblich: Wie wir den Kreislauf von Geburt und Tod durch-*

brechen. München: Arkana, 2007 (Originaltitel: Your Immortal Reality: How to Break the Cycle of Birth and Death. Carlsbad, Kalifornien/USA: Hay House, 2006)

Riso, Don Richard und Russ Hudson. *Die Weisheit des Enneagramms: Entdecken Sie Ihren inneren Reichtum.* München: Goldmann, 2000. (Originaltitel: The Wisdom of the Enneagram: The Complete Guide to Psychological and Spiritual Growth for the Nine Personality Types. New York: Bantam, 1999)

Small, Jacquelyn. *Awakening in Time.* New York: Bantam, 1991 (nicht auf Deutsch erschienen)

–, *The Sacred Purpose of Being Human: A Healing Journey Through the 12 Principles of Wholeness.* Deerfield Beach, Florida/USA: Health Communications, Inc., 2005 (nicht auf Deutsch erschienen)

Tipping, Colin T. *Radikale Selbst-Vergebung: Liebe dich so, wie du bist, egal was passiert!* München: Integral, 2009 (Originaltitel: Radical Forgiveness. Global 13 Publishing, 2007)

Tolle, Eckhart. *Jetzt! Die Kraft der Gegenwart: Ein Leitfaden zum spirituellen Erwachen.* Bielefeld: Kamphausen, 2000 (Originaltitel: The Power of Now. Novato, Kalifornien/USA: New World Library, 1999)

–, *Leben im Jetzt: Lehren, Übungen und Meditationen aus »The power of now«.* München: Arkana, 2002 (Originaltitel: Practicing the Power of Now. Novato, Kalifornien/USA: New World Library, 2001)

–, *Stille spricht.* München: Arkana, 2005 (Originaltitel: Stillness Speaks. Novato, Kalifornien/USA: New World Library, 2003)

–, *Eine neue Erde. Bewusstseinssprung anstelle von Selbstzerstörung.* München: Arkana, 2005 (Originaltitel: A New Earth: Awakening to Your Life's Purpose. New York: Plume [Penguin Inc.], 2006)

Walsch, Neale Donald. *Gespräche mit Gott: vollständige Aus-*

gabe der Bände 1–3. München: Arkana, 2009 (Originaltitel: Conversations with God, Charlottesville, Virginia/USA: Hampton Roads, 1996–1998.

–, *Gemeinschaft mit Gott*. München: Arkana, 2007 (Originaltitel: Communion with God. New York: Putnam, 2000)

–, *Gott heute: Gespräche mit Gott über die Spiritualität der Zukunft*. München: Arkana, 2004 (Originaltitel: Tomorrow's God. New York: Atria, 2004)

–, *Was Gott will*. München: Goldmann, 2006 (Originaltitel: What God Wants. New York: Atria, 2005)

Wapnick, Kenneth. *Die Illusion der Zeit: Zeit als Phänomen in »Ein Kurs in Wundern«*. Gutach i. Br.: Greuthof, 2002; http//www.Greuthof.de (Originaltitel: A Vast Illusion: Time According to ›A Course in Miracles‹, 2. Auflage. Foundation for a Course in Miracles, Temecula: Kalifornien/USA, 1991)

–, *Den Widerstand aufgeben – die Liebe annehmen: »Ein Kurs in Wundern« in der Praxis*. Gutach i. Br.: Greuthof, 2006; http//www.Greuthof.de (Originaltitel: Ending Our Resistance to Love: The Practice of A Course in Miracles. Foundation for a Course in Miracles, Temecula: Kalifornien/USA, 2004)

–, *Die heilende Kraft der Güte*. Gutach i. Br.: Greuthof, 2006; http//www.Greuthof.de (Originaltitel: The Healing Power of Kindness, Releasing Judgment. Foundation for a Course in Miracles, Temecula: Kalifornien/USA, 2004)

–, *Die Botschaft von »Ein Kurs in Wundern«: Alle sind berufen, wenige wählen zu hören*. Gutach i. Br.: Greuthof, 2007; http//www.Greuthof.de (Originaltitel: The Message of ›A Course in Miracles‹: All Are Called, Few Choose to Listen. Foundation for a Course in Miracles, Temecula: Kalifornien/USA, 1997)

–, *Die Vergebung und Jesus: zentrale Lehren von Christentum und Ein Kurs in Wundern*. Gutach i. Br.: Greuthof, 1997; http//www.Greuthof.de (Originaltitel: Forgiveness and Jesus: The

Meeting Place of ›A Course in Miracles‹ and Christianity, 6. Auflage. Foundation for a Course in Miracles, Temecula: Kalifornien/USA, 1998)

–, *Jenseits der Glückseligkeit: Das Leben Helen Schucmans und die Niederschrift von »Ein Kurs in Wundern«*. Gutach i. Br.: Greuthof, 1999; http//www.Greuthof.de (Originaltitel: Absence from Felicity: The Story of Helen Schucman and Her Scribing of A Course in Miracles. Foundation for a Course in Miracles, Temecula: Kalifornien/USA, 1991)

–, *The Journey Home: The Obstacles to Peace in A Course in Miracles*. Foundation for a Course in Miracles, Temecula: Kalifornien/USA, 2000 (nicht auf Deutsch erschienen)

–, *Glossar zu Ein Kurs in Wundern*, Gutach i. Br.: Greuthof, 2006; http//www.Greuthof.de (Originaltitel: Glossary Index for A Course in Miracles, 5. Auflage. Foundation for a Course in Miracles, Temecula: Kalifornien/USA, 1993)

–, *Wunder als Weg: Die 50 Grundsätze der Wunder in »Ein Kurs in Wundern«*. Gutach i. Br.: Greuthof, 1996; http//www.Greuthof.de (Originaltitel: The Fifty Miracle Principles of ›A Course in Miracles‹, 5. Auflage. Foundation for a Course in Miracles, Temecula: Kalifornien/USA, 1992)

Wapnick, Kenneth und Gloria Wapnick. *Vom Traum erwachen: Ein Kurs in Wundern – Anfang und Ende der Traumwelt*. Gutach i. Br.: Greuthof, 1998; http//www.Greuthof.de (Originaltitel: Awaken from the Dream, 2. Auflage. Foundation for a Course in Miracles, Temecula: Kalifornien/USA, 1995)

Wapnick, Gloria und Kenneth Wapnick. *Der Himmel hat kein Gegenteil: Die wichtigsten Fragen zu Ein Kurs in Wundern*. Gutach i. Br.: Greuthof, 1996; http//www.Greuthof.de (Originaltitel: The Most Commonly Asked Questions About ›A Course in Miracles‹. Foundation for a Course in Miracles, Temecula: Kalifornien/USA, 1995)

Watson, Alan A. *The Journey Home*. West Sedona, Arizona/USA: The Circle of Atonement: Teaching and Healing Center, 1994 (nicht auf Deutsch erschienen)

What is Enlightenment? Zeitschrift. Lenox, Massachusetts/USA: What is Enlightenment? Press, 1992–2005.

Wolf, Fred Alan. *Mind into Matter*. Needham, Massachusetts/USA: Moment Point Press, 2001 (nicht auf Deutsch erschienen)

–, *Matter into Feeling*. Portsmith, New Hampshire/USA: Moment Point Press, 2002 (nicht auf Deutsch erschienen)

ANMERKUNGEN

Vorwort

1 Wapnick, Ken, *Jenseits der Glückseligkeit: das Leben Helen Schucmans und die Niederschrift von »Ein Kurs in Wundern«*
2 Riso, Don Richard und Russ Hudson, *Die Weisheit des Enneagramms*
3 Shakespeare, William, *Hamlet*, Akt 1, Szene 5 (zitiert aus der Übersetzung von August Wilhelm von Schlegel)

Einleitung

4 *Ein Kurs in Wundern (EKIW)*, Gutach i. Br.: Greuthof Verlag, 1994

Danksagungen

5 EKIW, Greuthof, H-4 I.A., 10–11

Kapitel 1

6 Small, Jacquelyn, *The Sacred Purpose of Being Human* (nicht auf Deutsch erschienen), Einleitung, 26–27
7 Small, Jacquelyn, *The Sacred Purpose of Being Human* (nicht auf Deutsch erschienen), 45–46
8 EKIW, Greuthof, T-19 IV. C.5:6, 418
9 EKIW, Greuthof, T-2 I.3:6–7, 18
10 EKIW, Greuthof, T-18 V., 383

Kapitel 2

[11] EKIW, Greuthof, T-7 II.3:1,3, 114
[12] Wolf, Fred Alan, *Matter into Feeling* (nicht auf Deutsch erschienen), 148
[13] EKIW, Greuthof, T-11 V.5:3, 203
[14] EKIW, Greuthof, Ü-I.135.18:1, 255
[15] EKIW, Greuthof, Einl. 1:8, 1
[16] EKIW, Greuthof, Ü-I.24, 36
[17] Adyashanti, *Tanzende Leere*, 41
[18] Tolle, Eckhart, *Entdecke deine Bestimmung im Leben*, 77

Kapitel 3

[19] EKIW, Greuthof, T-5 11.3:70, 75
[20] Katie, Byron, *Lieben was ist*
[21] Katie, Byron, *Lieben was ist*, 35
[22] EKIW, Greuthof, Ü-I.135.18:1, 255
[23] EKIW, Greuthof, T-27 VIII.6:2, 589
[24] EKIW, Greuthof, B-4 1:1–3, 82
[25] EKIW, Greuthof, T-27 VIII.6:2, 589
[26] EKIW, Greuthof, Ü-I.138.4:6
[27] Katie, Byron, *Lieben was ist*, 303
[28] EKIW, Greuthof, Ü-I.127.1:1–6, 230
[29] Riso, Don Richard und Russ Hudson, *Die Weisheit des Enneagramms*
[30] ebenda, 18–19
[31] ebenda, 45–46
[32] ebenda, 52–55

Kapitel 4

[33] Vigil, Sparo Arika, Sept. 2005
[34] Cohen, Andrew, *What Is Enlightenment?*, Leitartikel in *The New Enlightenment*, Ausgabe 25

35 dito

36 Katie, Byron, *Ich brauche deine Liebe – stimmt das?* 107–109

37 EKIW, Greuthof, T-12 IV.l:l-5, 223

38 EKIW, Greuthof, T-15 VII.8:5–6, 318

39 EKIW, Greuthof, T-8 IV.7:11, 8:1–5, 146

40 Peck, M. Scott, *Der wunderbare Weg*, 112

41 ebenda, 114–115

42 EKIW, Greuthof, T-17 111.1:4, 354

43 Peck, M. Scott, *Der wunderbare Weg*, 104–106

44 Vigil, Sparo Arika, Aug. 2005

45 EKIW, Greuthof, T-13 VI.2:3;1:4; 5:1–3, 250–251

46 EKIW, Greuthof, T-18 VI.13:6, 388

47 Psaris, Jett und Marlena S. Lyons, *Undefended Love* (nicht auf Deutsch erschienen), 11–12

48 *The Art of Advanced Forgiveness* (DVD) (nicht auf Deutsch erhältlich), Pathways of Light, http//www.pathwaysoflight.org

49 EKIW, Greuthof, T-18 III.8:5–6 und T-18 VII.5:2–3; 6:3, 380 und 389–390

Kapitel 5

50 EKIW, Greuthof, T-11 VIII.13:1–3; 14:4–5, 213–214

51 EKIW, Greuthof, H-A I.A, 10–11

52 EKIW, Greuthof, H-4 I.A.3:l-8, 10

53 EKIW, Greuthof, H-4 I.A.4:l-7, 10

54 EKIW, Greuthof, H-4 I.A.5:l-8, 10

55 EKIW, Greuthof, H-4 I.A.5:5, 9

56 EKIW, Greuthof, H-4 I.A.6:1–13, 10–11

57 EKIW, Greuthof, H-4 I.A.7:1–9, 11

58 EKIW, Greuthof, H-4 I.A.8:1–10, 11

59 EKIW, Greuthof, Ü-I.l38.4:6, 264

60 EKIW, Greuthof, Ü-I.24 und Ü-I.25, 36 und 38

61 EKIW, Greuthof, T-Einl. 2:2, 1

[62] EKIW, Greuthof, T-4 II.6:8–9; 8:4,8–9, 58–59
[63] Cohen, Andrew, *Erleuchtet leben*, 32
[64] EKIW, Greuthof, T-2 I.3:6–7, 18
[65] EKIW, Greuthof, Ü-I.24, 36

Kapitel 6

[66] Katie, Byron, *Lieben was ist*
[67] Ardagh, Arjuna, *Die lautlose Revolution*, 120
[68] Adyashanti in Arjuna Ardagh, *Die lautlose Revolution*, 126
[69] Katie, Byron, *Lieben was ist*
[70] EKIW, Greuthof, T-6 Einl. l:3, 91
[71] EKIW, Greuthof, T-6 Einl. 1:7, 91
[72] EKIW, Greuthof, T-6 II.2:1, 96
[73] Katie, Byron, *Lieben was ist*
[74] EKIW, Greuthof, T-6 V.A.5:13, 105
[75] EKIW, Greuthof, T-6 V.C.6:1, 110
[76] Walsch, Neale Donald, *Gemeinschaft mit Gott*, 92–93
[77] EKIW, Greuthof, T-17 V.3:3, 362
[78] EKIW, Greuthof, T-17 V.5:l-4, 363
[79] EKIW, Greuthof, T-17 V.3:8, 362
[80] EKIW, Greuthof, T-18 VII.4:5–11; 5:1, 389
[81] Small, Jacquelyn, *The Sacred Purpose of Being Human*, 59
[82] EKIW, Greuthof, T-21 II.2:3–5, 448
[83] Katie, Byron, *Lieben was ist*
[84] EKIW, Greuthof, T-2 VI.3:2–7; 4:1–3, 29
[85] Cohen, Andrew, *Himmel und Erde umarmen*, 79
[86] ebenda, 84
[87] EKIW, Greuthof, Ü-I.24, 36
[88] Katie, Byron, *Lieben was ist*
[89] Riso, Don Richard und Russ Hudson, *Die Weisheit des Enneagramms*
[90] Katie, Byron, *Lieben was ist*

91 EKIW, Greuthof
92 EKIW, Greuthof, Ü-II.13, 4:3, 474
93 Hawkins, David R., *Das All-sehende Auge*, 199
94 EKIW, Greuthof, H-4 I.A.5:2–8, 10
95 EKIW, Greuthof, T-13 Einl. 1:5, 236
96 Katie, Byron, *Lieben was ist*
97 EKIW, Greuthof, T-25 III.1:2, 525
98 EKIW, Greuthof, T-6 V.B.7:5, 108
99 Renard, Gary, *Die Illusion des Universums*, 367
100 EKIW, Greuthof, T-21 II.2:3–4, 449
101 EKIW, Greuthof, T-22 IV, 478
102 EKIW, Greuthof, T-22 IV. 1:1–4, 478
103 EKIW, Greuthof, T-l IV. 1:1–5, 11
104 EKIW, Greuthof, H-4 I.A.6:10, 11
105 EKIW, Greuthof, H-4 I.A.6:5–6, 11
106 EKIW, Greuthof, H-4 I.A.6:11–13, 11
107 Adyashanti, *Tanzende Leere*, 44
108 ebenda, 217
109 ebenda, 177
110 EKIW, Greuthof, H-4 I.A.7:l-9, 11
111 EKIW, Greuthof, H-4 I.A.7:6, 11
112 EKIW, Greuthof, H-4 I.A.7:7, 11
113 EKIW, Greuthof, T-26 VII.6:l-7, 557
114 EKIW, Greuthof, T-20 IV.8:4–8, 435
115 Hawkins, David R., *Power vs. Force*, 14

Kapitel 7

116 EKIW, Greuthof
117 EKIW, Greuthof, Ü-I.24, 36
118 EKIW, Greuthof, T-9 1.1:1–5, 160
119 EKIW, Greuthof, T-9 1.5:1, 3–4, 161
120 EKIW, Greuthof, T-9 1.8:1–5; 9:6, 161–162

[121] EKIW, Greuthof, T-9 1.11:5–9, 162
[122] EKIW, Greuthof, T-9 11.2:4–7, 163–164
[123] EKIW, Greuthof, T-9 11.3:2–7, 164
[124] Tolle, Eckhart, *Jetzt!*, 27
[125] ebenda, 39
[126] ebenda, 67
[127] ebenda, 61
[128] EKIW, Greuthof, T-21 II.2:3–5; 7:6–8; 8:1–6, 449–451
[129] Tolle, Eckhart, *Jetzt!*, 73
[130] EKIW, Greuthof, T-26 II.8:5, 548
[131] EKIW, Greuthof, Ü-I.135.14:1–4, 254
[132] EKIW, Greuthof, Ü-I.24, 36
[133] EKIW, Greuthof, Ü-I.135.11:1–4; 12:1, 253–254
[134] EKIW, Greuthof, Ü-I.135.23:2–4, 256
[135] EKIW, Greuthof, T-8 IX.2:1-2; 2:4–5; 3:1–3; 5:1–2, 157–158
[136] EKIW, Greuthof, T-9 I.14:1–5, 163

Kapitel 8

[137] EKIW, Greuthof, Ü-I.31, 48
[138] EKIW, Greuthof, T-10 I.4:1–3, 182

KONTAKT

Nouk Sanchez und Tomas Vieira bieten überall auf der Welt Seminare und Vorträge zu den *Sechs Stufen zur Wahrheit* an. Bitte kontaktieren Sie uns, wenn Sie helfen möchten, in Ihrer Stadt einen Workshop zu organisieren.

Weitere Informationen über unsere Seminare einschließlich der geplanten Termine und anderer wichtiger Quellen zum Thema der Ego-Aufhebung finden Sie auf unserer Webseite:

www.takemetotruth.com

Wenn Sie uns von Ihren eigenen Erfahrungen im Prozess der Ego-Befreiung berichten oder uns Rückmeldungen zu *Sechs Stufen zur Wahrheit* geben möchten, freuen wir uns auf Ihre Zuschrift. Bitte richten Sie Ihre E-Mail an:

info@takemetotruth.com

Informationen über Seminare im deutschsprachigen Raum erhalten Sie bei Armin Rott
  armin@arminrott.de
  www.arminrott.de, siehe unter »Termine«
  +49 (0)7433 277 094

EIN KURS IN WUNDERN

Ein Kurs in Wundern ist aufgrund seiner Synthese von zeitlosen geistigen Einsichten und wesentlichen psychologischen Erkenntnissen einzigartig unter den spirituellen Traditionen der Welt. Er weist uns einen Weg zu innerem Frieden, zu einem Dasein, das in der Welt, aber nicht von der Welt ist.

Der Kurs ist nicht als Grundlage für eine neue Religion, Bewegung oder Vereinigung gedacht. Vielmehr dient er unabhängig von äußeren Autoritäten dem Selbststudium. Er richtet sich an Menschen, die nach einer friedlicheren Betrachtungsweise für ihr Leben und ihren Alltag suchen.

Das Werk besteht aus dem Textbuch, dem Übungsbuch und dem Handbuch für Lehrer. Im Textbuch werden die Konzepte dargelegt, auf denen das Denksystem des Kurses gründet. Die darin enthaltenen Gedanken stellen die Grundlage für die 365 Lektionen des Übungsbuches dar, bei denen das Hauptgewicht auf der täglichen Erfahrung durch die Anwendung liegt. Das Handbuch für Lehrer gibt Antworten auf viele Fragen, die sich beim Studium ergeben.

1320 Seiten, gebunden, Greuthof Verlag, ISBN 978-3-923662-18-0

EIN HAUCH VON HIMMEL

In unserem ausgewählten Verlagsprogramm finden Sie:

☆ *Ein Kurs in Wundern*® – eines der bedeutendsten geistigen Lehrwerke unserer Zeit
☆ weitere Bücher und Audiosets zum *Kurs*
☆ das *Spiel der Wandlung* – ein Spiel, das Ihr Leben verändern kann
☆ die Original-*Engelkarten* – das himmlische Orakelspiel
☆ den beliebten Jahresbegleiter *Herzenstüren öffnen*
☆ die schönsten Titel von Eileen Caddy aus Findhorn
☆ und vieles mehr

Gerne senden wir Ihnen kostenlos unser aktuelles Gesamtverzeichnis zu, auf Wunsch auch Informationen zu *Ein Kurs in Wundern* und Findhorn.

Verlag und Vertrieb GmbH
Herrenweg 2 · D-79261 Gutach i. Br.
Tel. 0761-388 45 996 · Fax 388 45 997
mail@greuthof.de · www.greuthof.de

Eckhart Tolle · Eine neue Erde

ISBN 3-442-33706-2

Nach seinen Bestsellern „Jetzt" und „Leben im Jetzt" geht Eckhart Tolle
mit seinem neuen Buch einen Schritt weiter. Er setzt das Erwachen
eines radikal geänderten persönlichen Bewusstseins in Beziehung zum
Kollektivbewusstsein. Nur wenn wir uns in einen „inneren Raum" jenseits
von Gedanken, Emotionen und reaktivem Verhalten bewegen, erfahren wir
Liebe und eine allumfassende Intelligenz. Nur wenn viele Menschen
diesen Schritt gehen, wird sich ein neues Bewusstsein entwickeln. Nur ein
neues Bewusstsein kann uns und die Erde vor Zerstörung bewahren.